普通高校文化传播类专业系列教材编委会

主　　编　杨柏岭

执行主编　秦宗财

编　　委（按姓氏笔画先后排列）

马　梅	王玉洁	王艳红	王霞霞
卢　婷	刘　琴	阳光宁	苏玫瑰
杨龙飞	杨柏岭	杨振宁	肖叶飞
张书端	张军占	张宏梅	张泉泉
陆　耿	陈久美	罗　铭	周建国
周钰棡	赵忠仲	胡　斌	秦　枫
秦宗财	秦然然		

首批部校共建新闻学院系列成果

普通高校文化与传播类专业系列教材

安徽省一流教材建设项目成果
安徽省高等学校"十三五"省级规划教材

文化市场调查与分析

第2版

主　编　阳光宁　张军占
副主编　苏玫瑰

中国科学技术大学出版社

内 容 简 介

本书根据文化市场调查与分析工作的实际执行过程编写,力图全面系统地介绍文化市场调查与分析的基本理论和方法。全书共10章,分为3个部分。第一部分是总论,从整体上全面介绍文化市场调查与分析的基本知识、文化市场调查与分析方案设计的内容;第二部分着重介绍文化市场调查;第三部分侧重介绍文化市场数据分析及报告的撰写。为便于教师组织课堂教学和学生自主学习,每章都包括知识结构图、学习目标、导入案例、内容提要、课后复习题、思考案例及应用训练等内容,并增加了一些前沿性的分析案例、资料链接、课堂讨论等内容,着力培养学生的文化市场调查与分析能力。

本书可作为文化产业管理、旅游管理、影视传媒、广告设计等文化产业类专业及相关专业学生的教材,亦可作为文化产业从业人员的参考书。

图书在版编目(CIP)数据

文化市场调查与分析/阳光宁,张军占主编. —2版. —合肥:中国科学技术大学出版社, 2021.11

ISBN 978-7-312-05168-5

Ⅰ.文… Ⅱ.①阳… ②张… Ⅲ.①文化市场—市场调查—高等学校—教材 ②文化市场—市场分析—高等学校—教材 Ⅳ.G114

中国版本图书馆CIP数据核字(2021)第043829号

文化市场调查与分析
WENHUA SHICHANG DIAOCHA YU FENXI

出版	中国科学技术大学出版社 安徽省合肥市金寨路96号,230026 http://press.ustc.edu.cn https://zgkxjsdxcbs.tmall.com
印刷	安徽省瑞隆印务有限公司
发行	中国科学技术大学出版社
经销	全国新华书店
开本	787 mm×1092 mm 1/16
印张	16.5
字数	422千
版次	2014年8月第1版 2021年11月第2版
印次	2021年11月第4次印刷
定价	50.00元

总　序

　　文化传播是人类社会的本质属性，也是人类社会形成的基本途径。走进历史和现实深处，我们便会发现，人类发展的历史就是文化传播的历史。文化传播随着人类的产生而产生，随着社会的发展而发展。文化为人们提供了宝贵的精神财富，是连接民族情感、增进民族团结的重要纽带，承载着不同国家、不同民族、不同地域各具特色的文化记忆。文化借助各种传播手段，使得人们增长见闻，了解不同时间、不同地域的历史文化，满足人们精神消费的需求。文化本身具有的历史和价值对于人们的生存和发展具有重要意义，不断汲取文化价值是人们获得更好发展的客观需求。文化传播与人类文明互动互进、休戚相关。没有文化传播，便没有人类的文明。

　　文化是人类社会发展动力系统中的重要一环。马克思辩证唯物主义认为，经济、政治、文化、社会、生态文明五位一体的动力系统，构成了人类社会发展的驱动力。经济动力是社会发展的基础性的、决定性的动力因素。"仓廪实而知礼节"，当物质生产水平和物质生活水平极大提高以后，物质需求就不能完全满足人们的生活需要，精神需求便日益成为人们的主导需要。在此情境下，文化传播的功能已不仅仅是人们精神交往的需要了，精神娱乐和价值实现的需求更加凸显，文化因素对社会生产力的影响作用迅速增大。文化生产虽然依托于有形的物质载体（即媒介），但其核心要素是无形的精神（人的创意思维），其满足的不仅仅是视听审美，更在于提高人的科学文化水平、思想道德素质，塑造人的世界观、人生观和价值观。

　　鉴于当代大学生亟须培养文化传播的基本素质和能力，编委会组织编写了这套"文化与传播"系列教材，目的是一方面帮助大学生学习并理解社会生活中传播的现象、表现形式、发生发展规律及其社会功能等，关注传播与社会政治、经济、文化、生活的相互关系，认识传播媒介对人的作用、传播与社会发展和社会阶层的互动关系等；另一方面培养大学生文化传播的思维，以期让大学生从文化传播的视角对社会发展尤其是文化的繁荣创新有更深入的了解，提高认识社会文化、理解文化传播的水平，提升分析媒体、运用媒体的能力。

　　"普通高校文化产业管理专业系列教材"为本套教材奠定了前期基础。2013年编委会组织编写了面向文化产业管理专业的系列教材，成为全国普通高校新闻学、广告学、文化产业管理、广播电视学、旅游管理等相关专业学生的专业教材,同时也成为相关科研工作者重要的参考书。为更好地适应新时代文化繁荣发展的新形势,更好地满足高校相关专业教学研究的需要,编委会决定对"普通高校文化产业管理专业系列教材"从内容到形式进行大幅度修订。

经过充分吸收前期教材使用者的反馈意见,并细致地调研国内外"文化与传播"类相关高校的教材,在系统分析此类教材的共性与差异的基础上,编委会力求编写一套既重基础,又突出差异化、特色化的系列教材。基于此,编委会经过多次邀请同行专家深入讨论,决定从文化与传播的基本理论素养、媒介与传播、文化与产业三大方面,构建"文化与传播"的知识体系。经过精心遴选,编委会确定 11 部教材作为建设内容,定名为"普通高校文化与传播类专业系列教材"。本套教材编写启动于 2017 年 7 月,计划在 2021 年 12 月全部完成出版。本套教材包括《文化与传播十五讲》(杨柏岭等主编)、《数字影视传播教程》(秦宗财主编)、《广播电视新闻学教程》(马梅等编著)、《文化资源概论》(秦枫编著)、《影视非线性编辑教程》(周建国等编著)、《传媒经营与管理》(肖叶飞著)、《文化产业项目策划与实务》(陆耿主编)、《文化市场调查与分析》(阳光宁等主编)、《文化创意产业品牌:理论与实践》(秦宗财主编)、《文化企业经营与管理》(罗铭等主编)、《文化旅游产业概论》(张宏梅等主编)。在丛书主编统一了编写体例之后,由各分册主编组织人员分工编写,并由各分册主编负责统稿。最后由丛书主编、执行主编审稿。本套教材有幸入选了 2017 年安徽省高等学校省级质量工程"规划教材"立项项目(项目编号:2017GHJC043)。由于水平和时间的限制,书中难免存在不足与错误之处,敬请学界、业界同行以及广大读者批评指正。

杨柏岭　秦宗财

2020 年 5 月

前　言

本教材自2014年8月第1版发行以来,已经面向文化管理、艺术管理、戏曲与影视学、媒介管理、网络与新媒体等类专业使用6年,社会反响良好。本书还被20余所高校相关专业教师作为课程参考教材使用。本书已成为广大文化管理专业学生的学习指导书,也成为科研工作者有效的参考书,受到一致好评。

随着文化市场发展实践的日新月异,除了第一手调查资料之外,来自于各级政府、行业组织和第三方相关机构的统计数据,最新流行的大数据分析法以及文化市场的新案例等都对文化市场的调查与分析产生了很大影响。为了更好地将理论与实践相结合,适应文化管理类相关专业的人才培养和教师教学,课题组申报了教材修订。2018年《文化市场调查与分析》获批安徽省高等学校"十三五"省级规划教材立项和安徽省一流教材立项。在省级规划教材建设和省一流教材项目的推动下,课题组组织部分高校一线教师重新修订了本教材。

目前,国内市场调查与预测方面的教材较多,而缺少文化市场调查与分析方面的同类教材。一般市场调查与预测方面的教材涉及的案例与文化市场的联系不够密切,并且存在调查理论不适用、调查与分析方法欠合理的问题,不适合文化管理类相关专业的教学需要。因此课题组在第2版修订过程中坚持以下原则:

(1) 注重针对性和前沿性。第2版要求教材内容尽量与文化市场紧密结合,将最新的方法、数据、案例、资料及信息等融入教材内容。如增加文化发展相关数据的获取渠道、大数据分析法在文化市场调查中的应用等内容。

(2) 简单易懂,内容实用。第2版既要便于教师教学,又要便于学生动手操作,避免过于理论化,或者使用拗口难懂的语言表述,尽量不啰嗦重复,表述清晰易懂,操作步骤尽可能详尽,真正能指导学生实际开展调查与分析研究。

本书具体章节修订分工如下:第一章和第五章由张军占编写,第二章由杨春艳编写,第三章由吴琼编写,第四章由张玮编写,第六章由杨修菊、石松平编写,第七章由夏春编写,第八章和第十章由苏玫瑰编写,第九章由李应华编写。全书统稿、定稿工作由阳光宁、张军占共同完成,苏玫瑰协助完成部分章节的统稿。

在本书编写过程中,我们参考和引用了很多国内外相关研究成果和文献,已尽可能列于参考文献中,但难免有所遗漏,在此特向有关作者表示衷心的感谢!

由于编者水平有限,再加上时间仓促,书中难免有错误或疏漏之处,恳请专家、读者批评指正。

编 者

2020 年 12 月

目录 CONTENTS

总序 ·· (ⅰ)

前言 ·· (ⅲ)

第一章　文化市场调查与分析概述 ·· (1)
　第一节　文化市场与调查分析 ·· (2)
　第二节　文化市场调查与分析的类型 ··· (8)
　第三节　文化市场调查与分析的内容与作用 ·· (13)
　第四节　文化市场调查与分析的基本伦理道德规范 ····································· (18)

第二章　文化市场调查与分析方案设计 ·· (22)
　第一节　文化市场调查与分析方案设计的作用 ··· (24)
　第二节　文化市场调查与分析方案设计的内容 ··· (26)
　第三节　文化市场调查与分析方案设计的注意事项 ····································· (32)
　第四节　文化市场调查与分析方案的可行性分析、评价与完善 ······················ (37)

第三章　文化市场调查的方法 ·· (43)
　第一节　文献调查法 ·· (44)
　第二节　问卷调查法 ·· (50)
　第三节　访谈调查法 ·· (58)
　第四节　文化市场调查的其他方法 ··· (64)

第四章　文化市场抽样调查技术 ·· (80)
　第一节　文化市场抽样调查概述 ·· (81)
　第二节　随机抽样技术 ··· (85)
　第三节　非随机抽样技术 ·· (91)
　第四节　样本容量与抽样误差控制 ··· (94)

第五章　文化市场调查的实施 ·· (101)
　第一节　文化市场调查实施前的准备 ··· (102)
　第二节　文化市场调查人员的挑选与培训 ··· (105)
　第三节　文化市场调查的监督管理 ··· (108)

第六章　文化市场调查资料整理 ·· (115)
　第一节　文化市场调查资料整理概述 ··· (116)
　第二节　定性资料的整理 ·· (118)
　第三节　定量资料的整理 ·· (121)

第七章 文化市场调查数据的定量分析（上）······(131)
   第一节 数据分析基础······(132)
   第二节 描述统计方法······(136)
   第三节 推论统计分析······(143)

第八章 文化市场调查数据的定量分析（下）······(158)
   第一节 回归分析法······(159)
   第二节 时间序列分析法······(171)
   第三节 因子分析法······(187)

第九章 文化市场调查数据的定性分析······(204)
   第一节 经验判断分析法······(205)
   第二节 专家意见集合法······(209)
   第三节 德尔菲法······(215)
   第四节 主观概率法······(219)
   第五节 变异因素分析法······(222)

第十章 文化市场调查与分析报告······(227)
   第一节 文化市场调查与分析报告概述······(228)
   第二节 撰写文化市场调查与分析报告的一般步骤······(232)
   第三节 文化市场调查与分析报告的结构······(235)
   第四节 撰写文化市场调查与分析报告应注意的问题······(244)
   第五节 文化市场调查与分析结果的口头报告······(246)

参考文献······(252)

第一章 文化市场调查与分析概述

本章结构图

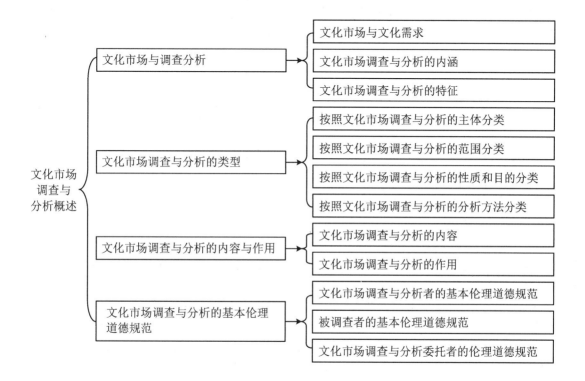

学习目标

理解文化市场的含义、文化市场调查与分析的含义,了解文化市场的特性、类型及文化市场调查与分析的特征,掌握文化市场调查与分析的内容和作用,掌握文化市场调查与分析的类型及特点,理解文化市场调查与分析的基本道德规范。

【导入案例】

中国广视索福瑞媒介研究(CSM):电视收视率调查

电视收视率是指某一时段内收看某电视频道(或某电视节目)的人数(或家户数)占电视观众总人数(或家户数)的百分比。作为"注意力经济"时代的重要量化指标,它是深入分析电视收视市场的科学基础,是节目制作、编排及调整的重要参考,是节目评估的主要指标,是制定与评估媒介计划、提高广告投放效益的有力工具。

虽然收视率本身只是一个简单的数字,在看似简单的数字背后却是一系列科学的基础研究、抽样和建立固定样组以及测量、统计和数据处理的复杂过程。

1. 基础研究

基础研究是为了得到被调查地区的详细资料而进行的抽样调查,是保证收视率数据质量的重要环节。通常,中国广视索福瑞媒介研究(CSM)在建立一个新的收视率调查固定样本组之前及建立之后每年(个别小型日记卡城市隔年)对该地区进行基础研究调查。使用较大的样本量对被调查区域内的各项人口统计学特征(如当地居民的性别比例、年龄分布、职业和收入情况等)及可能对收视行为产生影响的因素(如收视设备的拥有情况,是否为有线用户,电视频道覆盖率情况及被调查者的常用语言及生活习惯等)进行抽样调查。

2. 抽样和建立固定样组

抽样是收视率调查的基础环节,对样本是否具有代表性,能否保证收视率数据的准确具有十分重要的意义。收视率调查一般采用多阶段、PPS、整群抽样等抽样方法,来抽取样本、建立固定样组。所谓固定样组连续数据是指对同一样组的人群在不同的时间而获得的数据,固定样组可以更好地避免抽样误差对数据的影响,而获知人们行为、态度等的实际变化。

3. 测量(数据采集)

(1) 日记卡法

所谓日记卡法是指由样本户中所有4岁及以上的家庭成员,将每天收看电视的频道、时间段随时记录在日记卡上,以获取电视观众收视信息的方法。

(2) 测量仪法

测量仪法是指用测量仪来详细记录样本户中所有4岁及以上家庭成员收看电视的情况,从而获取电视观众收视信息的方法。

4. 数据处理

收视数据处理流程包括以下3个环节:

第一,收视调查原始数据输入计算机(仅限日记卡法,测量仪法不需要数据录入)后,要进行数据的净化,以确保原始数据的完整及合理;

第二,净化后的收视数据与样本背景资料库及节目资料库合并形成一个更全面的"收视率资料库";

第三,在收视率资料库的基础上,以性别、年龄等为加权变量,对原始数据进行各种加权计算,产生各种收视率数据。

资料来源:中国广视索福瑞媒介研究,http://www.csm.com.cn/.

第一节 文化市场与调查分析

一、文化市场与文化需求

(一) 文化市场

1. 文化市场的含义

随着社会经济的发展,文化产业的逐步繁荣,一种新的市场——文化市场在整个市场中的比重越来越大,在国民经济与社会发展中的作用日益突出。文化市场有广义和狭义之分。狭义的文化市场就是文化商品或服务交换的场所,文化生产者以文化商品或文化服务的形式向文化消费者提供精神需求的场所。广义的文化市场就是文化商品或文化服务交换过程中所反映的各种经济关系的总和,不仅包括文化商品或文化服务交换的场所,而且涉及文化商品生产者或文化服务提供者与其他商品生产者或服务提供者之间的经济关系。本书从广义上介绍文化市场调查与分析的理论知识与实践操作。

2. 文化市场的特性

文化市场与一般市场相比,有自身的特殊性,主要包括以下3个方面。

(1) 文化市场主要流通精神文化产品。一般市场主要流通为满足社会物质生产和物质生活需求的物质产品,文化市场主要流通为满足文化消费者精神文化生活需求的文化产品。虽然精神文化产品以固态形式流通,但是人们消费的是其内在的精神文化价值。如人们购买莫言的著作并不是因为图书的纸张、装帧多么漂亮,而是其著作中所蕴含的精神内容和文化价值。

(2) 文化市场伴随着精神文化传播。一般市场主要流通的是物质产品,一般不进行精神文化传播。文化市场主要流通精神文化产品,精神文化产品的流通过程就是文化的创新、发展、传播过程。例如,图书交易过程并非只发生简单交换,而是伴随着精神文化传播活动,是消费者学习知识、享受文化、参与文化传播的过程,消费者对图书内容要进行消化、吸收、反馈、传播,从而提高其文化水平和精神文化素养。

(3) 文化市场的交易过程不发生所有权转让,消费过程基本不发生价值消耗。一般市场在商品交易过程中所有权进行了转让,而大多数文化产品知识产权(著作权、署名权、专利权等)在交易过程中不发生所有权转移。文化产品在消费过程中不但不会发生文化价值的消耗,反而会在人们的共鸣中变得更加丰富、更加富有价值。如一部优秀的影视产品,被消费者通过多种形式接受、认同其文化价值,同时不断扩大其社会影响,增加其自身价值。

课堂讨论 1-1

2018年8月21日至22日,全国宣传思想工作会议在北京召开。中共中央总书记、国家主席、中央军委主席习近平出席会议并发表重要讲话。

习近平指出,要引导广大文化文艺工作者深入生活、扎根人民,把提高质量作为文艺作品的生命线,用心用情用功抒写伟大时代,不断推出讴歌党、讴歌祖国、讴歌人民、讴歌英雄的精品力作,书写中华民族新史诗。要坚持把社会效益放在首位,引导文艺工作者树立正确的历史观、民族观、国家观、文化观,自觉讲品位、讲格调、讲责任,自觉遵守国家法律法规,加强道德品质修养,坚决抵制低俗庸俗媚俗,用健康向上的文艺作品和做人处事陶冶情操、启迪心智、引领风尚。要推出更多健康优质的网络文艺作品。要推动文化产业高质量发展,健全现代文化产业体系和市场体系,推动各类文化市场主体发展壮大,培育新型文化业态和文化消费模式,以高质量文化供给增强人们的文化获得感、幸福感。

资料来源:新华网,http://www.xinhuanet.com/2018-08/22/c_1123310844.html.

结合资料,讨论文化市场的特殊性。

3. 文化市场的类型

按照不同的分类标准,文化市场可以划分为不同类型。

(1) 按照流通区域大小划分。文化市场分为区域文化市场、国内文化市场、国际文化市场。区域文化市场是某一区域文化商品或文化服务发生转移的场所及经济关系的总和。区域文化市场之间的流通与传播构成了国内文化市场。国内文化市场的健康有序发展，是国内文化商品或文化服务进入国际文化市场的基础和条件。文化商品或文化服务在国际范围的流通与传播构成了国际文化市场。国际文化市场促进国际间的文化交流与合作，推动世界文化的共同繁荣。

(2) 按照文化产业性质划分。文化市场分为文化产品市场、文化服务市场和文化要素市场。文化产品市场中流通的是满足文化消费者的文化产品和文化服务，包括报刊、影视、动漫、图书等。文化产品市场还可以进一步细分为报刊市场、影视市场、动漫市场、图书市场等。文化服务市场中流通的是为文化产业提供附加值的文化创意、策划、形象设计、宣传推广等。文化要素市场中流通的是满足文化产品生产所需要的要素，包括资本、技术、品牌、人才、数据等。

(3) 按照交易形式划分。文化市场分为上游市场、中游市场、下游市场。上游市场以授权交易为主，中游市场以宣传推广为主，下游市场以文化消费为主。以动漫游戏市场为例，上游市场是动漫游戏的版权交易，中游市场是动漫游戏的广告宣传，下游市场是游戏账号、点卡、装备等动漫游戏周边产品的消费[①]。

(二) 文化需求

文化需求是人类的基本需求之一，主要体现为精神文化需求。与一般的物质需求相比，文化需求是一种更高级的需求，是人类区别于其他动物的重要标志之一。文化需求指人们对于文化产品和文化服务的消费性需求，在给定价格的条件下消费者选择购买文化产品和文化服务的数量，是消费者在文化产品和文化服务选择集合中理性选择的结果。

除了具有物质性产品需求的特点之外，文化需求还具有其自身的特点：

(1) 文化需求是引导性需求，具有自我增强特点。文化消费是一种"引导性消费"，文化消费和文化投入呈正相关关系。如消费者在消费图书的过程中，消费者的"消费资本"会增加。消费者的受教育程度越高，已经建立起来的消费资本越多，消费者的"消费资本"增长也就越容易。消费资本的投入和消费者的文化需求是相互促进的。消费者文化消费的过程也就是文化需求自我增长的过程。

(2) 文化需求生命周期长，满足形式多样，具有很强的链式效应和关联效应。文化消费带给消费者的效用会随着时间的增长而增加。文化产品形态上的短暂性和效用的持久性之间是矛盾的，但这也为衍生文化产品提供了发展的可能性。如《名侦探柯南》通过影视、书籍、DVD、游戏等不同形态的文化产品，不仅满足了不同偏好的消费者需求，而且放大了核心创意的商业价值和社会价值。

(3) 文化需求受到多种因素的影响。文化需求不仅受价格、收入水平、年龄、性别等因素的影响，还受到消费者文化素质和闲暇时间等因素的影响。消费者的文化素质高低与其对文化产品的需求量有着密切的联系，两者之间呈递进关系。文化产品是为满足人们更高层次的精神需求。人们的文化素质越高，追求个人素质全面发展的意识和欲望也就越强烈，因此文化产品的需求量也就越大。另外，文化产品的消费需要大量的智力资本，尤其是高雅的文化产品，对文化素质要求较高，并不是人人都能享受。

---

① 李康化.文化市场营销学[M].太原：书海出版社，2006：10-11.

闲暇时间是保证人们文化消费的必要条件。文化消费通常都是安排在闲暇时间,所以人们所拥有的闲暇时间的多少直接影响文化需求的数量。一般情况下,人们的闲暇时间增多,文化需求的数量也会相应增加。如在周末、黄金周期间,国内各大旅游景点游客暴涨,形成了文化需求的高峰[①]。

> **资料链接 1-1**

文化消费持续为旅游健康发展提供新动能

2019年8月,中国旅游研究院发布《2019上半年全国文化消费数据报告》,报告显示,文化消费成为国民消费升级的重要标志,文化消费作为满足人们对美好生活的向往、丰富游客深度体验的重要途径,持续为旅游经济健康发展提供新的动能。

报告指出,2019上半年,国内文化休闲基础设施日益完善,各地文化旅游、民俗活动、节庆娱乐等休闲活动精彩纷呈,居民和游客文化消费持续升级,文化体验已经成为提升生活质量和幸福感的重要途径。调查显示,半数以上的受访者表示目前"市场需求旺盛,文化产品能够或基本满足群众需要"。逾七成受访者表示上半年曾参加"文化惠民消费季"等文化休闲活动,其中经常参加的受访者占比近四成。

报告显示,外地旅游文化消费潜力巨大。调查结果显示,大部分受访者均表示2019年上半年在外地旅游参加和体验了文化活动,占比超过八成,居民在外地旅游时进行文化消费的比重主要集中在"10%至30%"。当下居民旅游消费热情高,未来消费水平和消费质量仍有很大提升空间。

报告提出,八成受访者对本地和异地文化消费表示满意,对人文旅游景点、历史文化街区、博物馆等满意度较高。2019年上半年,本地各类文化消费场馆中,受访者对"人文旅游景点"的满意度评价最高,对"历史文化街区"的满意度较高。

资料来源:中华人民共和国文化和旅游部,https://www.mct.gov.cn/whzx/whyw/201908/t20190808_845592.html.

二、文化市场调查与分析的内涵

(一)市场调查

市场调查也被称为市场调研、营销调研、市场研究等。随着市场经济的发展,人们对市场调查的认识也不断发展,主要存在以下几种理解。

20世纪80年代后期,美国市场营销协会对市场调查作了定义。市场调查是通过信息的识别,明确市场营销的机会和问题,优化和评估市场营销活动,提高决策质量,从而有效地将消费者、公众和营销主体联系在一起的系统工作。

1986年,国际商会/欧洲民意和市场调查协会在《市场营销和社会调查业务国际准则》中对市场调查作了定义。市场调查是指个人和组织(工商企业、公共团体等)对有关其经济、社会、政治和日常活动范围内的行为、需要、态度、意见、动机等情况的系统收集、客观记录、分类、分析和提出数据资料。

---

① 顾江.文化产业经济学[M].南京:南京大学出版社,2007:21-22.

1993年,美国学者M·马尔霍特拉对市场调查作了如下定义:市场调查是对信息系统客观地确认、收集、分析和传播,目的是帮助管理层确认有关营销问题和机会,帮助他们制定解决问题的策略。

市场调查有狭义和广义之分。狭义的市场调查偏重信息的收集和分析,主要为针对消费者所作的调查。广义的市场调查包含从认识市场到制定营销决策的一切有关市场营销活动的分析和研究。

综上我们认为,市场调查是指针对特定市场营销问题,运用科学的方法,有计划地对市场信息进行收集、判断、整理、分析,客观反映市场状况和发展趋势,为企业管理者决策提供依据的一系列活动。

(二) 文化市场调查与分析的含义

文化市场调查与分析是指系统、客观、科学地收集与文化市场问题有关的市场信息,并对其进行判断、整理、数据分析,帮助组织或个人做出有效管理决策的活动。文化市场调查与分析的目的主要是解决文化市场问题,制定正确的管理决策。这里的文化市场问题不单单指营销问题,还包括政府、研究机构、大学等组织或个人进行文化市场研究而进行的文化市场调查与分析。本书不再具体区分文化市场调查、文化市场研究、文化市场调研和文化市场营销研究等表述,统称为文化市场调查与分析。

资料链接1-2

CNNIC发布第44次《中国互联网络发展状况统计报告》

2019年8月30日,中国互联网络信息中心(CNNIC)在北京发布第44次《中国互联网络发展状况统计报告》。该报告从互联网基础建设、网民规模及结构、互联网应用发展、互联网政务应用发展和互联网安全等多个方面展示了2019年上半年我国互联网发展状况。2019年上半年,中国互联网发展呈现出6个特点:

一是IPv6地址数量全球第一,".CN"域名数量持续增长。

二是互联网普及率超过六成,移动互联网使用持续深化。

三是下沉市场释放消费动能,跨境电商等领域持续发展。

四是网络视频运营更加专业,娱乐内容生态逐步构建。

五是在线教育应用稳中有进,弥补乡村教育短板。

六是在线政务普及率近六成,服务水平持续向好。

资料来源:国家互联网信息办公室,http://www.cac.gov.cn/2019-08/30/c_1124939590.html.

三、文化市场调查与分析的特征

从文化市场调查与分析的内涵来看,文化市场调查与分析具有目的性、系统性、科学性、时效性、局限性五个特点。

(一) 目的性

任何市场调查与分析都应具有目的性,文化市场调查与分析也不例外,需要有明确的目的。进行文化市场调查与分析之前,首先就要明确调查目的,根据调查目的预定调查内容,选择调查方法、抽样方法、数据整理与分析方法等,有组织、有步骤、有计划地实施文化市场调查与分析。没有明确调查目的的文化市场调查与分析是盲目的市场活动,不但会给委托者造成不必要的人力与财力浪费,而且对文化企业的营销活动没有任何意义。

(二) 系统性

文化市场调查与分析活动是一项系统工作,包括明确调查目的、设计调查方案、实施调查、抽取样本、整理数据、分析数据和撰写报告等环节。这一过程的各环节之间密切联系,并形成一个有机的系统。各个环节均需按照这一系统要求周密计划、精心组织和科学实施,保证调查结果的真实有效。

(三) 科学性

在进行文化市场调查与分析的过程中,调查方案设计、数据收集方法、抽样设计、数据整理方法和数据信息分析方法都必须以经济学、统计学、文化市场营销学、消费者行为学、消费者心理学、组织行为学等相关学科的理论和方法为指导,严格按照客观规律办事,遵循现代科学方法论,尽量采用科学有效的文化市场调查与分析方法和技术,最优地实现文化市场调查与分析的预定目标。同时,必须遵循正确的文化市场调查与分析原则和要求,坚持正确的伦理道德规范,把文化市场调查与分析作为一项系统的科学工作。

(四) 时效性

文化市场调查与分析是在一定时间范围内进行的,只有在一定时期内才具有其有效性。首先,市场信息具有一定的时效性。通过文化市场调查与分析获取的市场信息,可能只适合于解决在某一时期内的某一个问题,并不是永远有效。其次,文化市场瞬息万变。营销环境的变化、消费者需求的改变、文化市场结构的调整都说明文化市场调查与分析结果具有时效性。文化企业只有及时开展文化市场调查与分析,才能发现一些新的市场机会和市场需求,并能引进、创新文化产品去满足现有或者潜在的文化需求。

(五) 局限性

文化市场调查与分析需要收集文化市场信息,为文化企业正确决策提供依据,然而尽管其十分重要,但也有一定的局限性。首先,文化市场调查与分析的结果难免带有误差。这些误差主要产生于两个方面:一方面是抽样误差,大部分文化市场调查采用的是抽样调查,抽样的偶然性造成的是不可避免的误差;另一方面是非抽样误差,是由于抽样以外的其他原因造成的,主要是指人为的差错。如设计的文化市场调查方案不合理、调查员的作弊行为、调查实施的组织不力等都会使文化市场调查产生差错,出现非抽样误差。其次,文化市场调查与分析为管理者做出决策提供信息资料,但并不能代替决策。文化市场调查与分析的结果不会告诉文化企业应该怎么办。文化企业得到文化市场调查与分析的结果后需要对其进行评估,判断其科学性、可行性、准确性。决策者如果接受了调查结果,还需结合自身的实践经验和各方面专家的咨询意见,最终做出正确的决策。因此,作为决策者需要掌握一定的文化市场调查与分析知识,并充分认识到文化市场调查与分析的局限性,学会正确地利用调查与分析结果,充分发挥调查与分析结果对决策的辅助作用。

第二节 文化市场调查与分析的类型

一、按照文化市场调查与分析的主体分类

(一) 委托文化市场调查与分析

委托文化市场调查与分析是指委托专业的文化市场调查与分析机构代理调查分析。专业的文化市场调查机构长期从事文化市场调查与分析活动,经验丰富,专业技能强,可以客观地进行调查与分析,但文化市场调查与分析中需要与委托单位进行协调才能达到预期效果。

委托文化市场调查与分析机构主要包括两种类型:一是多方服务的文化市场调查与分析机构。他们定期收集文化消费者信息,出售给多个客户。如中国广视索福瑞媒介研究对全国主要城市的收视率和广告市场的检测数据就是属于面向多用户销售的数据。二是文化企业或组织委托的市场调查与分析机构,他们受雇进行特定的文化市场调查项目,只为完成某一文化市场调查与分析任务进行调查。

资料链接 1-3

中国知名市场调查公司

1. 央视市场研究(CTR);
2. 中国广视索福瑞媒介研究(CSM);
3. 广州策点市场调研有限公司(CCMR);
4. 上海尼尔森市场研究有限公司(AC-Nielsen);
5. 北京特恩斯市场研究咨询有限公司(TNS);
6. 新华信国际信息咨询(北京)有限公司(New China Trust);
7. 零点研究咨询集团(Horizon);
8. 北京捷孚凯市场调查有限公司(GFK);
9. 慧聪研究(HCR);
10. 益普索(IPSOS)。

(二) 自主文化市场调查与分析

自主文化市场调查与分析是指文化市场调查与分析的组织或个人为更好地掌握相关文化市场信息,解决各种营销问题,便于自己做出正确的经营管理决策而自行调查文化市场的活动。其优点为成本低,便于积累经验。不足之处是缺乏客观性和调查方法的局限性。

自主文化市场调查与分析主要包括3种类型:一是文化企业自主调查与分析。在文化企业内部设置文化市场调查与分析部门,专门负责该文化企业的文化市场调查与分析工作。在经营过程中,文化企业需要对各种营销问题做出判断和决策,从而需要进行文化市场调查

与分析。二是社会组织自主文化市场调查与分析。各种社会组织,如各种协会、学术团体、中介机构、事业单位为了学术研究、工作研究、提供咨询等需要,也开展这些专业性的文化市场调查与分析活动。三是个人自主文化市场调查与分析。某些个人由于种种原因,也需要进行文化市场调查。如书店经营者,由于个体经营上的原因,需要了解相关的图书市场信息,从而自主进行文化市场调查与分析;有些文化市场研究人员为开展研究,也需要进行文化市场调查与分析。

二、按照文化市场调查与分析的范围分类

(一)全面文化市场调查与分析

全面文化市场调查与分析简称综合文化市场调查与分析,是指文化市场调查者为全面了解文化市场的营销状况而对其进行全方位的综合调查与分析。全面调查与分析涉及文化市场的各个方面,调查的信息与数据能全面地反映文化市场的全貌,有助于文化市场调查者更为准确地把握市场营销状况。但是,由于全面调查涉及面较广,因此对文化市场调查者的素质要求相对较高,组织实施较困难,调查成本较高。如文化企业开发某一新文化产品或为进入一个新的文化市场领域多采用全面文化市场调查与分析。

(二)非全面文化市场调查与分析

非全面文化市场调查与分析简称专题文化市场调查与分析,是指文化市场调查者为解决某个具体的文化营销问题而对文化市场中的某个方面进行专题调查与分析。非全面调查与分析对文化市场调查人员要求较低,调查成本较低,组织实施较为灵活。但是,由于提供的信息具有局限性,文化市场调查者无法根据此类调查信息全面把握文化市场营销状况。文化企业或组织遇到涉及面有限的具体问题时,只要所提供的信息能够保证做出正确决策,文化市场调查者大多采用非全面调查。如媒体推广效果的评价、影响文化消费者购买某种文化产品的影响因素分析多采用文化市场非全面调查与分析。

三、按照文化市场调查与分析的性质和目的分类

(一)探索性文化市场调查与分析

探索性文化市场调查与分析是指在制定正式调查的调查方案前,为了更好地确定文化市场调查问题,发现文化市场调查问题的内在性质,获取与文化市场调查问题有关的调查思路、调查框架以及与之有关的影响因素所进行的活动。这种调查具有灵活、省时和省费用的特点,没有固定的调查计划,倾向于应用第二手资料,多采用任意或主观抽样进行小范围调查或实验分析。另外,在确定可行性调查方案时也可应用探索性文化市场调查对某些方案进行小规模测试。

(二)描述性文化市场调查与分析

描述性文化市场调查与分析主要对文化市场调查问题的各种变量及相互关系作结论性

准确描述。如文化市场潜量的调查与分析、文化产品销售的调查与分析、文化消费者满意度的调查与分析、文化媒体的调查与分析、品牌忠诚度的调查与分析、价格的调查与分析等都属于描述性文化市场调查。描述性文化市场调查主要对调查问题进行分析,如实反映,并提出一些相关问题。这种调查的特点是需要有详细的调查计划与提纲,掌握大量的信息与数据。它试图回答"是什么""何时""如何"等问题,并非要回答"为什么"的问题。通常说明事物的表征,并不涉及事物的本质及影响事物发展变化的内在原因,属于一种基础性调查。如文化消费者对本文化产品及竞争对手产品的评价;时尚类报纸或电视节目受众的年龄、文化、收入、视听形式的偏好、职业构成,等等。

资料链接 1-4

2019年中国文化消费指数

由中国人民大学发布的2019年中国文化消费指数体系主要由文化消费环境、文化消费意愿、文化消费能力、文化消费水平和文化消费满意度组成。具体结果如下:

1. 文化消费环境逐年上升,文化消费能力有下降;
2. 东中西部地区差距仍然较为明显,但在环境和满意度上趋于均衡;
3. 文化消费城乡差距有所缩小,文化振兴乡村成为精准扶贫的重要路径;
4. 25岁以下居民偏爱游戏、动漫、网络文化活动,中老年人也在加速"触网";
5. 服务类文化产品受欢迎程度和满意度普遍高于实体类文化产品;
6. 国产电影受欢迎程度持续快速上升,国产动漫崛起;
7. 网络成为文化消费的最重要渠道,5G、VR、区块链等技术的应用正强化这一趋势;
8. 短视频相关活动成为最受欢迎的网络文化服务,网络社交和新闻APP紧随其后;
9. 文化产品内容是消费者最期待改进的方面,其次是产品的表现力。

最受消费者欢迎的五大文化产品或服务依次是电视广播、电影、网络文化活动、图书/报纸/期刊、文化娱乐活动。和去年相比,电影的受欢迎程度有所提升,超越网络文化活动。

在更倾向于国内还是国外文化产品的消费选择上,电影、文化旅游、动漫、游戏这4类文化产品国产更受欢迎。尤其值得一提的是国产动漫,受欢迎程度首次超过日本动漫。

调查数据显示,居民消费支出最大的五大文化产品或服务依次是文化旅游、游戏、网络文化活动、电影、文艺演出;市场成长空间最大的五大文化产品或服务依次是网络文化活动、游戏、文化旅游、电影、文化娱乐活动。

资料来源:中国经济网,http://www.ce.cn/culture/gd/201912/21/t20191221_33947523.html。

(三) 因果性文化市场调查与分析

因果性文化市场调查与分析是在描述性文化市场调查的基础上,进一步分析问题产生的原因,找出各个因素之间因果关系的调查与分析方式。如为什么文化产品的主体消费者不断流失,而竞争对手的营业额不断攀升;为什么促销和广告投入高而收益不明显。这些问题涉及文化市场变量之间的相互影响,识别各个变量之间的关系,理清哪些变量是原因性变量,即自变量;哪些变量是结果性变量,即因变量。描述性调查仅仅回答了"是什么""何时"

"如何"等问题,因果性文化市场调查进一步回答了"为什么"的问题。文化市场营销的管理者往往根据事物之间内在的因果联系做出决策,因此,因果性文化市场调查与分析是一种十分重要的调查与分析方式。3种文化市场调查与分析类型之间的特点、目的对比见表1-1。

表1-1　3种文化市场调查与分析类型之间特点、目的对比

类型	特点	目的
探索性文化市场调查与分析	没有详细的调查计划;灵活;成本低;非正式调查	进一步明确调查问题
描述性文化市场调查与分析	有详细的调查计划与提纲;对状况进行描述;正式调查	问题"是什么""何时发生""如何发生"
因果性文化市场调查与分析	识别两个或多个变量之间的因果关系;正式调查	问题"为什么",一个因素会以怎样的方式影响另一个因素,以及影响的程度

资料来源:庄贵军.市场调查与预测[M].北京:北京大学出版社,2007.

四、按照文化市场调查与分析的分析方法分类

(一) 文化市场调查与分析的定量分析方法

文化市场调查与分析的定量分析方法又称量化分析法,是一种对文化市场营销问题以及各种问题之间的关系,通过测量收集数据,并应用数理统计方法进行数据分析的方法。采用定量分析的基本步骤为:首先,确定各种变量之间的因果关系并建立假设;其次,通过一定的原则选择样本,并使用标准化的测量工具和程序收集数据;最后,运用数理统计工具对数据进行定量分析,建立不同变量之间的因果关系。定量分析的优点是:由于重视数据的作用,不易受人为因素的影响,有利于保证分析的科学性和客观性,能弥补定性分析的不足,为决策者提供更精确的答案。定量分析的不足:一是分析人员需要具有较高的数理统计知识;二是对数据要求比较高,如果数据不够充分,定量分析就难以有效进行。

资料链接 1-5

2018年全国文化及相关产业增加值占GDP的比重为4.48%

经核算,2018年全国文化及相关产业增加值为41 171亿元,占GDP的比重为4.48%,比上年提高0.22个百分点。

按行业大类分,2018年文化制造业增加值为11 999亿元,占文化及相关产业增加值的比重为29.1%;文化批发和零售业增加值为4 340亿元,占比为10.6%;文化服务业增加值为24 832亿元,占比为60.3%。

按活动性质分,文化核心领域创造的增加值为27 522亿元,占文化及相关产业增加值的比重为66.8%;文化相关领域创造的增加值为13 649亿元,占比为33.2%。

2018 年文化及相关产业增加值

分类名称	增加值(亿元)	构成(%)
文化及相关产业	41 171	100.0
第一部分　文化核心领域	27 522	66.8
一、新闻信息服务	5 606	13.6
二、内容创作生产	8 662	21.0
三、创意设计服务	7 176	17.4
四、文化传播渠道	3 371	8.2
五、文化投资运营	388	0.9
六、文化娱乐休闲服务	2 318	5.6
第二部分　文化相关领域	13 649	33.2
七、文化辅助生产和中介服务	6 791	16.5
八、文化装备生产	1 994	4.8
九、文化消费终端生产	4 864	11.8

注：① 若数据分项合计与总量不等，是由于数值修约误差所致。
② 第四次全国经济普查后，对 2017 年国内生产总值和全国文化及相关产业增加值进行了修订，故比重相应有所调整。

附注：

1. 指标解释

文化及相关产业是指为社会公众提供文化产品和文化相关产品的生产活动的集合。

文化及相关产业增加值是指一个国家所有常住单位一定时期内进行文化及相关产业生产活动而创造的新增价值。常住单位指在我国的经济领土上具有经济利益中心的经济单位。生产是指在机构单位的控制和组织下，利用劳动、资本、货物和服务投入，创造新的货物和服务产出的活动。

2. 核算范围和分类

文化及相关产业增加值的核算范围包括《文化及相关产业分类(2018)》中规定的全部文化及相关活动。按行业类别分类，文化及相关产业分为文化制造业、文化批发零售业和文化服务业。按活动性质分类，文化及相关产业分为两部分：一是文化核心领域，指以文化为核心内容，为直接满足人们的精神需要而进行的创作、制造、传播、展示等文化产品(包括货物和服务)的生产活动；二是文化相关领域，指为实现文化产品的生产活动所需的文化辅助生产和中介服务、文化装备生产和文化消费终端生产(包括制造和销售)等活动。

3. 核算方法及资料来源

文化及相关产业增加值按照国家统计局制定的《文化及相关产业增加值核算方法》，利用全国经济普查数据、国民经济核算数据、文化及相关产业统计数据等基础资料，采用收入法核算。

资料来源：国家统计局，http://www.stats.gov.cn/tjsj/zxfb/202001/t20200121_1724242.html.

（二）文化市场调查与分析的定性分析方法

文化市场调查与分析的定性分析方法又称"文化市场调查与分析的质的研究"，是采用多种资料收集方法对文化市场进行整体性分析，使用演绎归纳法分析资料并形成理论，对文化市场调查问题进行分析与解释。通常在数据不足且难以获得，或没有必要去收集详细数据时，凭借个人的经验、知识和直观的资料，对文化市场进行分析，而不是采用数理统计工具进行分析。定性分析的优点是可以充分考虑各种外界因素对文化市场的影响，不需要复杂的数理统计工具，适用面较广，有一定的科学性。定性分析的不足是分析过程中人为因素占较大比重，难以做出精确说明（见表1-2）。因此对文化市场进行分析，应把文化市场定量分析与文化市场定性分析结合起来，提高分析的准确性。

表1-2　文化市场调查与分析的定量分析与定性分析的区别

区别	定量分析方法	定性分析方法
分析的目的	证实普遍情况，得出精确结论	解释性理解，提出新问题
分析的问题	事先已经确定	事先没有确定，在分析过程中产生
分析的设计	结构性的，具体的	宽泛的，灵活的
分析的手段	计算，统计分析	语言，描述分析
分析的工具	量表，统计软件，问卷，计算机	分析者本人，记录设备
分析的资料来源	统计数据，量化的资料，变量	描述性资料，笔记
分析的方式	演绎法，量化分析	归纳法，探寻主题
分析的结论	普适性，概括性	独特性，地域性

资料来源：陈向明.质的研究方法与社会科学研究[M].北京：教育科学出版社，2006.

第三节　文化市场调查与分析的内容与作用

一、文化市场调查与分析的内容

文化市场调查与分析的目的是为文化企业管理者的决策收集和提供信息。因此，文化市场调查与分析的内容涉及文化市场需求情况、文化市场竞争情况、文化消费者购买行为和满意度、广告宣传、文化企业内外部环境5个方面。

（一）文化市场需求情况调查与分析

文化市场需求情况的信息主要包括3个层次：首先，掌握某一文化产品或文化服务的市场需求总体情况和未来发展趋势；其次，在文化市场细分的基础上，掌握各细分市场的需求情况和未来发展趋势；最后，在确定目标市场后，掌握目标市场的需求情况和未来发展趋势。

文化企业的营销活动要始终围绕着文化企业的目标市场进行。因此,需要对文化企业目标市场的规模和成长性进行调查与评估。文化企业需要调查并分析目标市场的文化产品的使用率(包括图书销售量、报纸发行量、影视收视率、广播收听率等指标)、目标市场的成长效果、利润率等。文化企业应当优先选择具有适当现实规模和相当市场潜量的子市场作为目标市场。如果一个目标市场没有足够规模,将无法为文化企业提供现实的利润回报;如果目标市场缺乏未来需求的市场潜量,将无法使文化企业获取长期的战略资源,影响文化企业的发展前景。通常通过文化市场调查与分析寻找文化产品使用率高、成长效果好和利润高的文化市场作为目标市场。

(二) 文化市场竞争情况调查与分析

文化企业要想在文化市场上具有竞争优势,就要比竞争对手能更好地满足文化市场需求,这样才能在市场竞争中生存下来。文化企业为了更好地掌握目标市场的总体情况,还需了解竞争者的情况。

通过文化市场调查与分析需要了解的文化市场竞争情况,包括两个方面:首先,某一行业的竞争结构及竞争者的优劣势情况。通常借助美国迈克尔·波特的竞争力模型调查与分析,在影响行业竞争的五种力量中,哪种力量对文化企业的利润率影响最大(如图1-1所示)。确定现有和潜在的竞争者以及竞争者的竞争行为,弄清楚他们的优势和劣势。

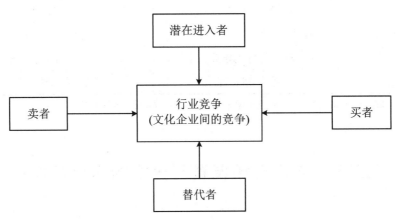

图1-1　波特竞争力模型

其次,调查文化行业内的竞争结构,主要从文化行业集中度、规模经济、产品差异化程度等几个方面调查。文化行业集中度,即规模最大的前几位文化企业的销售额(产量、资产额、利润额等)之和占整个行业的比重。影响行业集中度的因素有两种:一是该行业的文化企业数量的多少;二是该行业中文化企业的市场份额的分布。

集中度过低,说明该行业文化企业过于分散,缺乏具有竞争力的大型文化企业;集中度过高,说明该行业文化企业规模过大,垄断势力太强。规模经济是指在投入增加的同时,产出增加的比例超过投入增加的比例,单位文化产品的平均成本随产量的增加而降低,从而带来规模报酬递增。规模经济是决定某一文化行业竞争程度的重要因素。文化产品的规模增长带来的经济效应非常突出,文化企业通过各种方式抢占市场,力求扩大自己的市场规模,文化行业的竞争非常激烈。产品差异化程度是指文化消费者对单位文化产品所形成的消费偏好程度。产品差异化容易形成进入壁垒,可以有效缓解行业内竞争的程度。通过以上调查与分析可以掌握一个行业的竞争程度、竞争对手及其市场地位,认识到文化企业自身的市场竞争地位。

(三) 文化消费者购买行为和满意度调查与分析

文化市场营销的目的是满足目标市场消费者的需要。要想最大限度地满足他们的需要,首先要识别出文化产品消费者的需要,了解目标消费者的欲望、偏好、购买动机和消费习惯,其次要掌握消费者对文化产品的满意度情况。

调查与分析文化消费者购买行为一般包括6个方面,即5W1H:

第一,哪些人购买文化产品(Who)?需要了解谁是购买者或使用者,他们的人口统计特性(年龄、职业、经济状况、文化水平、个性、生活方式等)是什么,购买者的利益需求是什么。

第二,他们使用什么文化产品(What)?需要了解他们使用文化产品的种类、品牌、数量,这些文化产品给消费者带来的利益是什么,消费者是否还需要其他文化产品。

第三,他们为什么购买(Why)?需要了解消费者的购买目的和动机是什么(模仿与从众、偏爱、求美、求知、求便、求名,等等),本企业文化产品能否满足消费者要求,企业竞争者是否满足消费者的购买需求。

第四,他们何时购买(When)?需要了解消费者喜欢什么时候购买,为什么,能否改变。

第五,他们何处购买(Where)?需要了解消费者在哪里购买,为什么,能否改变。

第六,他们以何种方式购买(How)?需要了解消费者喜欢通过什么渠道购买,为什么,能否改变,以及本企业能否满足这种购买方式。

调查与分析文化消费者满意度主要调查文化消费者满意度指数。具体包括消费者对有关文化产品或文化服务的整体满意度;对文化产品或文化服务的各个方面的忠诚度;满意的原因或不满意的原因;对改进文化产品或文化服务的具体建议;对竞争对手的满意度评价的比较等。

资料链接 1-6

中国顾客满意度指数(China Customer Satisfaction Index,简称C-CSI)是由中国领先的品牌评级与品牌顾问机构Chnbrand实施的中国首个全品类顾客满意度评价体系,2015年首次推出并获得了工业和信息化部品牌政策专项资金的扶持。C-CSI是在全国范围内消费者调查的基础上,表征中国消费者对使用或拥有过的产品或服务的整体满意程度,是衡量和管理顾客满意度的基础性参考指标。作为一个连续的年度调查项目,C-CSI每年向全社会发布最新调查结果,这些完全来自消费者反馈、真实传递消费者心声的独立、科学、即时的评价结果是中国消费风向标,为中国消费者做出明智的品牌选择提供了极具价值的指导。同时,C-CSI的研究成果对于帮助企业建立与完善顾客满意评价体系有着重要的价值。

2019年C-CSI调查项目(表1-3)为了保证样本能够推论中国总体消费者的特征,采用分层随机抽样方式在全国范围内进行大规模的调查。

表 1-3　2019 年 C-CSI 调查项目

类别		内容
调查设计	调查对象	15~64 岁居民
		一周在家居住 5 天或者以上的居民
		非市场调查、媒体等敏感职业人群
		本地居住半年及以上
	调查地区	100 个城市
	调查方法	线上线下相结合
抽样设计	抽样方法	根据性别、年龄、收入进行随机抽样调查
	样本数量	3 028 000 个样本
分析方法		定量研究
调查时间		月度连续调查，历时 12 个月

资料来源：Chnbrand(中企品研)，http://www.chn-brand.org/c-csi/intro2019.html.

(四) 广告宣传调查与分析

广告宣传调查与分析的内容包括广告创作调查与分析、广告媒体调查与分析和广告效果调查与分析等方面。广告创作调查与分析主要指为广告创作而做的广告主题调查和广告设计测试。通过了解消费者的广告意识、生活方式、情趣喜好、利益追求等，把握消费者心理，使广告主题更切合文化消费市场。广告设计出来后，需要对其进行小范围的测试，也可以通过访谈调查法了解广告设计的可行性。广告媒体调查与分析主要是指为选择广告媒体而作的电视媒体调查与分析、广播媒体调查与分析、报纸媒体调查与分析、网络媒体调查与分析以及手机媒体调查与分析。广告投放之前，文化企业需要选择媒体调查收视率(收听率、阅读率、点击量)及主要媒体受众以便正确选择适合其文化产品的媒体。广告效果调查与分析主要是指文化企业在广告投放之后对其效果的调查与评价，广告成本对文化产品销售的影响，侧重调查与分析广告的到达率、记忆率、影响力等接受效果。影响广告效果的因素有广告时间长短、播放频次、画面大小等。如一部电影上映之前首先要了解电影消费者心理，设计的片花能否吸引电影消费者的眼球；然后要选择通过什么媒体宣传推广；最后要调查与分析通过媒体宣传推广的效果，广告成本对提升票房的影响力。

(五) 文化企业内外部环境调查

文化企业的营销活动受到环境因素的影响。文化企业处在内部环境和外部环境的包围之中，内部环境主要是文化企业的内部因素，如文化企业的营销目标、组织结构、人力资源、技术资源、财务状况等。对文化企业内部环境的调查与分析包括企业战略、使命、资源状况、文化产品和服务的特性、企业以前的业绩、业务关系等。外部环境主要是文化企业的外部因素，如政治环境(Political)、经济环境(Economic)、文化环境(Cultural)和技术环境(Technological)，即 PECT。对文化企业外部环境的调查与分析包括文化因素的现状与未来发展趋势、外部因素对文化企业营销活动的影响、外部因素影响对文化企业的机会和威胁。

二、文化市场调查与分析的作用

在文化企业的经营活动中,文化市场调查与分析对推动文化经济发展、增强文化企业决策的准确性与可行性、提升文化企业的竞争力和适应能力都具有十分重要的意义。文化市场调查与分析的作用就是文化企业为解决营销决策问题而收集、分析数据,提供文化市场信息。具体而言,文化市场调查与分析的作用主要表现在以下几个方面。

(一)帮助文化企业确定营销目标

文化市场信息是文化企业经营管理决策的前提。文化企业只有在充分掌握文化市场情况的基础上,才能有针对性地确定营销目标。文化企业营销活动有两个基本目标,一是满足目标市场需求;二是实现文化企业的销售额与利润额。无论是确定目标市场,还是确定文化企业的销售和利润目标,都需要可靠的文化信息。通过文化市场调查与分析能够了解文化企业的文化产品满足的欲望和需求是什么;竞争者是谁;他们提供的文化产品或文化服务是什么;竞争者的市场份额是多少;现有的和潜在的细分市场潜量有多大;哪些细分市场可以盈利;盈利的额度是多少,等等。这些信息可以帮助文化企业确定营销目标。

(二)帮助文化企业制定和评估管理决策

决策是营销活动的依据,正确的决策能够使营销活动取得成功,错误的决策则会对营销活动造成损失或使营销活动失败。决策实际上是营销方案选择的过程,因此在决策选择前首先需要制定达到营销目标的多个可行方案;其次根据所要达到的营销目标,评价每一个方案的可行性。这就需要通过文化市场调查与分析掌握4P营销因素(产品、价格、渠道和促销),怎样开展文化企业的营销活动,不同营销因素的组合方式会产生什么效果。

(三)帮助文化企业实行正确的产品策略

产品策略是指文化企业以向目标市场提供各种迎合文化消费者需求的文化产品的方式来实现其营销目标。其中包括对与文化产品有关的品种、规格、式样、质量、包装、特色、商标、品牌以及各种服务措施等可控因素的组合和运用。产品策略是否正确直接影响和制约文化产品能否适销对路,能否顺利销售出去,能否取得效益,以及能否满足文化消费者的需要。实行正确的产品策略,关键是要正确地掌握文化消费者的需求特点,尤其是目标市场消费者的需求特点,把握文化市场的趋势,了解文化产品的生命周期,其他文化企业的文化产品策略及其掌握的资源、技术等情况。通过文化市场调查与分析,文化企业能有效获取上述文化市场信息,为文化企业正确的产品策略提供可靠的依据。

(四)帮助文化企业实行正确的价格策略

价格策略是指文化企业以按照市场规律制定价格和变动价格等方式来实现其营销目标,其中包括对与定价有关的基本价格、折扣价格、津贴、付款期限、商业信用以及各种定价方法和定价技巧等可控因素的组合和运用。文化企业实行正确的价格策略,除了需要考虑文化企业的定价目标、成本因素以外,还必须充分考虑文化产品的供求关系、文化消费者需求的类型和数据、购买力总量和购买水平、消费者习惯和偏好、竞争与垄断的格局、政府干预、文化产品特征、通货膨胀、替代文化产品的价格等诸多要素。通过文化市场调查与分析，文化企业就能够充分占有上述各类信息，为正确的价格策略提供保证。

课堂讨论 1-2

图书平均定价为什么能涨到 68.5 元？

2018 年，由京东与开卷公司联合成立的京开研究院发布了《2018 年图书市场年度报告》。报告显示：我国新出版图书平均定价已涨到 68.5 元。"68.5 元"这个数字一经公布，就引发了舆论广泛的关注。图书虽然是特殊商品，但毕竟是商品，也会受市场经济规律的影响。事实上，新书价格已持续上涨多年，开卷公司的《中国图书零售市场新书定价情况》调查结果显示，2012 年新书价格为 52.42 元，2015 年就已突破 60 元。许多出版社都认为，这一轮价格上涨是合理的，且有可能继续上涨。

请搜集相关二手调查资料，讨论影响图书定价的因素。

（五）帮助文化企业实行正确的渠道策略

渠道策略是指文化企业以合理地选择分销渠道和组织文化产品实体流通的方式来实现其营销目标，其中包括对与分销有关的渠道覆盖面、文化产品流转环节、中间商、网点设置以及储存运输等可控因素的组合和运用。任何文化产品均需经过一定的销售渠道才能最终销售到文化消费者手中。选择正确的渠道策略，除应考虑历史因素、文化产品因素以外，还必须充分考虑文化消费者特点、销售区域、竞争、中间商、政策法规等多种因素。通过文化市场调查与分析，文化企业可以获得上述各类信息，正确地做出渠道策略选择的决策。

（六）帮助文化企业实行正确的促销策略

促销策略是指文化企业利用各种信息传播手段以刺激消费者购买欲望，促进文化产品销售的方式来实现其营销目标，其中包括对与促销有关的广告、人员推销、营业推广、公共关系等可控因素的组合和运用。无论何种促销策略，都必须首先掌握充分的文化市场信息。

总之，文化企业的整个市场营销活动均以信息为依据和条件，文化市场调查与分析对文化市场营销的全过程、各个环节均具有十分重要的作用。

第四节　文化市场调查与分析的基本伦理道德规范

伦理道德属于社会意识形态范畴，是调整人与人，个人与组织，组织与组织以及个人、组织与社会之间关系的行为规范。它以善与恶、公正与偏私、真实与虚伪等观念来评价人们的社会行为和调整各种关系，在社会生产与生活中发挥着十分重要的作用。

文化市场调查与分析作为一种社会经济活动，涉及文化市场调查与分析者、调查与分析委托者和被调查者三方之间的直接或间接关系。在文化市场调查与分析过程中三者之间由于在立场、目的、认识等方面的差异，在行动上难免产生分歧、矛盾和冲突。为保证文化市场调查与分析活动的正常进行，必须遵循文化市场调查与分析的伦理道德规范，规范和协调它们三者之间的关系。

目前，中国市场调查业的行业准则还未形成，大部分调查公司服从"国家商会/ESOMAR（世界专业研究者协会）"关于市场和社会研究实践的国际准则，准则中详细地规定了被调查者的权利、调查者的职责、调查者与调查委托者的相互权利和职责等。本书根据市场与社会研究实践的国际准则提出文化市场调查与分析者、调查与分析委托者和被调查者各自应该在文化市场调查与分析中遵循的伦理道德规范。

一、文化市场调查与分析者的基本伦理道德规范

文化市场调查与分析者（以下简称调查者）是指承担市场调查与分析任务并参与实际运作的组织或个人。他们应该遵循以下基本伦理道德规范。

（一）保障被调查者与委托者的合法利益

要向被调查者客观地说明文化市场调查与分析的目的和背景，主动说明自己的身份，不能误导被调查者，更不能强求被调查者回答问题或提供信息。在文化市场调查与分析中，调查者需要保护被调查者的匿名权，其身份是不能透露的，这是文化市场调查与其他形式信息搜集的区别。例如，将所接触过的人的姓名和地址收集起来，用于进行单个的推销、促销、集资，或其他非调查目的的任何活动都有悖于调查与分析的伦理道德。

当发现对委托者不利的因素时，应提前告知或明确提醒委托者；调查者不能同时为处于竞争状态或具有利害关系的不同客户进行调查；不能搬弄是非、制造矛盾，侵害委托者的利益；不能为满足委托者的服务要求，损害第三方的利益。

调查者在访问未成年人的时候要特别注意，访问前要经过其父母或监护人的应允。

（二）诚实调查，注重信誉

在文化市场调查与分析中，调查者应杜绝弄虚作假、期瞒哄骗，坚持诚实经营是提高商业信誉的必要条件。调查者对委托者要如实说明文化市场调查与分析的过程、采取的调查方法和手段，说明它们的优点和不足；绝不能隐瞒事实，不能为迎合客户而不顾事实、人为地修改数据和资料；要如实说明文化市场调查与分析结果的决策参考价值，特别是对某些不足和应该注意的方面应详细说明。

提供优质服务是提高信誉的重要保障。调查者要按照调查与分析的原则和要求，遵循科学合理的调查与分析程序，采用各种有效的、先进的方法和手段开展文化市场调查与分析活动，向客户提供真实、详尽、有效的文化市场调查与分析报告，为客户做出正确的管理决策提供可靠的依据。及时沟通，按时完成调查项目，尽最大努力满足委托者要求，使其满意。

二、被调查者的基本伦理道德规范

被调查者是指文化市场调查与分析活动的被调查对象或提供信息的组织和个人。他们应该遵循以下基本伦理道德规范。

（一）诚实、积极的合作态度

被调查者在文化市场调查的任何阶段的合作都是完全自愿的，有自主决定是否愿意成

为被调查者或信息提供者的自由,但是一旦自愿答应成为某个文化市场调查与分析的调查对象,就有责任采取诚实、积极的合作态度,配合调查者认真完成本次调查。被调查者应该如实、全面地回答问题、提供信息,不应该弄虚作假、提供假信息,要对自己所作的回答和提供的信息负责。

(二) 保护调查者、委托者的商业秘密

在文化调查与分析过程中,调查者为了方便调查,有时可能会无意告知被调查者涉及调查者和委托者的商业秘密或其他秘密。被调查者不能泄露给其他组织或个人。

三、文化市场调查与分析委托者的伦理道德规范

文化市场调查与分析委托者是指提出文化市场调查与分析的任务和要求,承担文化市场调查与分析费用,最终使用文化市场调查与分析报告解决文化市场营销问题的组织和个人。

委托者除了同样必须保障调查者和被调查者的利益,诚实经营、注重信誉等基本伦理道德规范外,还应该遵循以下基本伦理道德规范。

委托者应与调查者开诚布公、密切合作,不能隐瞒、欺骗。委托者应把自己进行文化市场调查与分析所要解决的真实问题、真实目的以及自己所掌握的全部信息如实告知调查者,以便于调查者顺利开展调查项目。

委托者不应该要求调查者做正常文化市场调查与分析以外的事情。不能要求调查者收集竞争对手的商业秘密、党和政府以及有关组织未公开的信息或资料。

委托者公布文化市场调查与分析结果时,有责任确保这些结果不会误导公众。委托者必须事先咨询调查者,并就公布的形式及内容征得他们的同意,不应该对结果随意夸大、断章取义、篡改。

委托者不得将调查者的方案和报价泄漏给任何第三方,除非是为委托者的同一个项目工作的咨询机构(但作为调查者的竞争者出现的咨询机构除外)。

本章小结

本章主要介绍了文化市场和文化市场调查与分析的含义、特性、类型,文化需求的特性,在文化市场调查与分析中要遵循的基本伦理道德规范,重点分析了文化市场调查与分析的内容和作用。文化市场调查与分析是指系统、客观、科学地收集与文化市场问题有关的市场信息,并对其进行判断、整理、分析,帮助组织或个人做出有效管理决策的活动,具有目的性、系统性、科学性、时效性、局限性等特点。文化市场调查与分析的内容主要涉及文化市场需求情况、文化市场竞争情况、消费者购买行为和满意度、广告宣传、文化企业内外部环境5个方面。文化市场调查与分析能帮助文化企业确定营销目标,制定和评估管理决策,实施正确的产品策略、价格策略、渠道策略和促销策略。

◆ **关键词**

文化市场　文化需求　文化市场调查与分析　伦理道德

◆ **思考题**

1. 如何理解文化市场的特殊性?

2. 如何理解文化市场调查与分析的时效性？
3. 为什么要调查与分析文化企业内外部环境？
4. 请你谈谈文化市场调查与分析在文化企事业管理中的作用。
5. 文化市场调查与分析为什么要遵守基本的伦理道德规范？

思考案例

文创产品的同质化现象怎么破解？

2019年中秋小长假期间，全国接待国内旅游总人数1.05亿人次，实现国内旅游收入达472.8亿元。其中，文化旅游消费增势强劲，文物古迹、博物馆、古镇位列中秋全国热门文化旅游景区品类TOP3。值得一提的是，在文化旅游景区热度持续攀升的情况下，部分景区、博物馆售卖的文创产品存在的同质化问题，也受到了消费者的诟病。

"东南西北"商业街都在卖"同款"。国内的很多商业街都大同小异，连售卖的文创产品都没有太大区别，钥匙链、帆布包、劣质的丝巾等同质化的文创产品各地都有。事实上，不止景区礼品同质化严重，连近几年大热的博物馆文创产品同质化的问题也愈发明显。很多博物馆的文创产品在品类选取上都大同小异。现在的博物馆确实都开始重视文创了，但是大部分博物馆像被限制了想象力一样，卖来卖去都是书签、扇子、帆布包等物件，他们只是把不同的图案单纯地印在相同的商品上而已。

文创产品要突出地域性和独特性。针对景区礼品同质化的现象，清华大学教授、国家文化产业研究中心主任熊澄宇表示，旅游景区的礼品要突出"一方水土养一方人"的特点。"景区文创同质化的原因在于他们只考虑到了共性而没有考虑个性。文化创意最大的特点就在于创意，创意就是找差异性、找独特性，体现'一方水土养一方人'的特点。突出地域的差异性和文化的差异性才能体现特点。"熊澄宇说。

除此之外，熊澄宇表示文创产品的创意，不止是色彩和形态上的差异，产品的功能、行为方式等方面都可以进行创意。在博物馆文创的设计方面，大英博物馆商务总监Roderick Buchanan则表示，博物馆文创要考虑到它的实用性和独特性。"当人们进入博物馆商店的时候，最好能让他们买一些真正能够用到的东西，或者可以当作纪念品送人，设计如果结合人们的生活，产品就会更受欢迎，这会提升产品的销量。当然，差异化的商品也是一个重点，今天每一个零售商店都是一样的，但是我们博物馆是不同的，博物馆有很多的产品可以提供非常不同的体验和设计。来博物馆的人是想要看这些独有的特色，每个博物馆都有不同的优势，想要吸引更多的游客，要做到消费者在你的博物馆里买到的东西，在别的地方是买不到的。"

请思考：

结合案例，请分析为什么要进行文化市场调查？

应用训练

以小组为单位，实地走访或者网络调查文化市场调查与分析机构，了解该机构的组织结构、业务范围、规章制度、调查与分析方法等具体事项，要求提交一份考察报告。

第二章 文化市场调查与分析方案设计

本章结构图

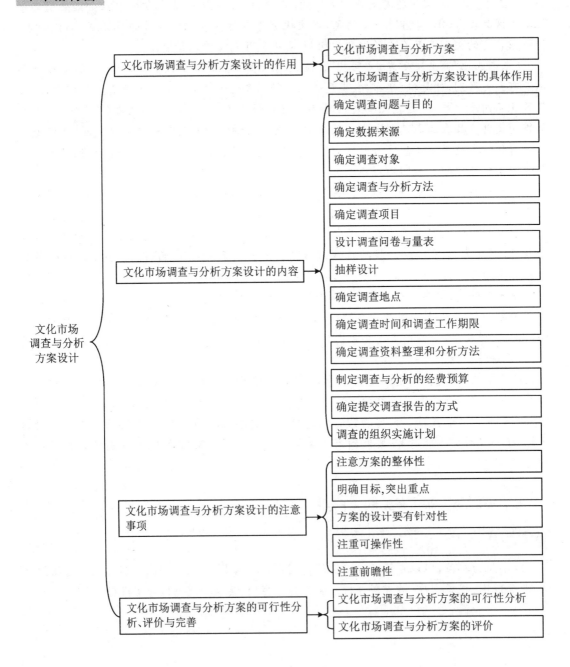

学习目标

了解文化市场调查与分析方案设计的意义,掌握文化市场调查与分析方案设计的步骤,熟悉文化市场调查与分析方案设计的注意事项,理解文化市场调查与分析方案的可行性分析、评价与完善。

【导入案例】

成都市女性休闲娱乐市场调查方案

一、调查目的

成都一集团公司欲成立一家高档、精品、健康的"女子俱乐部",以进入成都市的女性休闲娱乐市场。受该公司委托就成都市女性休闲娱乐市场的现状,以及成立"女子俱乐部"的市场可行性做出调查研究,并提出目标市场和战略定位等建议。

二、调查项目

此次调查研究的项目主要包括以下几点:

1. 了解成都市女性休闲、娱乐、交际市场的现状和特点;
2. 了解成都市女性休闲、娱乐、交际的需求结构;
3. 了解成都市女性休闲、娱乐、交际的消费特点、消费习惯和消费支出结构;
4. 了解影响她们休闲、娱乐、交际需求及消费行为的因素;
5. 了解成都市女性对成立女子俱乐部的看法,以及对该俱乐部的态度;
6. 了解成都市经营休闲娱乐企业的现状、经营方法以及经营中存在的问题;
7. 找到女性休闲娱乐市场中的市场空白,以及进入该市场的战略方法。

三、调查内容

根据该公司的调查目的与此次调查所涉及的调查项目,在设计调查问卷与调查的整个过程中,所关注的调查内容主要包括:

(一)市场需求的基本状况

1. 所调查的女性消费者的基本情况,包括年龄分布、受教育情况、收入水平、所处的家庭生命周期、所从事的职业等;
2. 成都市女性休闲娱乐市场的消费行为与消费结构,包括消费频率、消费支出结构、她们最喜欢的休闲娱乐项目等;
3. 影响女性休闲娱乐消费行为的其他主要因素,包括价格、品牌、交通、宣传、服务内容与服务质量等。

(二)成都市经营休闲娱乐企业的背景信息

1. 成都市经营休闲娱乐企业的现状,包括数量、类型、档次定位、地理分布等;
2. 导致休闲娱乐企业经营成功的一些因素和方法;
3. 成都市休闲娱乐企业在经营中面临的一些问题;
4. 制约经营休闲娱乐企业发展的因素。

四、调查时间

调查时间是从2018年9月20日开始到2018年11月20日结束,持续时间为两个月。

五、调查设计

(一)调查对象的定位

此次调查对象包括女性消费者和休闲娱乐企业。因该公司欲进入高档休闲娱乐市场,所以在定位女性消费者调查对象时,把更多的注意力放在:外资企业的中高级女性白领;效益较好、规模较大的国有企业、民营企业中的中高级女性白领;成功的女性企业家、成功的女性社会活动家以及政府女官员;文艺界、体育界等的优秀女性;富有而闲暇在家的女性;经营中高档的休闲娱乐企业的管理人员,这些企业包括俱乐部、夜总会、美容美发厅、健身中心等。

休闲娱乐企业定位为中高档休闲娱乐企业,包括休闲俱乐部、夜总会、健身中心等。

(二)调查地点

此次调查地点定位在成都市市区。针对前面的调查对象,特把调查地点具体定位如下:中高档写字楼;外企公司;经营较好的国有企业、民营企业;大商场和购物中心;高档的饭店及宾馆;政府部门;金融系统;档次较高的休闲娱乐企业等。

(三)调查方法

这次调查选择面谈访问调查方法。女性消费者访问问卷设计见后面所附的调查问卷(休闲娱乐企业访问问卷从略)。

(四)女性消费者调查对象抽样设计(休闲娱乐企业调查对象抽样设计从略)

1. 抽样方法。

这次访谈以成都市市区为整体,采取分群随机抽样与判断抽样相结合的方法抽取所需的样本数目。具体做法如下:

① 选取锦江区、成华区、武侯区、金牛区、高新区五大城区为第一段抽样单元。

② 从入选的第一段抽样单元的每一区中,分别抽取几个重点区域为第二段抽样单元。

③ 再按随机抽样法在每个第二段抽样单元中每隔一定的距离选一家公司、商场、饭店、宾馆、休闲娱乐企业为样本,作为第三段的调查单元。

④ 在第三段的调查单元中,判断选取访谈对象进行访谈,收集市场信息。

2. 样本量设计在95%的置信度下,允许的绝对误差在5%以内,按照各个区的经济发展状况、居民收入水平、中高档写字楼的分布等因素,在5个城区的样本量分布为:

锦江区:200;成华区:150;武侯区:200;金牛区:150;高新区:100。

样本量总计为800。

资料来源:圣才学习网.

第一节 文化市场调查与分析方案设计的作用

一、文化市场调查与分析方案

文化市场调查与分析方案是指文化企业根据经营决策与管理活动的需要进行精心设计与构思,指导文化市场调查与分析具体实施的活动纲领。它先于任何具体的调查、分析、实施等工作,关系到文化市场调查与分析活动的成败。因此,在文化市场调查与分析方案设计过程中,涉及对整体文化市场调查与分析目的的把握。

(一) 文化市场调查与分析的背景

文化市场调查与分析活动的开展是在文化市场大背景下进行的,文化市场的发展背景会影响文化市场调查与分析方案的设计和执行。文化市场调查与分析方案设计涉及环节比较多,操作起来十分复杂,需要从总体上准确把握调查与分析问题的由来,处在什么样的状态下进行文化市场调查和分析,目前文化市场状况如何,未来发展方向如何,此次调查与分析的意义和目的,是发现问题还是要解决问题,可能存在的风险和不确定性因素有哪些,调查与分析工作结束后如何安全退出等问题。为更好地解决文化市场营销问题,还需要深入了解市场竞争状况、消费者的相关信息和企业自身的发展状况,了解和把握文化市场调查与分析的背景,从整体上做到知己知彼,有利于方案设计的科学性和完整性。

(二) 文化市场调查与分析的目的

文化市场调查与分析的目的是调查与分析所要解决的问题,只有较好地把握目的,明确调查与分析的对象、调查与分析的结果有何用处,才能有的放矢地进行市场调查与分析,避免人财物的浪费,保障调查与分析的质量。

(三) 文化市场调查与分析任务的具体安排

根据文化市场调查与分析的目的,确定需要获取哪些相应的文化市场信息,结合调查人员自身学科背景和优势,合理安排文化市场调查与分析人员的具体分工,以及相应的时间节点,发挥调查与分析人员的各自作用,以具体任务安排作为依据对整个文化市场调查与分析做好流程控制,保证调查与分析的顺利执行。

二、文化市场调查与分析方案设计的具体作用

文化市场调查与分析方案是在调查与分析过程中具有全局把握和指导意义的执行方案,关系着调查与分析活动能否顺利开展,影响着整个调查与分析活动能否实现预定目标。同时,文化调查与分析方案是调查与分析的策略和具体计划,对文化市场的调查与分析具有重要作用,具体表现在以下几个方面。

(一) 战略指导

文化市场调查与分析方案具有战略指导作用。具体是指文化市场调查与分析方案能为此次市场调查与分析的执行提供总体的指导思想。在一件事情开始之前有一个明确的工作计划能够省去许多不必要的麻烦,可以对工作方法、步骤以及关键流程提供指导性的意见,能省时省力地达到市场调查与分析目的。方案是指导市场调查与分析的基础,在一份文化市场调查与分析方案中,明确规定调查与分析对象的相关内容和性质,调查与分析的方法和步骤及关键流程等。方案的科学与否影响着调查与分析工作执行的成败,方案可以指导文化市场调查与分析工作人员有的放矢地展开调查与分析活动。

(二) 活动规划

文化市场调查与分析方案在整个市场调查与分析过程中发挥着统一规划的作用。方案

能在文化市场调查与分析过程中提供具体的行动计划,确定了文化市场调查与分析活动开展需要的资源,活动开展的指导思想和方向,开展的时间和方法,各项活动的负责人,在什么阶段应该取得什么样的结果,如果文化市场情况发生变化及出现其他新情况该如何解决,文化市场调查与分析活动在开展过程中未能取得阶段性的成果该如何协调等。

(三)进程控制

文化市场调查与分析方案设计对于整个调查与分析行动来说还具有进程制约的作用,即策划方案能够安排并控制调查与分析活动的进程。文化市场调查与分析方案是根据市场实际情况做出的全盘考虑,能够较好地控制调查与分析活动的开展,调查与分析方案包括调查的具体计划、时间控制、任务安排等有关市场调查与分析的相关安排。文化市场调查与分析活动的执行,都严格按照方案的要求来开展,根据方案的时间节点展开相应的调查活动及进行成果汇总与评估,按照方案一步一步推进文化市场调查与分析活动。文化市场调查与分析方案的设计和调查与分析活动是一个完整的过程,也是整个文化市场调查与分析的第一步,有了方案才能按照方案一步步推进,最终完成文化市场调查与分析。尤其是大型的调查项目,设计工作千头万绪,要使调查分析活动顺利地开展,就必须严格按照调查与分析的方案来执行。

(四)效果控制

文化市场调查与分析方案对于整个文化市场调查与分析活动具有效果控制作用。它是根据文化市场实际状况做出的调查与分析安排,在一定程度上能预测、监督调查项目活动的效果,并且能及时地根据实际情况做出一些相应的调整。一项市场调查与分析活动在执行过程中是否能达到预期的效果,通过对照调查分析设计方案的相关要求就能清晰地看出来。

(五)其他

文化市场调查与分析方案除了以上重要作用外,还能对文化市场调查与分析活动本身的可行性、合理性进行检验,同时通过相关文化市场调查与分析要求、方法等内容规范着市场调查与分析活动的开展。

第二节　文化市场调查与分析方案设计的内容

一、确定调查问题与目的

明确调查问题与目的是调查设计的首要问题,只有确定了调查问题与目的,才能确定调查的范围、内容和方法,否则就会列入一些无关紧要的调查项目,漏掉一些重要的调查项目,无法满足调查的要求。确定调查问题与目的主要通过与决策者进行充分的交流与讨论、向文化行业专家咨询、信息材料收集和分析、非正式调查以及利用大数据技术做出预判等几个方面来完成。

(一)与决策者进行充分的交流与讨论

文化市场调查与分析人员在确定调查问题过程中需要了解决策者所面临的问题是什么,了解他们希望从文化市场调查与分析中得到什么。作为决策者,指导工作的开展,他们总是把注意力放在那些对全局具有重要影响或是具有决定意义的环节上,同时对问题的把握有一定的高度,因此关注决策者关注的问题,了解情况,可以抓到一些重大课题,或者急需解决的课题和关键性的课题,有助于我们把握问题的重点。而且,与决策者进行交流与讨论,交换双方的观点和对问题的看法,不但有利于进一步准确地确定文化市场调查问题,还有利于双方沟通和了解,从而打下良好的信任基础,增进合作。

(二)向文化行业专家咨询

向文化行业专家咨询有助于加深对文化市场调查问题的理解和认识。文化行业专家长期从事本行业工作,关注本行业的行业发展状况和政策导向,通常对该领域的文化市场信息有深入的了解,能准确发现行业存在的一些问题,他们往往能为文化市场调查提出真知灼见,向他们进行咨询有助于迅速获得想要的资料,并能深化对问题的认识。从文化行业专家那里获取信息可以采取非结构化的访谈方式,在访谈前事先拟定想要获取信息的一系列主题,根据访谈进度合理安排提问的环节,有助于提高访谈的效果。

(三)信息材料收集与分析

收集与分析信息资料是进行文化市场调查与分析的重要阶段,这个阶段的工作成绩关系着文化市场调查与分析方案设计的好坏。因此在确定文化市场调查与分析问题前,应该先理清这个调查对象的现实情况和人们对它已形成的想法,弄清楚其他人在这个行业或领域已经做过什么样的研究,研究成果如何,在文化市场调查与分析问题确定前就能做到心中有数。

文化市场调查与分析所需要的信息材料主要涉及事实材料和事理材料,在进行文化市场调查与分析前,需要尽可能地掌握这两类材料。这类信息材料也分为一手材料和二手材料,一手材料是指通过实地调查或实验取得的原始材料,在调查中要尽可能地占有一手材料,弄清楚文化市场调查与分析对象的历史、现状和发展趋势,并就发现的问题听取各方的意见,包括前面所讲的决策者和专家的意见。同时,二手材料也是信息材料的重要组成部分,二手材料是指为了解决问题,被别人收集并整理过的现成材料。收集与分析二手材料有助于补充从决策者和文化行业专家那里得到的信息。随着信息传播方式和传播渠道的不断拓展,收集大量的二手材料变得越来越容易。二手材料并不是专门为解决当前问题而收集的,但它可以为解决当前问题提供有价值的信息。收集与分析二手材料是进行一手材料收集的前提,不能前后颠倒。

无论是收集一手材料还是二手材料,都应该有所侧重,要特别关注那些新的事实、新的现象,收集那些具有代表性的、个别反应一般的材料,体现事物的本质和规律的材料。

(四)非正式调查

通常从决策者、文化行业专家和二手材料获得的信息不足以确定文化市场调查问题,还需要进行必要的非正式调查,也就是探索性调查,以获得对问题和潜在因素的理解把握。本阶段的调查主要是为了确定文化市场调查与分析方案的设计,确保方案设计的合理性和科学性而展开的。非正式调查多采用小组座谈法、访谈调查法、德尔菲法等调查方法。

(五)利用大数据技术做出预判

随着信息技术的快速发展,大数据的应用范围也越来越广,深刻影响了人们日常的工作和学习,在文化市场调查与分析中,也可以借助大数据技术,对要调查的对象作一个初步的调查,了解其相关信息,根据调查数据对调查事项做出一个初步的预判,为文化市场调查与分析问题的确定提供必要的参考。

二、确定数据来源

数据是文化市场调查与分析的重要指标,数据来源的科学性和合理性影响着分析结果的科学性和有效性。确定数据来源,指确定收集一手数据还是二手数据,或者两者都收集,谁来收集,向谁收集等问题,弄清楚数据的具体来源,有助于文化市场调查与分析活动有的放矢地展开。比如,一手数据来源于文化企业、文化中介机构、文化消费者等组织或个人;二手数据来源于政府文化部门的有关统计数据、研究机构或行业协会的内部数据或文化市场调查报告、购买专业文化市场调查机构的数据等现成数据。

三、确定调查对象

明确了调查目的之后,就要确定调查对象和调查单位,这主要是为了解决向谁调查和由谁来具体提供资料的问题。调查对象就是根据调查目的、任务确定调查的范围以及所要调查的总体,它是由某些性质上相同的众多调查单位所组成的。调查单位就是所要调查的社会经济现象总体中的个体,即调查对象中的一个具体单位,它是调查中要调查登记的各个调查项目的承担者。例如,为了研究某市各广告公司的经营情况及存在的问题,需要对全市广告公司进行全面调查,那么,该市所有广告公司就是调查对象,每一个广告公司就是调查单位。又如,在某市从事文化行业职工家庭基本情况一次性调查中,该市全部从事文化行业职工家庭就是这一调查的调查对象,每一户职工家庭就是调查单位。

在确定调查对象和调查单位时,应该注意以下4个问题:

第一,由于市场现象具有复杂多变的特点,因此,在许多情况下,调查对象也是比较复杂的,必须以科学的理论为指导,严格规定调查对象的含义,并指出它与其他有关现象的界限,以免造成调查登记时由于界限不清而产生的差错。如若以城市从事文体工作的职工为调查对象,就应明确文体职工的含义,划清城市文体职工与非城市文体职工、职工与居民等概念的界限。

第二,调查单位的确定取决于调查目的和对象,调查目的和对象变化了,调查单位也要随之改变。例如,要调查城市体育部门职工本人基本情况时,这里的调查单位就不再是每一户城市体育部门职工家庭,而是每一个城市体育部门的职工了。

第三,调查单位与填报单位是有区别的,调查单位是调查项目的承担者,而填报单位是调查中填报调查资料的单位。例如,对某地区某体育文化企业设备进行普查,调查单位为该地区体育文化企业的每台设备,而填报单位是该地区每个体育文化企业。但有些情况下,两者又是一致的,例如,在进行文化企业职工基本情况调查时,调查单位和填报单位都是文化企业中的每一个职工。在调查方案设计中,当两者不一致时,应当明确从何处取得资料并防止调查单位重复和遗漏。

第四,不同的调查方式会产生不同的调查单位。如采取普查方式,调查总体内所包括的全部单位都是调查单位;如采取重点调查方式,只有选定的少数重点单位是调查单位;如果采取典型调查方式,只有选出的有代表性的单位是调查单位;如果采取抽样调查方式,则用各种抽样方法抽出的样本单位是调查单位。

四、确定调查与分析方法

在调查方案中,还要确定采用什么组织方式和方法取得调查资料。搜集调查资料的方式有普查、重点调查、典型调查、抽样调查等。具体调查方法有文献法、问卷调查法、观察法和实验法等。在调查时,采用何种方式、方法不是固定和统一的,应根据调查对象和调查任务灵活选择合适的方法。在市场经济条件下,为准确地、及时地、全面地取得市场信息,尤其应注意多种调查方式的结合运用。

确定调查与分析方法,包括确定调查方法与确定分析方法两方面。根据调查问题、调查目的、调查内容的性质、调查费用、各种数据收集方法的特点,确定调查方法;通常根据调查数据性质的不同而选择定性数据分析或定量数据分析,在实践中,一般都采用定性分析与定量分析相结合,提高数据分析的准确性。本书第三章将详细介绍各种文化市场调查方法的特点及适用情况。

五、确定调查项目

调查项目是指对调查单位所要调查的主要内容,确定调查项目就是要明确向被调查者了解些什么问题,调查项目一般就是调查单位的各个标志的名称。例如,在消费者调查中,消费者的性别、民族、文化程度、年龄、收入等,其标志可分为品质标志和数量标志,品质标志是说明事物的质的特征,不能用数量表示,只能用文字表示,如上例中的性别、民族和文化程度;数量标志表明事物的数量特征,它可以用数量来表示,如上例中的年龄和收入。标志的具体表现是指在标志名称之后所表明的属性或数值,如上例中消费者的年龄为30岁或50岁,性别是男性或女性等。

在确定调查项目时,除要考虑调查目的和调查对象的特点外,还要注意以下几个问题:

第一,确定的调查项目应当既是调查任务所需,又是能够取得答案的。那些虽然是调查任务所需,但实际上没法取得科学有效的答案的,以及可以取得答案,但是跟调查任务关系不大的项目,都不宜列入。凡是调查目的需要又可以取得答案的调查项目都要充分满足,否则不应列入。

第二,项目的表达必须明确,要使答案具有确定的表示形式,如数字式、是否式或文字式等。否则,一些有歧义或是泛泛而谈的答案,会使被调查者产生不同理解而做出不同的答案,造成汇总时的困难。

第三,确定调查项目应尽可能做到从总体上项目之间可以相互关联,使取得的资料相互对照,以便了解现象发生变化的原因、条件和后果,从而检查答案的准确性。

六、设计调查问卷与量表

问卷设计是目前市场调查中普遍采用的调查方式之一,是调查机构根据调查目的和对象,通过书面的形式设计各类调查问卷,然后采取抽样的方式确定调查样本,通过调查员对样本的调查,完成事先设定的调查项目,取得想要的调查资料和数据,最后由统计分析得出调查结果的一种方式。问卷设计有一定的设计原则、设计方法和设计程序,本书第三章将详细介绍。

量表是指对一些复杂的态度测量,或者是为更全面地把握人们对某一事物的某种特征所持有的态度,将各种尺度组合起来进行测量。调查量表就是在文化市场调查与分析过程中需要把握人们对某一文化现象或产品所持有的态度,将多种尺度组合起来进行测量,得出某种观点或态度的过程。它有一定的使用规范、使用原则和类型,具体要根据不同的调查分析对象来灵活使用。

七、抽样设计

文化市场调查有文化普查和抽样文化调查之分。文化市场调查通常采用抽样调查,抽样是否科学、合理对文化市场调查的准确性、可行性及调查成本影响较大。抽样文化调查包括随机抽样文化调查和非随机抽样文化调查。随机抽样文化调查是按照随机原则,从文化样本总体中抽取部分文化样本作为分析样本的抽样方法。非随机抽样文化调查是指所有不按照随机原则抽取文化样本的方法。另外,在抽样调查中,抽样误差不可避免,但是要尽量缩小抽样误差,严格控制影响抽样误差的影响因素。本书第四章将详细介绍抽样调查技术与应用。

八、确定调查地点

在调查与分析方案中,还要明确调查地点。调查地点与调查单位通常是一致的,但也有不一致的情况,当不一致时,尤有必要规定调查地点。可参考人口普查,它规定调查登记常住人口,即人口的常住地点。若登记时不在常住地点,或不在本地常住的流动人口,均须明确规定处理办法,以免调查资料出现遗漏和重复。

九、确定调查时间和调查工作期限

调查时间是指调查资料所属的时间。如果所要调查的是时期现象,就要明确规定所反映的是调查对象从何时起到何时止的资料;如果所要调查的是时点现象,就要明确规定统一的标准调查时点。

文化市场调查与分析工作期限,包括从调查方案设计到提交调查报告的整个工作时间,也包括各个阶段的起始时间,其目的是使调查工作能及时开展、按时完成。为了提高信息资料的时效性,在可能的情况下,调查期限应适当缩短。

十、确定调查资料整理和分析方法

采用实地调查方法搜集的原始资料大多是零散的、不系统的,只能反映事物的表象,无法深入研究事物的本质和规律性,这就要求对大量原始资料进行加工汇总,使之系统化、条理化。

随着经济理论的发展和计算机的运用,越来越多的现代统计分析手段可供我们在分析时选择,主要包括定量分析和定性分析。每种分析技术都有其自身的特点和适用性,因此,应根据调查的要求选择最佳的分析方法并在方案中加以规定。本书第六章、第七章、第八章、第九章将进行详细介绍。

十一、制定调查与分析的经费预算

调查与分析的经费多少与调查范围、调查样本大小、调查实施、数据分析有关系,还会影响到调查结果的科学性,所以预测调查与分析的经费是设计调查方案中非常重要的内容。调查与分析经费通常包括确定调查问题费用、设计调查方案费用、调查实施费用、数据整理费用、数据分析费用、调查报告撰写费用、其他费用(如耗材费、固定资产折旧费、通信费等)。

十二、确定提交调查报告的方式

文化市场调查与分析工作的最终成果一般是以书面形式展现在信息使用者面前的,也可以与口头报告相结合。对于不同的成果使用对象,文化市场调查与分析报告的撰写也有不同的要求和侧重,同时报告的方式主要包括报告书的形式和份数、报告书的基本内容、报告书中图表量的大小等,要根据具体情况来选择合适的报告方式。

十三、调查的组织实施计划

调查的组织计划是指为确保实施调查与分析顺利开展的具体工作计划,是文化市场调查与分析方案的具体实施阶段,主要进行收集数据和信息材料的工作。文化市场调查的实施主要包括做好实施前的准备,对调查人员的挑选与培训,对调查过程及结果的监督管理。调查与分析结果是否准确,很大程度上取决于此阶段的调查质量,因此,调查组织者需要对调查人员严格要求,努力使整个实施过程在严密的控制之下,防止出现虚假数据。必要的时候,还必须明确规定调查的组织方式。本书第五章将详细介绍。

第三节 文化市场调查与分析方案设计的注意事项

文化市场调查与分析方案的设计,是整个调查活动开展的行动纲领和战略执行指南,关系着整个文化市场调查与分析活动的开展和效果。因此在方案设计过程中要注意各环节之间的衔接和设计,使得方案能贴近市场、贴近实际,具有现实的可操作性,这样的方案才是一个科学合理的好方案。

一、注意方案的整体性

文化市场经济活动总是在特定的社会环境中进行的,因此文化产业相关经济活动总是从属于整个社会的经济活动。在进行文化市场调查与分析方案设计的时候,就必须考虑到企业经济活动的大环境,从整体出发考虑文化市场调查与分析活动的开展,不能割裂,这样才能确保文化市场调查与分析活动的有效开展。

(一) 宏观背景分析的完整性

在方案设计的宏观层面,要考虑到文化市场调查与分析活动服从整个国家经济活动发展的需要,服从国家宏观经济环境调整和政策环境的要求,充分考虑到整个社会经济、文化、教育、科技、社会风俗、法律法规、民族宗教信仰等社会环境因素的情况和要求。一项宏观文化市场调查与分析方案的设计还要注意该活动与社会环境的关系。

(二) 企业所处环境分析的完整性

在设计文化市场调查与分析方案的时候,必须从大局、全局着眼进行设计,高瞻远瞩。同时还要充分了解客观环境因素的变化可能对文化市场调查与分析活动产生的影响,产生的影响力和影响程度到底有多大。从社会环境层面来看,这些因素主要是指社会、经济、文化、政治、市场、竞争等因素;从企业层面来讲,又细分为诸如市场行情、消费者心理、购买行为、促销、价格、供求关系不同因素。对于这些具体因素的变化发展及可能产生的影响力都要有所考虑和把握,才有可能从整体上把握整个文化市场调查与分析活动的开展。

(三) 方案内部各环节协调的整体性

文化市场调查与分析活动的开展过程,也在实践中不断地检验着方案设计的合理与否,文化市场的调查与分析活动中收集的信息也会不断反馈到方案里,要求文化市场调查与分析方案随着市场实际信息的变化进行相应的调整,这是一个双向互动的过程,并不孤立。因此,我们在订立方案的时候就要立足文化市场调查与分析实际,善于审时度势,从对全局的分析和认识中,把握有利于开展文化市场调查与分析的机会,使整个文化市场调查与分析活动拥有充分的自由权和主动权。在调查与分析过程中不能一味地视方案为不可改变的行动准则,当宏观环境或与该项调查与分析活动密切相关的因素发生改变时,要适时对改变的信息进行分析,对方案进行一定的调整,当然,也不能因为出现一点改变就随意地更改方案的设计。

二、明确目标,突出重点

文化市场调查与分析活动的开展是以一定的目的为前提的,方案设计必须目的明确,一切方案都要围绕方案确定的目标、对象来设计,尽可能保证文化市场调查与分析有效开展。

文化市场调查与分析的目的各不相同,有的是为了开发新产品而做市场调查,有的是为了进一步占领市场,扩大市场占有率,有的是为了促销,也有的是为了塑造自己更好的品牌形象。针对这些不同目标,其市场调查与分析的侧重点不同,对侧重点的准确把握,能使我们更好地完成市场调查与分析,针对新产品开发经历的不同阶段和目标,具体探讨在文化市场调查与分析方案设计中需要重点注意的问题。

(一)以找到市场缺口为重点

在开发新文化产品前,首先需要考虑的是整体市场状况,找出市场缺口在哪里,这个过程可以简单地理解成了解目前新开发的产品状况如何,即现在整个市场有无同类企业在开发同样的产品,大概有多少企业在做,状况如何;对已经存在的竞争者,了解他们做得好的地方是什么,做得不好的地方是什么,还没有做的是什么,从而可以根据文化市场调查与分析情况来制定可行的策略,推进新产品的开发。同样,对于文化市场上还没开发出的新文化产品,也需要了解是否有相关产品,是否存在替代品,这些相关产品各自的优缺点是什么。在明确了市场信息以后,便可以开始进行新文化产品的开发。

(二)以产品理念设计为重点

在新文化产品市场调查与分析方案中,应以产品理念定位为重点,围绕产品理念定位来确定相关的文化市场调查与分析的方式,包括产品理念检验的调查与分析的方式、产品命名的调查与分析的方式、价格定位的调查与分析的方式,进而把握新开发文化产品的生命周期,以便促进整个新文化产品的开发。

1. 产品理念定位

大部分的新产品理念的开发,是从技术部门的创意、新产品开发者的灵感和消费者的需求为出发点的,当然,也有很多新的产品理念是从现有市场寻找空白点来开发的,无论是哪一种,都需要有明确的产品理念定位。通过定位来了解产品理念在市场的存在空间,通过相应的方法,如定量调查、问卷调查和目标人群分析来明确消费者对新文化产品的评价,基于这些调查就可以发现这个新产品是不是具有原有产品所没有的理念,还是在这个市场上有不少替代品,也就是该新文化产品的理念在内容上和其他类似商品是不是有竞争上的差别。如果在文化市场中没有发展空间,那么在细分市场上是不是还有一席之地,是不是还存在把小众做成大众的可能性。当然了,重点不是简单寻找空白的象限,因为要想使新的文化产品更好地进入市场,延长其生命周期,就必须重视寻找新理念的存在空间。

2. 产品理念检验

对原有文化市场或相关市场的调查与分析对新的文化产品理念的形成十分重要，因此要在新的文化产品市场调查与分析方案设计中体现出来，以便指导整个新文化产品的开发。对于新文化产品理念的确定过程，就是寻找市场空间的过程，也决定了产品的市场定位和潜力。如果没有经过对新文化产品理念检验的调查与分析，直接对新文化产品进行命名、包装和定价，这样也可以投入市场，但是这样的产品往往存在很大的市场风险，尤其是文化产品的市场投放。如果在市场调查与分析过程中没有有效地检验产品理念，造成产品理念定位不清晰等问题，会造成消费者理解的混乱，不利于新文化产品影响力的发挥。

3. 产品理念传达

在整个方案设计中，确定了产品理念的重点以后，还涉及如何将新文化产品的理念用消费者容易接受和理解的方式传达到消费者那里。对文化产品的特有属性的理解，更多的是某种文化产品是否对消费者的心理和精神层面有某种理念和需求的把握，仅仅从产品技术改进的角度、质量的提高上来进行表达是很难使消费者对这一理念产生准确理解和认同的。那么如何通过人们的日常生活、工作和学习提高来寻求产品理念的表达方式并契合人们的需求？这就要求企业产品的开发者和文化产品的设计者找到新文化产品与消费者之间的联系点。如果将要开发的新文化产品理念或商品已经在使用了，就需要在文化市场调查与分析中涉及与原有理念进行的比较，这些工作需要调查者通过新产品与其他相关商品在消费者心目中的评价等形式来进行比较，通过比较的方式使消费者对产品理念的理解更加准确和清晰。这也是新文化产品开发及市场调查与分析要把握的问题，在方案的设计中就应该前瞻性地考虑到这一环节，以免企业做重复性的市场调查与分析。

（三）以产品命名为重点

1. 产品命名

在新产品开发的文化市场调查与分析方案设计中，完成新的文化产品理念的调查定位以后，可以开展新的文化产品命名的市场调查与分析活动。所谓好马配好鞍，一个好的产品和产品理念的确定，当然也需要一个好的产品名称来搭配。一个新产品及新产品理念被消费者理解和认同的过程，伴随着消费者对这个新产品的印象加深到形成良好记忆的过程，一个好的名字，便于消费者对一个产品形成记忆，使其朗朗上口，有效地扩大其知名度，进而才能谈其美誉度，树立品牌，和其他商品有效地区别开来，形成自己的形象定位和巩固自己的市场地位。

在新文化产品的命名过程中，首先是从产品的创意和理念中来进行提炼，但是也需要对提炼的名字进行相关的市场调查和分析，才能找到一个好名字，有效地将产品理念和消费者的认知联系起来。所以，新产品的命名就不能只是简单地从产品开发的创意和理念出发，还需要进行市场调查与分析，这样才能起一个有吸引力和影响力的好名字，有利于产品的推广，文化产品尤为重要。

选择怎样的方式给产品命名是文化市场调查与分析方案要回答的问题之一。在命名之前，首先需要根据前面对产品信息、理念及市场的把握，将该市场上和新产品同类的所有商品的名称和一直被关注的其他种类的名称都罗列出来，找出其中存在的规律，一定程度上把握消费者的需求和心理。通过初步的把握来确定用什么语言、用多少文字能明确地表达出产品的概念和相关信息，有的企业为了产品能顺利地推向市场，根据相关产品的命名，有时候采用一些小策略。傍名牌等现象会给消费者一些初步的混乱感觉,以为是信任的某品牌产品,从而进行消费,进而产生更深的或好或坏的印象。作为新开发的商品,当然要选择一些能使消费者产生美好联想的名字,最好多选择几个,以便优中选优,确定了名字之后,便是要选择适当的方式来测试市场和消费者对这样的名称是否容易接纳。

2. 产品命名接纳测试

对新文化产品命名进行接纳测试首先就得考虑到一个知识产品和商标注册的问题,在企业内部,这项工作通常是由公司委托相关的司法部门和人员进行的。随着人们商标意识和知识产权意识的觉醒和强化,很多很不错的命名已经被其他公司抢先注册,为了不使公司无意中侵犯别人的商标和命名,这项工作必不可少。面对已经被注册的命名,公司可以选择和注册了该名字的公司合作或购买,若协商不成就面临要放弃这个名字,重新进行命名和测试。

经过检测剩下的是没有被注册的几个备选命名,至于最后要选择哪一个,不光要考虑命名和产品信息、理念的关联度,从新文化产品销售的立场考虑,还需要以消费者的接受和认知度为对象进行市场调查与分析,并能兼顾到市场的流行趋势,包括流行的语言、观念、现象和能影响人们购物偏好的各类明星,这里说的明星不光指影视明星和歌星,还指在某个领域具有话语权的能影响舆论的人士。

针对不同的文化产品命名,有许多不同的检测方式,基于不同考虑,常见的就是投票和问卷调查。但要考虑到样本选择的特殊性,不应该只看重人气投票的结果,新产品名字是否很好地体现出了产品的信息、理念,是否便于人们记忆,是否抓住了人们的某种心理和精神需求,有没有给人一种亲近感等内容都是综合考虑的要素,最终选择一个最优的命名。

(四) 以产品价格定价为重点

在新产品命名的市场调研与分析确定工作完成之后,便是新产品价格的确定。在激烈的市场竞争中,企业通过提高劳动生产率等手段来降低自己的成本,最终也是为了能在产品定价中体现出自己的优势,使自己不至于因为价格问题而在市场中处于不利地位,当然,产品的竞争手段不单价格策略一种。但是合适的定价便于巩固产品市场占有率,尤其是新产品,对市场的推广也起到非常大的作用。

合适的产品定价是对产品定位和目标顾客定位的综合购买力的把握,随着市场经济的发展,带有战略意识的价格竞争策略也越来越明显,传统的如水电等公共属性强的商品种类的定价是在产品生产成本的基础上,加上产品的流通、推广、宣传和其他费用以后,以适当的得益比例来确定的。在价格竞争策略中,越来越多的企业为提高市场占有率也会采取总成本以下的价格策略。

对于文化产品,其价值和价格不仅是凝结在商品中的无差别劳动的价值,还更多地体现在该文化产品对消费者的心理和精神需求的满足上,也就是附加价值。涉及这部分附加价值的定价,对文化产品的推广意义重大,这需要对目标顾客群的经济实力和愿意为某种心理需求付出价格做出一种综合把握。对于一些文化奢侈品,定价太低,不利于显示其身份标识和群体区隔的作用,会使企业丢掉相当一部分目标消费人群;定位太高,虽然单位产品获利较高,但是消费人群也急剧缩小,总体获益未必是最优的。所以对新文化产品进行市场调查与分析,就是为了在既有的市场上寻找到一个价格和产品销售总额的最大值,实现企业的效益最大化。

在确定定价策略的过程中,把握好该产品在什么价位的时候消费者会前来购买,哪些人前来购买,前来购买的顾客离目标顾客人群还差多少。同时,这个过程的调查与分析还需要考虑到顾客可能存在的一些矛盾和顾虑,比如如何打消顾客认为的价格较低导致对产品质量的怀疑、对产品售后的顾虑等问题,在市场调查与分析过程中,需要充分考虑到顾客可能存在的这些疑虑,从而有针对性地去了解他们的疑虑,以便在定价过程中回应并打消他们诸如此类的疑虑。

(五) 把握好产品的生命周期

在新文化产品市场调查与分析方案设计中,还需要涉及对新文化产品生命周期的市场调研与分析。一个新产品开发的文化市场调查与分析,前提是对该产品可能存在市场潜力和发展前景及价值的预估。企业作为一个市场细胞,盈利是其永恒追求的目标,通常来讲,一个产品生命周期的长短和一个企业盈利的多少息息相关。

一般来说,企业和产品都会经历形成期、发展期、成熟期和衰退期4个过程,对这几个产品周期的把握,有利于企业采取合适的市场营销策略来进行产品的营销。不同类型的产品,其生命周期不同,有的长一些,有的短一些。对于新文化产品,需要判断这种产品属于哪种类型。在不同的阶段选择和把握不同的营销策略,对于处于发展期也就是上升期的新文化产品该进行市场扩张的时候,设计扩张策略的文化市场调查与分析方案;对于处于衰退期的文化产品该采取收缩策略的时候,就采取收缩策略或者新产品的开发;对于还可以采取一些市场策略来延长产品生命周期的时候,就抓住机会来延长产品生命周期。

在这个过程中,文化市场调查与分析方案的设计就要充分考虑到这一点,并根据实际情况选择合适的方法来对产品的生命周期做出有效的调查与分析。文化市场调查与分析方案的设计应全方位地参考产品的生产成本、投资额、收益率等众多因素,来决定产品的更新时机。

三、方案的设计要有针对性

无论哪个领域的市场调查与分析活动,其本质属性都是为决策科学化和管理现代化服务的,文化市场调查与分析的结果都是为决策作参考的,没有针对性的文化市场调查与分析方案,最终指导的文化市场调查与分析活动是难以实现项目的目标的。文化市场调查方案设计是否具有针对性,关系到整个文化市场调查与分析活动的成败,所以文化市场调查与分析方案设计必须要有针对性。

文化市场调查与分析活动是为了解决某个问题或掌握某种信息而开展的,方案的设计也要针对这个目标展开。如委托文化市场调查与分析活动,委托方必定会提出相关的要求和目标,文化市场调查与分析的方案需紧紧围绕委托方的要求和目标来设计,虽然调查与分析人员就文化市场调查与分析的目标和要求会与委托方进行探讨和研究,但是最终设计的方案和文化市场调查与分析活动的执行都要围绕共同商定的目标进行,在对目标的商定过程中,就应该尽量让目标具体明确,不能带有含糊其辞和模棱两可的目标在里面,并体现委托方最终的要求。

方案设计的针对性还体现在文化市场调查与分析报告要具有针对性上。一般文化市场调查与分析报告是以书面报告形式提供和展现的,在方案的撰写中要根据不同阅读对象和不同需求的读者来选择合适的方式和侧重点,这就要求方案的设计人员和报告撰写者要具备较高的文案写作和表达能力,否则虽然文化市场调查与分析活动及方案非常成功,但是因为写作和表达能力的限制,报告没有针对性地、完整地表达出来,最终整个活动的效果也会大打折扣。报告应该简明直观,使不同的阅读对象能一目了然,没有或尽可能减少阅读障碍。

四、注重可操作性

文化市场的调查与分析方案设计,都是为了达到和实现某种目的而进行创造的思维劳动,最终是要用于指导文化市场调查与分析活动的,那种"理论上一枝花,实施中没法抓"的设计方案不适用于指导一项活动的开展。由于方案设计明确了文化市场调查与分析的目标、对象、调查方法、数据分析方法等内容,所以文化市场调查与分析方案设计是否具有可操作性,将决定调查与分析活动能否达到预期的效果。文化市场调查与分析方案设计的可操作性要充分考虑到文化市场调查与分析的目标,在明确目标的前提下进行设计和选择,对于在方案设计中出现的多目标问题,要对目标进行选择和处理,选择那些合理、科学的目标,并放弃一些不切实际的目标以保证方案设计的有效。

五、注重前瞻性

文化市场调查与分析活动是为了给决策者提供参考依据,一项没有前瞻性的方案,其结果很难代表事物的发展方向,没有太大的参考价值。文化市场调查与分析方案设计的前瞻性决定着文化市场调查与分析活动结果的有效性,文化市场调查与分析方案设计是否具有超前的预测能力,是衡量一项方案成效的重要因素。

要想在方案设计中更好地体现前瞻性,需要把握方案设计的系统性。事物的发展都是一个前后相继的过程,由其过去、现在和未来构成。只有把握好它的系统性,了解它的过去,把握现在,才能对其未来进行把握和预测。在方案设计中就需要筹谋全局,方案的设计贯穿整个文化市场调查与分析对象和活动的始终,注重谋势。

文化市场调查与分析活动的开展,是为了确定现在的局势来把握明天的趋势,着眼点不是当前,而是未来。在设计时就要看远一步,对已知的东西不研究或少研究,避开重复已经解决的问题,致力于探索未知,同时还要在方案设计时注重一些先见,在方案设计时注意把握整个活动的主动性,要有先见之明,而不是当"事后诸葛亮"。

第四节 文化市场调查与分析方案的可行性分析、评价与完善

一、文化市场调查与分析方案的可行性分析

一份方案是否符合组织实施的需要,不仅仅要看它是否把握住了文化企业的相关需求信息,同时还要看这份方案是否具体可行。若这份市场调查与分析方案实施起来难度太大或者不具有可行性,就是制定得再好也没法被采纳,文化市场调查与分析方案的设计也是一

样,于是就有必要对制订出来的文化市场调查与分析方案进行可行性分析。

通常情况下,企业或者方案制订主体为了确保能顺利地开展文化市场调查与分析,常常会准备多个文化市场调查与分析方案,然后通过一些论证讨论,对方案进行修改、完善,最后选择一个最优方案。对调查方案进行可行性研究的方法有很多,现在主要介绍逻辑分析法、经验判断法和试点调查法3种方法。

(一) 逻辑分析法

逻辑分析法是用来检查所设计的调查方案的各部分内容是否符合逻辑和情理。主要看方案是不是完整,结构之间的衔接是否恰当自然,有没有一些直接嵌入的部分,这部分内容是不是必要的,能不能解决目标问题,与整个市场调查与分析活动的关联度有多大,组织实施方法、数据分析处理方法是不是有逻辑关系。

总体上说,用逻辑分析法来分析方案的可行性,主要从以下几个方面来进行考虑。首先可以从风险性来进行分析,以这份文化市场调查与分析方案可能产生的效果、耗费的资源、产生的影响力,以及方案实施过程中可能存在的风险程度来进行综合考虑,全面衡量利害得失。其次可以从经济因素方面来考虑,也就是看该方案是不是以最低的资源、人力、财力的消耗而取得最满意的效果,力求以最少的经济投入取得最理想的效果。再次是从科学性进行分析,包括方案是否有科学的理论指导,方案的前瞻性是不是严格按照科学的思维来进行,同时预测方案的实施及实施后各方面的关系是不是能够和谐统一。在研究方案可行性的时候,也可以运用一些数学分析法,尤其在控制变量是连续性的情况下,靠其他方法很难找出最满意的方案,计算机的兴起为各种数学分析方法和数学模型提供了有利条件,也为科学的方案设计提供了有效手段。最后考虑它的合法性,方案的设计过程是不是按照合理的协商审批程序进行的,其内容有没有体现现行的法律法规和党的方针路线。

(二) 经验判断法

邀请一些富有经验和知识渊博的专家和人士,对制定的文化市场调查与分析方案进行研究和指导,做出一些判断,并根据研究给出相关的意见,以说明方案的可操作性和存在的问题,便于对方案进行选择。

对于一些比较简单的文化市场调查与分析方案,大致可以根据以往经验一眼看出哪个方案比较好。如果方案比较复杂,很难直接凭借经验判断出优劣,这个时候就需要一些特殊的方法再配合集体智慧来做出有效的判断。可以使用淘汰法,也就是确定出方案的评价标准,按照标准对方案和涉及的内容筛选一遍,达不到标准的方案就可以直接淘汰掉。可以按照满意程度,淘汰掉一些可能在某些部分操作起来比较困难的方案和内容。也可选择由决定性因素作用的因子作为淘汰与否的依据,淘汰掉一些吸引力比较小的方案。

除了淘汰法,也可以用排队法来对方案进行可行性分析,把已有的方案按照目标实现的容易程度进行排队,选择那些易于操作的设计内容和方案。如果在方案设计时有诸多的调查与分析方式和手段可选,其中很多都具有吸引力,这个时候可以采用归类法来进行选择,把类似的调查与分析手段和方法归为几类进行选择,这样也比较容易选出最易操作的方法和方案。

当然,经验判断法在一定程度上可以节省方案可行性研究工作中的人力和时间,由于一个方案的设计涉及多方面的内容,它能帮助我们剔除或者找出一些问题,但是它的检验实施也带有一定的局限性,这是由于人的认识的局限性和事物变化发展的无限性决定的,在较短的时间内,人们可以对一些问题做出判断,但是在一些问题判断上会因知识储备和实践经验的局限性而无法做出精确的判断,因此要有针对性地使用经验判断法。

(三) 试点调查法

一个文化市场调查与分析方案设计是否可行,对企业和市场调查与分析主体来说具有重要意义。一项文化市场调查与分析活动的展开,涉及面广,将会耗费文化市场调查与分析主体大量的人力、物力,不能盲目开展。若文化市场调查与分析活动开展起来才发现方案的可行性有待检验,甚至无法继续进行,这个时候才停下来或者进行调整,势必会浪费调查与分析主体的精力和财力。

为了准确弄清楚文化市场调查与分析方案设计的可行与否,可对方案进行可行性实验。可行性实验实际上是可行性分析的最高形式和最后手段。一般情况下,可行性实验会选择局部试点的方式进行,这样既可以节约并最大限度地避免方案不合理造成的资源消耗与浪费,还可以检查方案设计时有没有把重心放在最关键的问题上,以及方案的整体结构和运行机制是不是合理,方案实施后取得的结果是不是满意。

所以试点调查法对于检验一个方案是否可行具有重要意义,是整个调查方案可行性研究中的重要步骤,可行性实验主要是选择在某个小范围内,或者选取方案实施大范围中的一两个具有代表性的点,进行文化市场调查与分析方案的实施,经过试验,在能够取得理想效果之后进行全面的推广,一般适用于大的活动项目或是投资比较大的活动项目。尤其是对于大规模的文化市场调查与分析,试点调查的成功与否,是检验市场调查与分析主体能否选择一份方案的依据,更是该项文化市场调查与分析活动能否全面开展的依据,试点的目的是使调查方案更加科学和完善,而不仅是搜集资料。

通过试点调查,可以了解到方案的制订是否恰当;调查对象、数据分析方法等是否合理可行;哪些情况是没有考虑到的;哪些方面的问题估计不足;哪些方面无关紧要,需要进行调整。例如一般好莱坞大片上映前都会进行市场调研,他们根据制定的调查分析方案进行试点调查,主要采取量化广告分析和目标小组研究的方式来进行。通过这两种方法,能够准确了解到观众对影片印象的好坏,以及哪一个年龄段的观众喜欢这部影片,更重要的是可以提示该公司采取什么样的营销方式才能最大限度地吸引观众的兴趣和好奇,从而钱该花在哪里心中就有数了。通过后面的效果跟踪,就可以了解整个营销活动的好坏和影响力度,对于广告信息还没有达到特定人群的原因是什么,这部分人的特点是什么,什么样的广告营销方式更适合他们,这样就可以选择在合适的媒体上投入一定的广告费用。

通过试点调查,可以及时地发现和调整方案,了解文化市场调查与分析工作的安排是不是合理,哪些需要加强,哪些工作多余,哪些方面有偏差,总结出该文化市场调查与分析成败的经验,善于发现问题并从实际调查活动中寻找解决问题的方法,以便更有效地进行实施效果监控。

二、文化市场调查与分析方案的评价

文化市场调查与分析方案的评价,主要就是按照一定的标准,对一个方案进行论证、分析、比较,然后综合地进行权衡,客观地总结一份方案的好坏。

对于一个调查方案的优劣,可以从不同角度加以评价,在方案评价之前,确定一个合理的评价标准。评价标准是衡量评价各个备选方案的依据,评价方案的科学合理与否影响着对方案的客观评价。为了保证方案评价的客观、公正、科学、合理,就要选择一个合理的评价标准。

(一) 方案设计是否体现调查目的和要求

方案设计是否基本上体现了调查的目的和要求,这一条是最基本的,例如,要针对某项文化产品未能取得理想的利润进行调查和分析,在方案的设计中就需要涉及消费者的消费心理和消费喜好,该项文化产品的特性、市场定位、价格等因素,同时还要考虑到企业的原材料成本和状况、管理运营费用、推广因素和定价策略等内容。根据对以上信息的把握,设置一系列完整的指标体系来进行调查和分析,了解该项文化产品的现状和全貌,并能进行相应预测,为决策者调整经营方式作依据。方案指标设置的重点基本上要能够体现该项产品利润构成的内部结构和消费者结构,并根据这些要素分析利润目标不理想的原因。

(二) 方案设计是否科学、完整和适用

一份文化市场调查与分析方案的设计是为了统领并保证整个文化市场调查与分析活动的顺利展开,方案设计的科学与否、完整与否和适用与否,关系到整个活动能否取得理想的效果,因此方案设计的科学性、完整性和适用性是评价一项方案的重要指标。

要确保一项方案设计的科学、完整和适用,首先就要求方案设计者必须具备科学的理论基础,这是最基本的要求,只有方案的设计者有科学的理论基础作保证,才能设计出科学合理的方案,否则方案就可能没法顺利实现设计的目的,甚至该方案不可信;其次还要求方案设计人员在设计方案时采用科学的方法,同样一种科学方法、技巧和思维,可能在面对不同的文化市场调查与分析的时候会产生不同甚至相反的效果,因此关键在于方案设计者把握好方法、技巧的选择和运用;再次还要求方案设计者针对不同的问题,对方案设计人员进行科学的组合或选择,针对方案设计的内容,选择最适合的设计人员进行方案设计,或者根据实际情况选择最佳组合进行方案的设计;最后,还要强化方案设计人员的科学意识,尤其是即将要进行实际操作的文化市场调查与分析活动,只有方案设计人员强化了科学意识,在方案设计中按照科学的要求进行方案设计,才能保证方案的科学、完整和适用,最终有效地指导整个文化市场调查与分析活动的开展。

(三) 方案设计能否使调查与分析质量有所提高

文化市场调查与分析方案的设计要求具有针对性、科学性和完整性,把握了方案实施的目的、方法和手段,在很大程度上能有效地规避一些无效的文化市场调查与分析的范围、内容、手段和数据分析方法。对于可能出现的问题都有所预测和考虑,并制定出了相应的应对方案,能提高调查与分析的质量,在进行文化市场调查与分析方案评价的过程中,从方案设计最终能不能使得调查与分析活动的质量有所提高就可以看出方案设计的好坏。

(四) 调查实效检验

评价一项调查与分析方案的设计是否科学、准确,最终还要通过调查实施的成效来体现。即必须通过调查工作的实践检验,此时就可以选择可行性试验来检验方案设计的实效

性,可以采用典型的试点法来观察方案中哪些符合实际,哪些不符合实际,产生的原因是什么,肯定正确的做法,找出不足之处并寻求改进方法,这样就可以使今后的调查方案设计更加接近客观实际。

本章小结

◆ 内容摘要

文化市场调查与分析方案是指文化企业根据营销决策与管理活动的需要进行精心设计与构思,指导文化市场调查与分析具体实施的活动纲领。总体方案设计主要包括以下13个方面的内容:确定调查问题和目的;确定数据来源;确定调查对象;确定调查与分析方法;确定调查项目;设计调查问卷与量表;抽样设计;确定调查时间和调查工作期限;调查资料整理和分析方法;预算调查与分析的经费;确定提交调查报告的方式;调查的组织实施计划。在方案设计过程中要注意各环节之间的衔接和设计,使得方案能贴近市场、贴近实际,具有现实的可操作性。方案设计主要应注意方案设计的整体性、针对性、前瞻性和可操作性,同时还要注意目标明确,重点突出。文化市场调查与分析活动是一项牵涉面广、比较复杂的活动,尤其要注意对方案进行可行性分析和评价,选出最合理的方案。

◆ 关键词

方案设计　内容　注意事项　可行性分析　方案评价

◆ 思考题

1. 为什么在确定文化市场调查与分析问题前需进行非正式调查?
2. 如何理解文化市场调查与分析方案的整体性?
3. 如何注意文化市场调查与分析方案设计的目标和重点?
4. 如何把握文化市场调查与分析方案可行性分析的方法?
5. 如何对文化市场调查与分析方案进行评价?

思考案例

中国2013年第三季度网络游戏市场规模已达到224亿元

2013年11月19日,互联网产业研究机构艾瑞咨询最新发布的报告显示,中国2013年第三季度网络游戏市场规模已达到224亿元,同比增长41.4%,环比增长10.7%;移动游戏市场规模达35.7亿元,同比增长75%。报告显示,第三季度中国网游市场的最大亮点是腾讯社交平台游戏的崛起。

报告指出,第三季度成为腾讯移动游戏的天下,特别是微信平台对用户的吸引巨大,从8月5日《打飞机》和《天天爱消除》在微信5.0的iOS平台首推,短短两个月时间已经占据用户覆盖和使用时长前列,社交平台本身的用户黏性及社交属性对于轻度游戏用户的吸引力较强。另外,9月Android平台首发的《植物大战僵尸2》也获得了大量用户,并且人均使用时长相比其他游戏更高。

报告分析了网游市场的几大趋势:

暑假带动需求扩张,网络游戏市场增幅加大。暑期作用带动了部分学生用户的回归,并且游戏厂商加强了游戏营销,无论是端游还是页游,都进行了大量的广告宣传,包括线下以及线上,获取了更多新用户;客户端游戏总体营收保持稳定增长,学生族对端游的影响较为明显;网页游戏随着游戏品质的提高,产品生命周期提高,平台开服数量依然保持较快增长;

移动游戏的爆发式增长持续,腾讯移动游戏平台在微信和手机QQ上推出的系列休闲益智游戏加大了市场的爆发,未来社交平台效应将更加明显。

智能机游戏份额提速,挤占功能机游戏市场。2013第三季度智能机游戏份额提速明显,许多传统游戏厂商(掌趣、中青宝)纷纷转型智能机游戏行业,包括非游戏企业(神州泰岳、天舟文化、凤凰传媒等)也参与到智能机游戏行业中来,行业并购频发。

各大分发渠道供应量相对固定,新增比例大。以Android系统为例,在监测期内,mStoreTracker中国Android游戏分发渠道产品各榜单共计出现游戏1 253款,其中新上榜游戏数量为584款,即各榜单对游戏的平均更替率为46.6%。共计独立发行商746个,产出比约为1.7款游戏/发行商。

请思考:

从上述游戏产业调查报告中,请你反推案例涉及了文化市场调查与分析方案中的哪些内容。

应用训练

以小组为单位,通过资料收集和信息把握,了解方案设计的相关步骤和内容,选择一项文化产业调查与分析项目,并为其设计一份方案。

第三章 文化市场调查的方法

本章结构图

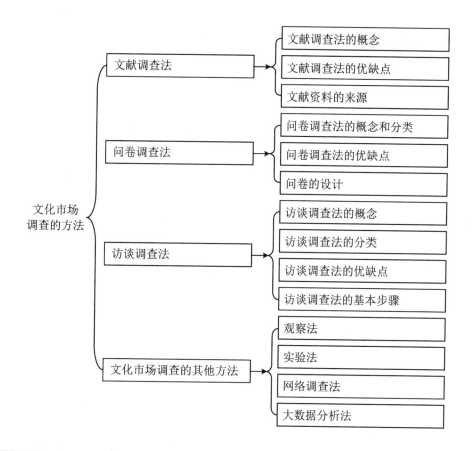

学习目标

了解文化市场各种调查法的含义、文化市场文献调查法的资料来源,理解文化市场各种调查方法的优缺点、文化市场问卷调查法的设计规范,掌握文化市场问卷调查法、网络调查法以及大数据分析法的种类划分,掌握文化市场文献调查法和访谈调查法的实施流程。

【导入案例】

"第三届《人民日报》读者市场调查活动"的开展

2019年7月11日,"第三届《人民日报》读者市场调查活动"山西宣传文化战线座谈会在太原召开。与会代表认为,《人民日报》实行全新改版,首次全彩印刷,"更好看了""更好懂了""更好用了""更权威、更有深度了""更有视觉冲击力了",这是地方媒体推动融合发展的学习标杆,是基层党员干部加强思想理论学习的生动教材,是基层群众和高校师生了解掌握党和国家路线方针政策和战略部署决定的权威渠道,在改进方式方法、拓展渠道路径、创新形式载体、传播话语、服务基层群众实践方面进行了积极探索,做了大量工作,取得了良好成效,发挥了很好的作用,《人民日报》的传播力、引导力、影响力和公信力不断提升,其导向作用、旗帜作用、引领作用不断增强,党中央机关报"上连党心、下接民心"的作用不断彰显。据课题调研组介绍,"第三届《人民日报》读者市场调查活动"是《人民日报》实施全新改版、首次全彩印刷后,面向读者、面向用户、面向市场开展的一次全面调查活动,是人民日报社开展"不忘初心、牢记使命"主题教育的一项重要内容,各界广泛支持、高度关注、积极参与。本次山西宣传文化战线座谈会,得到了山西省委宣传部的大力支持。接下来,课题调研组还将深入各地基层,广泛联系社会各界,开展一系列调查、访谈、座谈活动,全面了解广大读者对《人民日报》的期待建议。

资料来源:人民论坛网.

第一节 文献调查法

一、文献调查法的概念

文献是记录、积累、传播和继承知识的最有效手段,是人类社会活动中获取情报的最基本、最主要的来源,也是交流、传播情报的最基本手段。正因为如此,人们把文献称为情报工作的物质基础。"文献"是记录有关知识的一切载体,即人类用文字、图形、符号、声频和视频等手段记录下来的所有资料,既包括图书、报刊、学位论文、档案、科研报告等书面印刷品,也包括文物、影片、录音、录像、幻灯等实物形态的各种材料,以及计算机使用的磁盘、光盘和其他电子形态的数据资料等。

文化市场文献调查法则是指利用文献资料来收集、考察、分析和研究文化市场所存在的现象和状态的调查方法。它是利用社会组织内部和外部现有的各种文字信息、情报资料、媒体的宣传报道和历史资料,对文化市场的现象和状态进行分析研究的一种调查方法。当文化企业对某个文化市场活动进行分析时,若已有一些可靠的文献资源,文献调查就是一种比较有效的调查方法。

二、文献调查法的优缺点

与其他收集文化市场信息的方法一样,文献调查法也需要建立严密的调查计划,并对将要利用的文献进行真实性、可用性的检查,这样才能保证调查的系统性和可靠性。但作为一种独立的调查方法,它又有其自身固有的优点和缺点。

（一）文献调查法的优点

1. 不受时空限制

每个人的实践和经验总是受到时间和空间的限制，而无法对难以接近的调查对象进行调查。借助于文献调查法，从时间角度看，它不仅可以掌握现实资料，还可以调查研究几十年、几百年、几千年前人类经济社会发展的状况和一些重大的历史事件；从空间角度看，文献法既能收集文化企业内部资料，还可以掌握大量有关文化市场环境方面的资料，并且它还可以超越省界、国界、洲界，调查研究世界各国的文化市场。文献调查法的这一优点，是其他调查方法不可能具有的。

2. 方便、自由、安全

实地观察、口头访问、问卷调查、实验研究等直接调查方法往往受到种种外界因素制约，一旦设计不周密或准备不充分，调查数据便会有所影响，若时过境迁，根本无法弥补。而文献调查法受外界因素制约较少，只要找到了必要文献就可随时随地进行研究；即使出现了错误，人们还可通过对资料重新进行编码和分析进行弥补，因而其安全系数较高。

3. 调查范围广

文献调查法涉及的范围非常广，如国家统计局和各级地方统计部门定期发布的统计公报、定期出版的各类统计年鉴；各种经济信息部门、各行业协会和联合会提供的定期或不定期信息公报；国内外有关报刊、杂志、电视等大众传播媒介；各种国际组织、外国商会等提供的定期或不定期统计公告或交流信息；国内外各种博览会、交易会、展销订货会等营销性会议，以及专业性、学术性会议上所发放的文件和资料；文化企业的内部资料，如销售记录、进货单、各种统计报表、财务报告等；各级政府公布的有关文化市场的政策法规，以及执法部门有关经济案例；研究机构、高等学府发表的学术论文和调查报告等。

资料链接 3-1

明确展览会项目市场调研资料收集的范围，是策划工作者从事项目市场调研应该掌握的基本技能之一。因为市场调研不是"拍脑袋"，而必须依据求真务实的调查和研究。求真务实的调研必须依据实实在在的资料。

为展览会项目市场调研服务的资料收集工作，一般从以下 3 个方面展开：

一是收集行业发展状况的资料，即收集与展览会主题密切关联的行业发展情况的资料。包含"国际发展状况""国内发展状况""国家产业政策情况"和"拟定展览会举办地行业发展状况"4 个方面，以上是行业发展状况资料收集工作范围的细分，每个方面收集资料的内容又各有不同。收集资料的内容中诸如生产地、主要产品/产量/产能分布、企业数量、经济技术指标等信息，应尽可能数据化，而且最好是权威机构公布的近 3 年的统计数据。

二是收集展览会发展状况的资料，即收集同主题展览会或与这一主题相关联展览会发展情况的资料。大体包括国内外展会情况、参展客商情况、观众情况、展会经营状况、行会资源状况、竞争对手状况 6 个方面。

三是收集展览会拟定举办地相关情况的资料。一般涉及经济发展水平、服务业水平、环境状况、展览场馆条件、展览业水平 5 个方面。

资料来源：中国会展策划师联盟．

4. 现存文献种类多

随着科学技术的发展，文献的物质载体和记录方式将越来越多样化。就物质载体而言，除目前最为普遍的纸张外，感光材料、磁性材料、热敏材料、半导体晶片以及其他金属和非金属材料都已越来越多地成为记载文献的物质载体。就记录方式而言，除目前最一般的手工、印刷方式外，摄影、录制、光刻等新型记录方式也层出不穷。文献种类的不断增加更利于开展文献调查法。

5. 省时、省钱，效率高

文献调查法比实地调查法更省时、省力，组织起来也比较容易。因为文献调查是在前人和他人劳动成果基础上进行的，是获取知识的捷径。它不需要大量研究人员，不需要特殊设备，可以用比较少的人力、经费和时间，获得比其他调查方法更多的信息。因而，文献调查法是一种高效率的调查方法。

（二）文献调查法的缺点

1. 书面资料调查的局限性

文献调查法所获得的主要是书面信息，是纸面上的东西，即使全部是真实的、可靠的，仍然缺乏具体性和生动性。再加上调查者缺乏相关体验与知识积累，文献中所反映的信息对调查者来说是有限和不充分的。另外，任何文献资料都是对过去的文化市场现象的记载，但文化市场是不断运动、变化、发展的，新事物、新现象、新问题是不断涌现的，其中总有一些没有记载于文献，使之得不到及时的反映。因此，文献调查所获得的信息与现实总会有较大的差距，用其来准确分析现状有一定的困难。

2. 文献资料难寻觅，难找齐

由于许多文献是不公开的和不可以随意获得的，因此对于某些特定的文化市场研究来说，往往很难得到足够的文献资料。比如，个人日记、私人信件往往属于个人隐私，某些政府文件、会议记录常常属于内部机密。同时，在浩如烟海的文献海洋之中，人们常常会产生茫然无措的困惑，要搜集系统、全面、高质量的文献会很困难。

3. 更新速度慢

文化市场的很多信息需要通过政府统筹收集。而这种信息是由政府自上而下制定好收集标准和要求，以发文或其他形式传达到下层的分立机构之后才能获取的。当机构层次众多，各层同级数量众多的情形存在时，就会出现层层传递，使汇总的速度大大放慢，这就导致了文献调查从开始收集到后期资料制作的时间大大延长。

4. 精确度受限

文献调查过程中往往会出现收集、整理的资料和调查目的不能完全吻合，数据对一些需要解决的问题不能完全适用，收集资料时也容易出现遗漏等情况。例如，调查所需要的是某一文化市场中商品分月销售额资料，而调查者掌握的文献资料却是商品全年销售额资料，尽管可计算商品月均销售额，但其精确度会受到影响。此外，文献调查还要求调查人员具有较广的理论知识、较深的专业知识及技能，否则在调查过程中将会无法应对。因为文献调查所收集的次级资料的准确程度较难把握，有些资料是由专业水平较高的人员采用科学的方法收集和加工的，准确度较高，而有些资料只能估算和推测，准确度普遍较低。

总之，文献调查法是一种重要的调查方法，而且往往是一种先行调查方法。但是，文献调查法所获得的知识都是过去的信息，都不能作为调查结论的现实依据。要真正了解文化市场的真实情况,调查者还必须深入实际、深入市场,采取实地观察、口头访问等直接调查方法去调查。

三、文献资料的来源

文献调查的资料来源主要为内部资料和外部资料。内部资料是存在于文化企业内部的资料,它们是在文化企业的正常运转过程中收集、整理并使用的内部资料,包括各个部门提供的各种业务、统计、财务及其他相关资料。外部资料是存在于文化企业外部的各种各样的信息源(如书籍、报刊、媒体、政府政策等)上的资料。

(一)内部资料

1. 业务资料

业务资料主要包括与文化企业业务经营活动有关的各种资料,如订货单、进货单、发货单、合同文本、发票、销售记录、业务员访问报告等。通过对这些资料的了解和分析,我们能够掌握用户的需求情况和地理位置、供应单位的情况、产品的运输情况等。例如,通过对某一出版社的业务资料进行调查,我们就可以了解出版社生产、书籍的供应情况,分地区、分用户的需求变化情况等。

2. 统计资料

主要包括各类统计报表,以及反映文化企业生产经营活动的各类统计分析资料等。通过这些统计资料,我们能够定量研究文化企业经营活动的数量特征及规律,以便进行预测和决策。如对音像市场的统计资料调查,主要涉及音像产品的产量、销售量、库存量、单位成本、原材料消耗量等统计数据。

> **课堂讨论**
>
> 为更好地研判文化消费市场总体发展情况和未来走向,系统研究文化消费的市场需求、消费特征、满意度及痛点等方面,中国旅游研究院与上海创图公共文化和休闲联合实验室共同开展了文化消费专项调查研究。通过研究院自主调研平台,在全国31个省、市、自治区开展城乡居民文化消费调查,收集有效样本15 027份。研究认为,文化消费成为国民消费升级的重要标志,文化消费作为满足人们对美好生活的向往、丰富游客深度体验的重要途径,将为旅游经济的持续健康发展提供新的动能。
>
> 随着居民生活水平的提高和大众旅游的快速发展,人们的精神需求不断升级,文化生活成为满足人们美好生活向往的重要支撑,51.78%的受访者认为"文化消费能提高人的生活质量和幸福感,比衣食住行更重要",38.74%的受访者认为"文化消费属于生活必需品,跟衣食住行一样重要"。
>
> 2019上半年,国内文化休闲基础设施日益完善,各地文化旅游、民俗活动、节庆娱乐等休闲活动精彩纷呈,居民和游客文化消费持续升级,文化体验已经成为提升生活质量和幸福感的重要途径。调查显示,半数以上的受访者表示目前"市场需求旺盛,文化产品能够/基本满足群众需要"。逾七成受访者表示上半年曾参加"文化惠民消费季"等文化休闲活动,其中经常参加的受访者占比近四成。
>
> 资料来源:齐鲁壹点网.

结合资料,讨论统计资料对文化市场文献资料来源的重要性。

3. 财务资料

财务资料是由文化企业财务部门提供的各种财务、会计核算和分析资料,包括文化市场产品的生产成本、销售成本、市场价格及经营利润等。财务资料反映了文化企业劳动和物化管理占用和消耗情况及所取得的经济效益,通过对这些资料进行研究,我们可以确定企业的发展前景,加强文化企业的管理,研究产品市场,考核文化企业经济效益等。

4. 营销资料

文化企业的营销资料主要是指文化市场中不同的文化产品、时期、客户、营业场所、分销渠道的销售记录和市场报告,特别是不同文化产品的销售量、普及率、市场占有率、购买频率、广告促销费用等。通过对营销资料进行分析,我们能够全面了解文化企业的营销情况,便于企业发现、创造和交付价值以满足一定目标文化市场的需求,以此获取利润。

5. 文化企业积累的其他资料

文化企业积累的其他资料有剪报、各种调研报告、经验总结、顾客意见和建议、同业卷宗及有关照片和录像等。这些资料都对文化市场研究有一定的参考作用。例如,在文化旅游市场,旅游公司根据游客对旅游过程中的亲身体会以及最真实的反馈意见,就可以对如何改进加以研究。

(二) 外部资料

外部资料是指公共机构提供的已出版的或未出版的资料。这些公共机构可以是官方机构,也可以是民间机构。对于文化企业外部资料,可以从以下几个主要渠道加以搜集:

1. 政府机构

从相关政府部门,如文化部门、统计部门、工商行政管理部门、税务部门、专业委员会等,可以获取有关当地社会经济发展、人口等内容的文献资料,以及有关的文化市场经济政策法规等。例如,统计部门的文献资料主要是指国家统计局和各地方统计局定期发布的统计公报等信息,定期出版的各类统计年鉴(如《中国统计年鉴》《统计摘要年鉴》《中国人口年鉴》等),内容包括全国人口总数、国民收入、居民购买力水平等,这些信息不仅综合性强、辐射面广,而且具有权威性和价值。其他相关政府部门的有关文化市场的统计数据,包括详尽的数量情况、需求情况、分布情况。尽管这些资料没有具体到每个公司,却能反映整个文化市场的发展动态,如竞争公司的数量、发展情况等。如果能利用这些资料作进一步分析研究,我们就能够获得很多相关的信息,依此推测其市场占有额。

2. 图书馆

各类综合性或专业性图书馆,大都可以提供文化市场发展现状的一些基本信息,如有关文化市场贸易的具体数字或某些文化市场的基本经济情况等方面的资料。图书馆内部可利用的文献资源有迅速接触文化市场职业行话和专业术语的专业词典,在图书馆的专柜中能够找到的一些不出名的文化市场类行业杂志,有助于文化市场调查的案例研究和专业论文,政府统计出版物及大型行业协会年度统计报告的统计资料,便于查阅的杂志、期刊的文献索引等。

3. 互联网

互联网是一个全球性网络。它连接服务器,同时也把互联的文化企业、科研院所、文化商贸协会、政府部门、医疗机构、科学设施以及个人连接起来。它使得计算机及其使用者能获得世界范围内的数据、图像、声音和文件。互联网在许多方面使二手资料的搜集工作产生革命性的变化,曼彻斯特大学的国际互联网首席专家恩德拉·刘易斯宣称,借助互联网人们几乎可以找到任何东西。针对文化市场文献资料调查,互联网的使用主要是指通过搜索引擎搜索所需信息站点的网址,然后访问所要查找信息的网站或网页。如果调查者事先知道载有所需信息的网站名,只要在浏览器的查询框中输入网站名即可查找到需要的信息。网上信息服务的提供者很多,信息量巨大,文化企业在选择所需信息时要充分考虑信息的及时性、准确性、经济性和安全性等因素。我国的互联网正经历快速发展的阶段,中国互联网网络信息中心(CNNIC)第 44 次 CNNIC 显示,截至 2019 年 6 月,我国的网民规模为 8.54 亿,新增网民 2598 万,互联网普及率达 61.2%,较 2018 年底提升 1.6%。通过网络收集文献资料,被越来越多的人认可。网络文献资料的收集具备速度快、信息容量大、足不出户即可获得世界各地各个方面的资料等优点,与传统的文献资料的收集过程相比,能够有效地缩短网上文化市场调查过程,从而提高调查活动的实效性。目前,文化市场调查中文献资料的收集越来越多地开始转变为通过网络来进行。

4. 在线数据库

在线数据库是指提供专业的数据库支持的网站。文献类数据库指的是包含期刊、图书、报纸、政府文件全文或部分引用的数据库。常用的国内文献数据库有清华大学主办的中国知识资源总库(包括中国期刊全文数据库、中国优秀硕士学位论文全文数据库、中国博士学位论文全文数据库、中国重要学术会议全文数据库、中国重要报纸全文数据库、中国年鉴全文数据库、中国图书全文数据库、中国引文数据库)、万方数据资料系统(包括数字化期刊全文数据库、中国学位论文数据库、中国会议论文数据库等)、维普中文科技期刊数据库、中国财经报刊数据库、超星数字图书馆、书生之家数字图书馆、方正 Apabi 电子书库等。借助于国际互联网,我们现在可以很便捷地进入这些数据库。文化市场调查所需的很多商业性信息在这里都能找到。但是目前不论是按公开价还是按用量,收费都比较高。与国际互联网相比,搜索在线数据库的花费较昂贵,这是因为数据库提供方收集的有价值的报告,即使一页都是现成可用的。

5. 其他方面的信息

(1) 各种经济信息中心、专业信息咨询机构、行业协会和联合会提供的市场信息和有关行业情报。这些机构的信息系统资料齐全,信息灵敏度高,为了满足各类用户的需要,它们通常还提供资料的代购、咨询、检索和定向服务,是获取资料的重要来源。比如文化产业协会不仅会定期搜集、整理甚至出版一些有关文化产业协会内部的行业信息,也会经常发表和保存协会的发展态势、经营特点、增长模式以及类似的信息资料。专业的调查公司有 AC 尼尔森、盖洛普、零点调查、聪慧国际、央视索福瑞等。

(2) 报纸、杂志、电视、广播等大众传播媒体。一般报刊的出版者以及广播网和电视网,对收集资料或进行营销调查来说,也是重要的资料来源,如《人民日报》《光明日报》《中国经营报》及中国中央电视台、中央人民广播电台等,通过这些媒体,我们可以查阅文化市场的各种统计资料、广告资料、市场行情和各种预测资料等。近年来全国各地的电台和电视台为适应文化市场经营形势发展的需要,都相继开设了文化市场信息、经济博览等以传播经济、文化市场信息为主导的专题节目及各类广告。

（3）各类会议。包括国内外各种博览会、交易会、展销会等营销性会议，以及专业性、学术性会议上发放的文件和资料等，如世界博览会、中国东盟博览会、国际文化产业大会、国际文化旅游投融资大会以及各类专业性、学术性会议等。通过对这些会议文献资料进行调查，我们能够查询文化企业的产品目录、商品说明书、经销商名单、年度报告、财务报表或其他资料，文化市场发展的前沿动态以及发展方向，甚至有关竞争对手的资料或可能成为竞争对手的资料。

第二节 问卷调查法

一、问卷调查法的概念和分类

（一）问卷调查法的概念

问卷调查法是指用统一的问卷从总体中抽取部分样本以搜集量化资料的调查方法。问卷调查法对样本的抽取要求比较高，应该根据调查的目的和要求选取合适的抽样方法。如果样本没有代表性，不管问卷设计得多完美，组织实施多么严谨，最终取得的资料都可能没有价值，从而无法推论总体情况。问卷调查所获取的资料应该是量化资料，资料要便于量化分析。

（二）问卷调查法的分类

问卷调查法可分为自填式问卷调查和代填式问卷调查。一般使用较多的是自填式问卷调查。自填式问卷调查是由被调查者自己填答问卷试题，从而完成资料的搜集。代填式问卷调查是由调查者提问并根据被调查者的回答填写问卷从而完成资料的搜集。自填式问卷调查可分为报刊问卷调查、邮寄问卷调查、网络问卷调查、送发问卷调查等。代填式问卷调查可分为访问问卷调查和电话问卷调查。访问问卷调查比较类似于结构式访问，调查者提问被调查者回答，调查者再填答问卷。

各种问卷调查方法有各自的特点，我们不能武断地说哪种比较好，具体需要根据调查的需要采用适当的方法。随着社会的发展，文化市场的变迁，各种方法的适用性也发生了变化。当今社会互联网的使用越来越广泛，文化市场的每个领域几乎都离不开互联网，甚至互联网本身也可以算作文化产业的一个领域。传统的传媒阵地逐渐被互联网所蚕食。信息借助互联网能够非常迅捷地广泛传播，信息的搜集借助互联网也可以非常快捷地完成。因此网络问卷现在也就越来越普遍。

二、问卷调查法的优缺点

（一）问卷调查法的优点

1. 能够进行大规模的、范围广泛的调查

当调查对象数量庞大，地域分布广泛时，采用问卷调查非常节省时间、经费、人力。只要抽样方法得当，样本代表性强，问卷调查就可以很好地缩减调查规模和范围，只需要调查少数的样本，就可以通过结果推论总体情况。在现代社会中，电子问卷的使用越来越多，很多问卷都可以通过互联网发送和回收，这样既节省了经费，又节省了时间。正是基于这样的优点，这也就成了问卷调查法经常被采用的重要原因。

2. 是一种标准化的调查方法，比较客观，能方便地进行量化处理

问卷是标准化的，提问、回答都是书面的，这能较好地克服调查对象与调查者之间的主观影响。而且由于问卷是标准化的，人们对资料进行量化整理很方便，借助统计分析软件对数据进行分析也很便捷。文化市场的调查不同于一般的社会调查，其涉及的生产经营方面的数据相对较多，更加需要量化处理。现代社会的市场经营往往也是用数据说话，所有的层面都需要用准确的数据去诠释。

（二）问卷调查法的缺点

问卷调查法灵活性不足，不能深入地了解调查内容的真实情况。被调查者的主体性受到较大限制。

问卷调查法作为实证主义方法论之一一直以来就受到人文主义方法论的诟病。问卷调查是非常标准化的调查方法，调查过程中会尽量避免人的主观性影响，但这样也就产生了另一个问题，那就是完全调查不了被调查者的主观性想法。这对问卷的设计提出了相当高的要求。这样得到的数据往往是被动存在的，这些数据本来可能不会呈现，但是被调查者往往为了配合完成调查而给出了机械性的回答，于是就被动地创造出了"客观"的数据。例如，如果问到对某某旅游风景区的餐饮满意度的情况，调查者给出从很不满意到很满意几个选项，如果被调查者对口味满意但是对价格不满意，或对价格满意但是对就餐环境不满意等，但被调查者都会给出比较满意或者不满意的回答，调查者根本无法了解被调查者的实际想法。

为了提高访问与调查的成功率，增强调查的效度和信度，我们认为应在调查的主体性与自主性方面加以改进。虽然通过提高问卷设计的技巧可以一定程度地避免这种情况，但是忽视被调查的主体性是问卷调查法无法回避的缺点。

三、问卷的设计

（一）问卷的结构

一份完整的调查问卷一般包含封面信、指导语、问题与答案、编码4个部分。

1. 封面信

封面信也叫卷首语,一般以信的方式呈现出来。封面信在问卷中不可或缺,相当重要,它在很大程度上决定了被调查者是否会认真地完成调查。封面信可以说是一份介绍信或感谢信。首先,它主要向被调查者介绍调查者身份,调查对象的选取方法,调查的目的、意义和主要内容。其次,它对被调查者的配合调查提出希望并表示感谢,有些还要谈到关于调查的保密原则,以消除被调查者关于个人信息泄露的顾虑。封面信遣词用语要求平和、谦虚、简单明了,篇幅不要太长,控制在200字左右为宜。

2. 指导语

在封面信之后往往需对问卷的填答作些说明。问卷就好比是工具,指导语对应工具的使用说明。如果工具的使用很简单,也可以不附上说明书,只需在封面信中用一两句话阐述清楚。例如,调查者可以在封面信中说"请根据实际情况把您的选项序号填在问题后的括号内"。问卷如果比较复杂,相应交代的事项就会比较多。例如,

填表说明:

① 请在每一个问题后的括号内填上您的选项序号,或者填上您的答案;

② 如无特殊说明每题只有一个选项;

③ 请不要和其他人商量填写。

3. 问题与答案

问题与答案是问卷的主体部分。问题的形式主要有开放式和封闭式两大类。封闭式问题一般采用较多,其由调查者给出几个答案选项,被调查者只要选出合适选项即可。一些填写年龄、数值的填空题也可以视为封闭式问题。开放式问题是调查者只提问而没有被选答案,答案完全由被调查者作答。两种题型各有优缺点,封闭式题型回答简单,资料便于整理分析,但是容易忽视一些被调查者的想法,调查者的偏见、问题设计的缺陷也难以避免。开放式问题能照顾到被调查者的主体性想法,能获取调查者假设不足的构想,一定程度上能发挥被调查者的主观性,能够更加深入地获取资料。但是开放式问题需要被调查者花费更多的精力填写,这比较难以得到被调查者的认真对待,往往会出现缺失值,而且开放式问题的资料整理程序很复杂。一般问卷设计能不设计开放式问题就尽量不要设计。但是开放式问题在试调查时往往能得到启迪思维、了解情况的作用,为正式的调查研究提供帮助。所以在试调查时开放式问题必不可少。

具体问题的形式可以分为10种。

(1) 填空题。即在问题后面的横线上或括号内填写答案的回答方式。如:

您的出生年月是_____。

(2) 是否式。这种题型的答案只有是或否(或者肯定与否定两种形式)。如:

您是本地人吗?是( ) 否( )

(3) 单项单选题。给出的答案至少在两个以上,回答者根据自己的情况选择其一,这也是问卷中采用最多的一种问题形式。如:

您的文化程度是( )

① 小学及以下

② 初中

③ 高中或中专

④ 大专以上

(4) 多项限选式。列举的多个答案,要求回答者根据自己的情况从中选择若干个。如:

您喜欢看哪类电视节目(最多选择3项打√)
① 新闻节目　　② 电视剧
③ 体育节目　　④ 广告节目
⑤ 教育节目　　⑥ 歌舞节目
⑦ 少儿节目　　⑧ 其他(请注明)

多项限选式比多项选一的方式更能反映出被调查者的实际情况,但是我们无法从答案中看出选项的排序,无法区分选项间的程度。

(5) 多项排序式。在所列举的多个答案中,选择两个以上的答案,并且要求被调查者为自己的选择答案排序。如:

您最喜欢看哪一类电视节目?(请将答案号码填入以下空格中。)
第一____ 第二____ 第三____
① 新闻节目　　② 电视剧
③ 体育节目　　④ 广告节目
⑤ 教育节目　　⑥ 歌舞节目
⑦ 少儿节目　　⑧ 其他(请写明)

(6) 多项任选式。多项任选式是在所提供的答案中,被调查者可以任意选择各种不同数目答案的一种问题形式。如:

您喜欢看哪些电视节目?_____(请将所选选项序号填在横线上。)
① 新闻节目　　② 电视剧
③ 体育节目　　④ 广告节目
⑤ 教育节目　　⑥ 歌舞节目
⑦ 少儿节目　　⑧ 其他(请注明)

(7) 矩阵式。这是一种将同一类型的若干个问题集中在一起,构成一个问题的表达方式。如:

您对中国旅游市场的看法如何?(请在所选方框内打√。)

	很满意	满意	基本满意	不满意	很不满意
① 行业法规	□	□	□	□	□
② 人员素质	□	□	□	□	□
③ 政府监管	□	□	□	□	□
④ 资源保护	□	□	□	□	□

矩阵式的优点是节省问卷的篇幅,同时把同类问题放在一起,回答方式又相同,也节省了回答者阅读和填写的时间。

(8) 表格式。这是矩阵式的一种变体,其形式与矩阵式十分相似,比如上述矩阵式问题对应的表格式问题如下。

您对中国旅游市场的看法如何?(请在所选方框内打√。)

	很满意	满意	基本满意	不满意	很不满意
行业法规					
人员素质					
政府监管					
资源保护					

表格形式的问题除了具有矩阵形式的特点外，还显得更为整齐、醒目。但是应当注意的是，这两种形式虽然具有简单、集中的优点，但是也同时使人产生呆板、单调的感觉，在一份问卷中这两种形式的问题不宜用得太多。另外，这两种形式只能减少问题在问卷中的篇幅，并不能减少其数量，比如上述例题中实际上就包含了4个问题。

(9) 排序式。排序式为调查者给出一些选项，被调查根据一定的标准对选项进行排序。如：

请根据您的喜好程度对下列电影进行排序，并把序号填在选项后的括号内。

动作（ ） 文艺（ ） 记录（ ） 恐怖（ ） 悬疑（ ） 喜剧（ ） 战争（ ） 科幻（ ） 侦探（ ）

(10) 简单式。这是开放式题型，问卷只给出问题而没有答案，要求被调查者用文字表达回答问题。如：

您对促进中国电影产业的发展有何建议？

4. 编码

所谓编码就是赋予每一个问题及其答案一个代码。每个代码代表一个答案。代码以数字形式输入电脑，录入后就将文字转换成计算机可以直接计算的数字。编码的工作既可在问卷设计时完成，也可等调查完成后再进行，前者称为预编码，后者称为后编码。在此主要讨论作为问卷一部分的预编码。

预编码一般是在每道题的末尾靠问卷的右边留相应的方框，有时还用竖线将其与问题和答案分隔开。调查者在整理问卷时将答案再填入编码框中。除了问卷尾的编码外，还有问卷首的编码，这种编码的作用在于追踪问卷的去向。问卷调查时每个调查员调查所用的问卷编号预先划分好，每个调查地点的问卷编号也划分好。如此就可以清楚地了解回收的问卷是在何地由何人实施的调查。以下是问卷中编码的例子。

您的性别　　1 男　　2 女　　　　　　　　　　　　　　　　□

您的年龄　　　　　　　　　　　　　　　　　　　　　　　　□□

您的文化程度　1 小学及以下　2 初中　3 高中　4 高职　5 大专及以上　□

对于缺失值或者特殊值一般用9、99、999等处理，也有用8、98、998等的。这需要设计问卷时定义好，并作说明。当只有1个编码的时候用9代表缺失值，有2个编码时用99代表，有3个编码时用999代表。需要注意的是，9、99、999不能是题中的选项，或者是有意义的数值。当然有特殊情况时需要说明。如上面题中的年龄一项，例中给了2个编码框，最大可以填写的数字是99。此题就需要说明，年龄98或者98以上都填98。如果是缺失值在录入数据时就用99代替。

(二) 问卷设计的注意事项

1. 问题的设计

问卷中如何设计问题,需要设计多少问题,问题的语言表达等都要有所讲究。具体设计哪些问题主要从调查内容方面考虑。一般先要把调查内容各方面的问题都列出来,列出来后再考量各道题目的分辨力,把分辨力低的题去掉。具体需要保留多少题目不能一概而论,这涉及调查组的经费、人力、时间等因素,更重要的还取决于调查的内容。所以问题多少不能简单地用题量多少来衡量,大型的很正式的调查一般将被调查者的费时控制在 10～20 分钟。如果费时太多,调查的质量就难以保证,被调查者会产生厌倦情绪而消极填答,甚至拒绝回答。

问题的数量控制好了,很大程度上也就控制了问卷问答需要的时间。这只是最基本的要求,具体还要注意如下几点:

（1）无论是问题还是答案的表述都需要尽可能简单明了,通俗易懂,不可太专业化、官方化。如有这样的问题:

您家属于以下哪种类型?

1) 核心家庭　　2) 单身家庭　　3) 联合家庭　　4) 主干家庭　　5) 其他

这个题目中的用语就太过于专业化了,被调查者可能根本就不明白什么是核心家庭,什么是主干家庭。如此得到的资料根本就不能采信。

（2）避免一题多问,一题多义。一次只能提出一个问题,一个问题只能提问一个方面的情况,否则容易使回答者不知如何作答。例如:

你和你配偶的文化程度是（　　）。

一题两问会让被调查者无法作答,有可能被调查者会根据自己的理解作答,但是调查者不知道其真正的情况。

（3）问题的表述不能带有倾向性,更不能有意引导被调查者作答。如果问题本身就带有一定的感情色彩或者持一定的立场,很可能会影响到被调查者的真实填答。例如:

每年进口的影片相比国产片数量较少,你认为国家是否应在影片的引进方面放松管制?

此题中先声明了调查者的观点,如此可能会影响被调查者的独立思考。

（4）提问一些比较敏感的话题时需要一定的技巧,不能在提问中引起被调查者的焦虑。这一般是一些涉及个人隐私的问题,或者涉及社会法律、道德所不容许的事。例如:

你会在公共场合吸烟吗?

你是同性恋吗?

你愿意和同性恋者做好朋友吗?

（5）问题不能太笼统模糊,如果用语不是很清楚,会导致被调查者出现不同的理解。例如:

你认为中国的文化产业政策是好还是不好?

你认为发展文化产业重要吗?

这种表述就属于太过于笼统,被调查者对文化产业可能会有不同的理解。文化产业政策是指哪方面的产业政策?何为好,何为不好? 这都是非常笼统模糊的说法。如果如此提问,那么得到的结果也会是很模糊的,调查者也弄不清被调查者的真实想法。

2. 问题的排序

问题排序是指问卷中各种问题在问卷中出现的先后顺序。问题排序会影响被调查者的填答效果,进而影响信息的效度。因而设计好问卷中的问题之后应仔细审阅,不能不作区分,随便编排。一般来说,问题的排序遵循的原则主要有如下几种:

（1）容易的在前,比较难回答的放在后面,这样容易得到被调查者的配合。如果刚开始作答就碰到比较难以回答的问题,被调查者可能会产生畏难情绪,他在处理后面的题目时就会出现敷衍的态度。

（2）可能吸引被调查者兴趣的问题放在前面,枯燥的、敏感的问题放在后面。如果首先就碰到比较敏感的话题或涉及伦理道德观念的题目,被调查者可能会产生抵触情绪,引起防卫心理。

（3）把行为方面的问题放在前面,把态度、观念性、意向性的问题放在后面。行为方面的问题是客观的、外显的,是直接呈现出来的。这种题目容易作答,相较于态度等方面的问题也更易取得被调查者的配合,不会轻易引起他们的抵触。

（4）把封闭式问题放在前面,把开放式问题放在后面。封闭式问题不需要被调查者进行太多的思考和花费大量的答题时间,而开放式问题则需要被调查者花费较多的时间思考作答。很多开放式问题会被拒绝回答。如果将开放式问题放在卷尾,被调查者即使不回答也能保证采集到足够的有效信息。

（5）把同类型的问题尽量放在一起。如果将同类型问题错开,被调查者在回答的过程中需要经常进行思维转换,会让被调查者花费更多的时间,感觉更加费力。

3. 答案的设计

答案和问题共同构成了问卷的主体。如果答案存在缺陷,一份问卷不管问题设计得多好,其整体的质量还是不行。而且问卷调查一般都采用封闭式问题,答案都是调查者设计好供被调查者选择的,所以答案的设计必须相当重视。答案的设计一般要遵循以下几个原则。

（1）与问题的一致性。答案和问题必须是协调一致的,绝对不可答非所问。

（2）答案之间的有机性。各个答案必须是处于同一个层次,相互之间是有机联系的。如果答案之间划分的标准不一样,不在一个维度,彼此之间无联系,这种答案就会给被调查者混乱的感觉,他将很难作答。

（3）答案的穷尽性。这是指答案选项应该包含所有可能的情况。如果一个问题的答案不能包含所有的可能情况,那么遗漏的情况可能就是被调查者的选项。当出现这种情况时,被调查者就会无所适从。对于所有的被调查者来说,应该总有一个选项符合其实际所想。当然有时答案的选项很多,一一罗列出来很麻烦,或者选项复杂,这时调查者一般在所有答案后面附上一项"其他",这个由被调查者书写。这种属于半封闭半开放式问题。

（4）答案的互斥性。这是指答案选项彼此之间是互不兼容、互不包含的。如果一个选项和其他选项彼此之间存在包含关系,那么题目就成了多项选择题了。

【导入案例】

创意图书礼品公司问卷

女士/先生:

您好!

我是精诚文化市场调查公司的调查员,我们正在进行一项有关图书礼品的调查,目的是了解人们对图书礼品的看法和意见。您的回答无所谓对错,只要是您真实的情况和看法即可。我们将对您的回答完全保密,可能要耽误您15分钟左右的时间,谢谢您的合作。

一、您对一流的图书礼品公司的期望是	非常不同意	不同意	普通	同意	非常同意
1. 该公司的产品应该物美价廉					
2. 该公司的产品应该符合我的需求					
3. 该公司的产品应该可以在各相关卖场内找到					
4. 该公司的产品应该要跟得上社会潮流					
5. 该公司的声誉应该卓著					
6. 该公司应该值得信赖					
7. 该公司应该经常从事社会公益活动					
8. 如果相关卖场没有出售该公司的产品,我会试着到别家找					
9. 即使我现在还没有立即需要,我还是会购买该公司的产品					
10. 一旦有需要,我就会购买该公司的产品					

二、您对本公司的意见是	非常不同意	不同意	普通	同意	非常同意
11. 创意的产品物美价廉					
12. 创意的产品符合我的需要					
13. 创意的产品可在各相关卖场内找到					
14. 创意的产品所提供的新知跟得上社会潮流					
15. 创意公司的声誉卓著					
16. 创意公司能让我信赖					
17. 创意公司经常从事社会公益活动					
18. 如果相关卖场没有卖创意的产品,我会试着到别家找					
19. 即使我现在还没有立即需要,我还是会购买创意的产品					
20. 一旦有需要,我就会购买创意的产品					

三、消费状况

21. 您最喜欢本公司所提供的何种产品?(可复选)
    1. □ 杂志   2. □ 书籍   3. □ 文具   4. □ 礼品   5. □ 影音
22. 您购买过本公司的产品吗? 1. □ 有 2. □ 没有(回答2者请跳答24题)
23. 您最近一次购买本公司产品的消费金额是多少?_____元
24. 整体而言,您会给本公司几分?(0至10分)_____分
25. 您会向别人推荐本公司的产品吗?
    1. □ 会   2. □ 可能会   3. □ 不会

四、基本信息资料

26. 性别：1. □ 男　　2. □ 女
27. 教育程度：1. □ 高中(职)以下　　2. □ 大专　　3. □ 本科以上
28. 年龄：1. □ 15岁以下　2. □ 16～20岁　3. □ 21～25岁
　　　　　4. □ 26～30岁　5. □ 31～35岁　6. □ 36岁以上

启示：一份完美的问卷是由多个部分组成的，每个部分的内容都要恰如其分，表达出调查者想要了解的内容，有的放矢地设计问卷才能达到调查的最终目的。

资料来源：许以洪《市场调查与预测》.

结合案例，请你谈谈如何设计一份完美的文化市场调查问卷？

第三节　访谈调查法

一、访谈调查法的概念

访谈调查法是指调查者依据调查提纲与调查对象直接交谈、收集语言资料的方法，是一种口头交流式的调查方法。它是文化市场调查方法中最常用的一种调查方法，也是一种特殊的人际关系。当文化企业面对比较复杂的问题，需要向不同类型的人了解不同类型的材料时，访谈调查法的效用便得以体现。访谈调查法被广泛运用于教育调查、心理咨询、征求意见等，更多用于个性、个别化研究；适用于调查的问题比较深入，调查的对象差别较大，调查的样本较小，或者调查的场所不易接近等情况。

二、访谈调查法的分类

依据不同的分类标准，访谈调查法可以分为多种类型。

(一) 按照可控制程度划分

1. 结构式访谈

结构式访谈又称标准化访谈或封闭式访谈，是一种有指导性的、正式的、事先决定了问题项目和反应可能性的访谈形式。这种访谈常用于正式的、较大范围的调查，相当于面对面提问的问卷调查。一般来说，定量研究通常采用结构式访谈。这种访谈的访问物件必须按照统一的标准和方法选取，便于访谈的结果量化，使调查的结果能够控制在可靠的范围之内。访问的过程也是高度标准化的，访谈必须严格按照预先拟定的计划进行，即对所有被访问者提出的问题、提问的次序和方式，以及对被访谈者回答的记录方式等是完全统一的，从而能比较完整地收集到研究所需要的资料。

结构式访谈是由访谈者进行的，因此访谈者的态度、素质、经验等对访谈结果有决定性的影响，特别是结构式访谈常常用在大规模的文化市场调查中，需要的访谈人员数量较多，众多的访谈者在对问题的理解与处理方式上难以保持一致，在访谈过程中往往自觉不自觉地将自己的主观意见或偏见带到访谈过程中,使得调查结果产生偏差。因此,当进行结构式访谈时,应当严格挑选访谈人员。通过训练使访谈者们在访问前做好心理、技术、物质以及相关知识的准备。

资料链接 3-2

个 体 访 谈

前言:您好。我叫×××,是××单位的。今天找您想了解一下您对现在开展的"乡村健康金话筒"活动有什么看法。看法没有对错之分,您的意见对我们开展这方面工作很重要,欢迎您给我们提出宝贵意见,谢谢合作。

1. 您知道"乡村健康金话筒"联播活动吗?从哪儿听说的?
2. 听过这个栏目吗?经常听或是偶尔听?为什么?
3. 这个栏目中您喜欢哪种形式的节目?能举个例子吗?
4. 这个栏目的节目容易理解吗?哪些内容不容易理解?
5. 在您听过的节目中,什么节目给您的印象最深?为什么?
6. 你收听到的这个栏目每次播出的时长是多少?您认为这样的时间是长还是短?多长时间更合适?
7. 这样的栏目您认为在什么时间播出更合适些?

2. 非结构式访谈

非结构式访谈又称非标准化访谈或自由访谈。它是一种无控制或半控制的访谈,事先不制定完整的调查问卷和详细的访谈提纲,也不规定标准的访谈程序,只设定一个题目或大致范围,或一个粗线条的问题大纲,由访谈者与访谈对象在这一范围内自由交谈,具体问题可在访谈过程中边谈边形成。对提问的方式和顺序、回答的记录、访谈时的外部环境等,也没有统一要求,访谈者可根据访谈过程中的实际情况作各种安排。同结构式访谈相比,非结构式访谈的最主要特点是弹性和自由度大,能根据访谈者的需要灵活地转换话题,变换提问方式和顺序,追问重要线索,充分发挥访谈双方的主动性、积极性、灵活性和创造性。但访谈调查的结果不宜用于定量分析。

3. 半结构式访谈

在文化市场访谈调查过程中,还有一种是介于结构式访谈和非结构式访谈之间的半结构式访谈。在半结构式访谈中,访谈者会用到调查表或访谈问卷,它虽有结构性访谈的标准化题目,访谈者对访谈结构有一定的控制,但被访谈者留有表达自己观点和意见较大的空间。访谈者事先拟定的访谈提纲可以根据访谈的进程随时进行调整。

半结构式访谈兼有结构式访谈和非结构式访谈的优点,它既可以避免结构式访谈缺乏灵活性、难以对问题作深入探讨等局限,也可以避免非结构式访谈的费时、费力,难以做定量分析等缺陷。

(二) 按照访谈对象的人数划分

1. 个别访谈

个别访谈是指访谈者对每一个被访谈者逐一进行的单独访谈。它是访谈调查中最常见的一种形式,大多用在一些规模比较小及一些敏感性的调查中,也常用于一些个案的研究中,具有保密性强、访谈形式灵活、调查结果准确等优点。在访谈过程中,个别谈话需要拟定提纲,但在谈话过程中,访谈者也应灵活应对,不要拘泥于提纲,应因人而异、因问题而异。谈话不能只凭自己的主观印象,也不能是谈话者之间的毫无目标、漫无边际的一问一答。访谈人员在访谈开始时要表现出对访谈对象真诚的兴趣,访谈中要设身处地地去理解对方,在行为、认知和情感等层面上积极主动地与对方共情。只有这样,访谈双方才能就共同关心的问题进行深入的、建构性的探讨。同时,在访谈过程中需要遵守一些基本的倾听原则,如不轻易打断对方的对话,不开小差,不带成见等,使访谈对象能比较自然地表达观点。

2. 集体访谈

集体访谈是由一名或几名访谈人员召集一些调查对象就需要了解的主题征求意见的一种调查方法,也称为座谈会或调查会。集体访谈是文化市场调查方法中一种很好的方法,通过集体座谈的方式进行调查,可以集思广益,互相启发,互相探讨,而且能在较短的时间里收集到较广泛和全面的信息。

集体访谈对访谈者有较高的要求。访谈者要有较熟练的访谈能力和组织会议能力,还要善于表达,善于倾听,善于总结,能比较快速地进行记录。访谈者在访谈之前要准备好调查提纲,将调查的目的、内容等通知被访谈者,访谈的结果往往更加理想。参加集体访谈的人员要有代表性,一般不超过 10 人。访谈者要使集体访谈现场保持轻松的气氛,这样有利于被访谈者畅所欲言。如果讨论中发生争论,要支持争论进行下去;如果争论与主题无关,要及时引导到问题中心上来。主持人一般不参加争论,以免堵塞与会者的思路。由于在集体访谈中匿名性较差,涉及个人私密性的内容不宜采用这种访谈方式。同时这种访谈也会出现被访谈者受其他人意见左右的情况,访谈者应充分考虑这些因素,尽可能减少这种情况的出现。

(三) 按照访谈双方的交流方式划分

1. 直接访谈

直接访谈又称面对面访谈,是指访谈者和被访谈者双方通过面对面的直接沟通来获取信息资料的访谈方式。在这种访谈中,访谈者可以看到被访谈者的表情、神态和动作,有助于了解更深层次的问题。直接访谈可以是访谈者到被访谈者确定的访谈现场进行访谈,也可以是在征得被访谈者认可的情况下,由访谈者确定访谈现场。为了方便被访谈者,一般来说,以到被访谈者确定的访谈现场为主。通过这种访谈方式使访谈者能够当面说明调查目的,当被访谈者因理解不了或因为其他原因不愿意回答访谈问题时,访谈者可根据实际情况进行解释,消除障碍,最终完成任务,成功率较高。

2. 间接访谈

间接访谈即非面对面访谈,主要是指电话访谈。电话访谈是指访谈双方不是面对面坐在一起直接交流,而是访谈者借助电话这个媒介向被访谈者收集有关资料的一种访谈调查形式。同直接访谈相比,电话访谈可以减少人员来往的时间和费用,提高访谈效率。而且访谈者与被访谈者相距越远,电话访谈越能提高其效率,因为电话费用的支出总要低于交通费用的支出,特别是人力往返的支出。但是电话访谈也有它的局限性。比如,它不如面对面访谈灵活、有弹性,不易获得更详尽的细节,难以控制访问环境,不能观察被访谈者的非言语行为等。但是,当需要在面对面访谈与电话访谈这两种访谈方式之间做出选择的话,电话访谈值得优先考虑。随着通信行业的不断发展,电话访谈被越来越多的人使用。

（四）根据访谈次数划分

1. 一次性访谈

一次性访谈又称横向访谈，属于横向调查。它是指访谈人员对访谈对象某一特定时刻、特定情况下的行为、言论和态度等进行的访谈。访谈一次完成，主要搜集访谈对象对某一问题的看法、意见，以及某一事件对访谈对象的影响。这种研究需要抽取一定的样本，被访谈者要达到一定的数量，访谈内容以收集事实性材料为主，研究一次性完成，获得的结果一般为静态信息。

2. 重复性访谈

重复性访谈又称追踪访谈，属于纵向调查。它是指多次收集与固定研究对象有关资料的跟踪访谈，也就是对同一样本进行两次以上的访谈。随着时间或环境的变化，人的思想、态度及行为等方面的变化，通过进行比较可以得出一些规律性的认识。纵向访谈可以对问题展开由浅入深的调查，以探讨深层次的问题。这种访谈方式获得的结果往往都比较深入，并且具有动态的性质。

访谈调查法的类型多种多样，一个访谈可能同属于两种类型，比如有时面对面访谈也同时是重复性访谈，或非结构式访谈，集体访谈也同时是结构式访谈，访谈者可根据研究的具体需要扬长避短，灵活运用。

三、访谈调查法的优缺点

访谈调查法的特点在于整个访谈过程是访谈者与被访谈者相互影响、相互作用的过程，也是人际沟通的过程。其最显著的特点是具有信息传递的往复性、通畅性和交流的及时性，这些在文化市场各种调查方法中是非常突出的。当然由于理论依据及调查手段、方式等的不同，每一种调查方法不可避免地会存在一些优点和缺点，访谈调查法也不例外。

（一）访谈调查法的优点

1. 灵活性强

访谈调查是访谈者根据调查的需要，以口头形式，向被访谈者提出有关问题，通过被访谈者的答复来收集客观事实材料，这种调查方式灵活多样，方便可行，可以按照研究的需要向不同类型的人收集不同类型的材料。这种方式具有较大的弹性，访谈者设计的调查问题是根据一般情况和主观想法制定的，不一定考虑十分周全，在访谈中，可以根据被访谈者的反应，对调查问题作调整或展开。如果被访谈者不理解问题，访谈者可以提出询问，要求解释；如果访谈者发现被访谈者对问题有误解，也可以适时地解说或引导。这种灵活性不仅保证访谈的顺利进行，而且能够最大限度地收集到所需要的资料。

2. 真实性和可控性较高

访谈调查是访谈者与被访谈者直接进行交流的过程，通过访谈者的努力，适当地控制访谈环境，避免其他因素的干扰，灵活安排访谈时间和内容，控制提问的次序和谈话节奏，把握访谈过程的主动权，使被访谈者消除顾虑，放松心情，作周密思考后再回答问题，这样就提高了调查材料的真实性和可靠性。由于访谈常常是面对面的交谈，访谈流程速度较快，被访谈者在回答问题时常常无法进行长时间的思考，因此所获得的回答往往是被访谈者自发性的反应。并且在访谈的过程中拒绝回答者较少,回答率较高,即使被访谈者拒绝回答某些问题,访谈者也可以通过观察被访谈者的动作、表情等非语言行为,大致了解他对这个问题的态度,以此鉴别回答内容的真伪,防止被访谈者应付了事现象的发生,从而使访谈过程中获得的资料更加真实可靠。

3. 适应范围广

同其他的调查方法相比较,访谈调查法是适应范围最广泛的一种调查方法。不同性别、不同年龄阶段、不同文化水平层次的被访谈者只要具备一定的语言表达能力,访谈者通过解说、引导和追问,即可获得想获取的信息资料,以此深入了解各种社会现象,探讨各类社会问题。

(二) 访谈调查法的缺点

1. 调查成本较高

访谈调查需要面对面的交流,而此类交流必须寻找被访谈者,受被访谈者地理范围的影响,一个访谈人员一天可能只访问一个或几个被访谈者,甚至几天才能访问一个被访谈者,路上往返的时间往往超过访谈时间;除此之外,调查中还经常会发生数访不遇或拒访,导致耗费的时间和精力更多;一些较大规模的访谈常常需要训练一批访谈人员,分赴各处访谈,这就使费用支出大大地增加。这些因素无形之中增加了访谈的成本,消耗了较多的时间、人力、财力和物力。

2. 缺乏隐秘性

由于访谈调查要求被访谈者当面作答,这会使被访谈者感觉到缺乏隐秘性而产生顾虑,尤其是对一些敏感的问题,往往会使被访谈者回避或不作真实的回答。

3. 受访谈者的主观影响大

由于访谈调查是访谈者和被访谈者之间的直接接触,访谈人员的性别、年龄、容貌、衣着、语气、学识、态度、价值观、谈话水平等特征,都可能引起被访谈者的心理反应,从而影响回答内容;而且访谈双方往往是陌生人,这也容易使被访谈者产生不信任感,以致影响访谈结果。

4. 记录困难

访谈调查是访谈双方进行的语言交流,如果被访谈者不同意现场录音,记录对访谈者笔录速度的要求就很高,而一般没有进行过专门速记训练的访谈者,往往无法很完整地将谈话内容记录下来,追记和补记往往会遗漏很多信息。

5. 处理结果难

访谈调查有灵活的一面,但同时也增加了这种调查过程的随意性。不同的被访谈者回答是多种多样的,没有统一的模式和标准,这样对访谈结果的处理和分析就比较复杂,由于标准化程度低,就难以做定量分析。

四、访谈调查法的基本步骤

为了最大限度地控制访谈结果,访谈者在访谈的过程中要遵循一定的流程。一般的文化市场访谈调查总体上包括3个阶段:准备阶段、实施阶段和整理阶段。

（一）准备阶段

1. 明确访谈目的，设计访谈提纲

无论是哪一种形式的访谈，一般在访谈之前，访谈者都要设计一个提纲，明确访谈的目的和所要获得的信息。访谈提纲一般包括调查目的和要求、调查对象要求和调查的拟定人数、调查题目和具体的访谈问题。

> **课堂讨论 3-1**
>
> 某同学对文化旅游市场非常感兴趣，他跟几个志同道合的同学组成一个研究小组，经过多次讨论，决定调查当地文化旅游市场的发展情况。他们到图书馆、书店等处查阅了大量有关资料。为了弥补这些书面文字资料的不足，他们还想到了访谈调查法，希望能从相关政府部门获得更直接的一手资料。下面是他们的描述：
>
> 今天，我们突然想到可以去采访文化旅游局局长，局长提供的资料一定都是真实可靠的第一手资料。我们不如就去吧。说干就干，我们几个人相约去文化旅游局，却被当成不务正业的社会青年，文化旅游局的门卫婉言谢绝了我们的要求。我们只好扫兴地回家了。
>
> 结合案例讨论：
> 1. 他们的访谈为何失败？
> 2. 假如你是该小组的成员，你认为访谈前应该做哪些准备工作？

2. 了解访谈对象，拟定访谈计划

访谈对象的选择应服从访谈内容的需要。访谈对象选定后，就尽可能地从性别、年龄、职业、文化程度、经历、兴趣爱好、家庭情况等方面了解被访谈者，为顺利进入访谈阶段打下基础。访谈计划的内容包括怎样与被访谈者联系、访谈地点、访谈时间、访谈过程等。

3. 依据访谈计划，培训访谈人员

由于访谈调查法对访谈人员的素质有较高的要求，访谈人员在进行正式的访谈之前，有必要进行访谈培训。访谈人员的培训包括 3 个方面的内容：一是基本访谈原则、知识、技巧的培训与交流；二是针对本次访谈展开的专项培训，主要是传达访谈计划，明确访谈目的和意义；三是根据访谈分工和访谈人员收集和分析相关信息，可以采取个体分散学习和集中分析总结等方式展开。

（二）实施阶段

在准备阶段结束之后，经过专业培训的访谈人员根据访谈计划，通过编制好的访谈提纲进入实施阶段。

1. 轻松地进入访谈，恰当地进行提问

在实地进行访谈之前，访谈者一般通过电话或邮件的方式与被访谈者取得联系，简要说明访谈的目的、意义与内容，表明访谈者的身份，获得对方的允许后，方可确定访谈时间和访谈地点。

要想通过访谈获取所需资料，就要对提问有特殊的设定。在表述上，问题要求简单、清楚、明了、准确，并尽可能地根据被访谈者的特点适时地调整提问方法。在类型上，问题有闭合型与开放型、具体型与抽象型、清晰型与含混型之分。闭合型和开放型是按照问题答案的限定程度划分的，闭合型提问在设计时已预先确定好了几个可供选择的答案，被访谈者的回答只能在其中选取。这类问题由于答案固定,容易组织,方便记录和统计,减少了访谈者的判断和加工环节,结果比较客观,但同时也具有一定的局限性,较明显的是容易限制被访谈者的思路,导致搜集的信息不够全面细致。开放型问题的答案完全由被访谈者自己组织,自由应答,事先不加限定,使获得的信息更丰富化,但是这类问题不易记录和统计,给分析综合造成了麻烦。

2. 准确捕捉信息,及时收集资料

访谈调查法收集资料的主要形式是倾听。访谈者提出问题以后,要耐心地倾听被访谈者的回答。在回答过程中,访谈者还需要将自己的态度、意向和想法及时地传递给对方。回应的方式多样化,可以是简单的肯定性语言回答,诸如"是的""很好"等,也可以是非语言行为,如点头、微笑等方式表达对被访谈者的肯定和鼓励,并随时将被访谈者所说的话或信息迅速地纳入自己的认知结构中加以理解和同化,必要时还要与对方进行对话,与对方进行平等的交流,共同构建新的认识和意义。在整个过程中访谈者还要及时做好访谈记录,一般情况下还要进行录音和录像,便于资料的收集和整合。

3. 终结访谈

访谈终结要把握两条原则:一是时间应控制在 1~2 个小时以内,不宜太长;二是要选择适当的时机结束谈话。有时候被访谈者因为对问题的认识较开阔,在访谈即将结束时,仍有较浓的谈话兴趣,可是谈话的内容却是别的话题,这时访谈者就要见机行事,在适当的时候伺机插话,方可圆满结束谈话。有的时候双方都不在状态,谈话不着边际时,也应及时结束谈话。谈话结束之时访谈者应向被访谈者表达感谢之意。

(三) 整理阶段

访谈结束之后,访谈者要及时对访谈结果进行整理和分析。首先,访谈结束后要立刻检查访谈资料是否按照原先的规定和要求收集,如果是结构式访谈,有没有遗漏的问题,把不完整的内容及时补上。其次,注意收集的资料是否能够说明问题,有没有答非所问的现象,如果出现这种情况,有没有补救的措施,如果不能补救,在整理资料时及时剔除。最后根据访谈所获的资料类型进行相应的统计分析。

第四节　文化市场调查的其他方法

文献调查法、问卷调查法和访谈调查法是文化市场调查的主要方法,但是要对文化市场展开全面调查,还需要结合观察法、实验法和网络调查法等方法。

一、观察法

(一) 观察法的概念

观察法是指调查者凭借自己的眼睛或摄像机、录音机等工具,在调查现场进行实地考察,记录正在发生的文化市场行为或状况,以获取各种文化市场原始资料的一种调查方法。

观察调查不同于我们日常生活中无意识的随意观看,它是一种有目的、有计划、有重点、有内容的调查活动。观察法是收集非语言行为资料的基本方法,包括视觉资料的收集,也可以包括其他感官如听觉、触觉、嗅觉的资料收集,以及借助感官的延长手段,如照相、摄影、录音等手段收集资料。观察调查一般在极强的隐秘性下近距离甚至零距离与被观察对象发生接触,故能真实地、原原本本地、全方位地观察和了解被观察对象的一切动作和行为,获取有用的调研资料。但是观察法由于只能观察被调查者表面的行为,不能了解其内在心理因素的变化,故在实践中也受到了一些限制。它更多的是与其他调查方法配合使用。

观察法的应用要满足下列几个条件:一是所需信息必须是能观察到的,或者能从观察到的行为中推断出来的。比如我们可以利用观察法来了解文化旅游市场的市场占有情况,却不能用其来了解消费者选择文化旅游地点的原因等态度、意见性的信息。二是所要观察的行为必须具有重复性或者在某些方面具有可预测性,否则观察法实施的成本将提高。三是所要观察的行为必须在相对短的时间内完成,例如我们可以通过在书店观察消费者的购买过程来为改善书店内部图书摆放提供参考,但是无法通过观察消费者购买影像产品的过程获得相关信息。

(二)观察法的分类

观察法有多种类型,调查者根据调查的目标和要求选择恰当的观察方式。

1. 自然观察与模拟观察

自然观察是指调查者在自然条件下对被调查者进行有目的、有计划的观察,整个观察过程都是在自然状态下进行的,没有任何人为的痕迹,并且被观察者没有意识到正在被观察。这种观察能够较准确地反映文化市场的真实情况,但是缺点为观察的时间较长,成本较高。

模拟观察是指调查机构事先设计模拟一种场景,调查者在一个已经设计好的并接近自然的环境中观察被调查者的行为和举止。这种观察的特点是调查者可以根据情况控制和缩短数据收集的过程和时间,但是观察的结果可能与真实状态下有一定的偏差,所模拟的场景越接近自然,被观察者的行为也就越接近真实。

2. 直接观察与间接观察

直接观察是指对所发生的文化市场行为和状况进行直接的观察和记录。直接观察法实施比较简单,调查者能得到具体的印象,形成对事物的整体认识。但是在自然条件下,仅凭观察者的注意力和记忆力,是难以完整记录下被观察者复杂的行为活动的,加之观察结果容易受观察者个人的态度、观念和周边具体环境的影响,即使观察者有着较高的专业水平,其观察结果也难免受各种因素的影响。

间接观察是通过对实物的观察,来追索和了解过去发生过的事情,故又称为实物观察法。这种观察主要是通过观察文化市场的客观事物或人的活动痕迹来收集资料。比如,通过文化产品垃圾来分析人们的消费行为,通过收集文化类旧产品观察人们的使用情况,主要优点是观察的时间、空间极大地扩展,却没有实感,缺乏亲身感受。

3. 秘密观察与公开观察

秘密观察是指被观察者不知道自己正在受到观察的情况下所进行的一种观察活动。而公开观察则是指被观察者了解文化市场调查的真正目的,知道自己正在被观察。一般情况下,文化市场观察既可以采用秘密观察,又可以采用公开观察,秘密观察所获取的信息更加真实、客观。在自然环境中,很难做到完全的秘密观察,很多情况下不得不采取公开观察。但是公开观察易导致误差,被观察者因为知道自己在被观察,所表现的行为可能会与平常不一样,观察者的言谈和行为也会影响被观察者。

4. 结构型观察与非结构型观察

根据对观察的程序、观察的内容等是否做出标准化的、统一的规定,即根据观察手段是否具有结构性,我们可以将观察法分为结构型观察和非结构型观察。

结构型观察是一种计划严密、操作标准化、可控制的观察。它与结构访谈的形式有点相似。在实施观察前便规定好观察对象和记录标准,然后按照统一的计划、观察内容、要求、标准进行观察调查,在这种情况下,文化市场调查人员一般没有很大的自主权。结构型观察是比较程序化的观察活动。观察程序的标准化和观察内容的结构化,便于整个调查活动的操作,在此基础上的观察结果可以量化,用作统计分析。

非结构型观察指的是没有任何统一的、固定不变的观察内容和观察标准,完全依据现场发生、发展和变化的过程所进行的自然观察。非结构型观察实行的是开放性政策,实施起来比较灵活,调查者可以充分发挥自己的主动性、创造性来获取文化市场信息。这种方法对调查人员的要求比较高,只有受过专业训练的调查者才能胜任,一般用于试调查阶段或者是对被调查者缺乏了解的情况下使用。

5. 参与型观察与非参与型观察

参与型观察是指调查者参加到被观察对象群体中并成为其中的一员,直接与被观察者发生关系以收集有关资料的一种调查方法。很多文化企业员工为了获取文化市场新信息,会以工作人员的身份直接与消费者接触,通过有意识的观察活动了解文化市场情况,把握文化市场的动态。比如调查员想对会展市场进行调查以便了解某些情况,便可以作为会展中的一分子,参与试用、参加专业研讨,有的放矢地进行观察研究。当然参与型观察一般是在被观察者不了解的情况下进行的,这样会使观察者获得更加真实可靠的市场信息。但是参与型观察也具有调查周期比较长、调查费用比较高的缺点。

非参与型观察又称局外观察,是指调查者不改变身份,完全不参与活动,而是以局外人的身份从外围现场收集资料的一种方法。调查者不随意靠近被观察者,不向被观察者提问,也不对任何问题表露兴趣,尽可能不让被观察者知道自己正在被观察。一般情况下,非参与型观察必须事先制订好周密的观察计划,严格规定观察的内容和记录的方式。以会展市场为例,如果采用非参与型观察,调查员则可以分布在展会的不同位置,根据之前统一的要求进行现场观察,并在印好的记录单上进行记录。记录单可以使用按秩序圈选的封闭式量表,也可以使用记录具体情况的开放式表格,无论发生什么情况,调查员都不应打扰参会者的任何行为,避免引起参会者的注意。在条件允许的情况下,非参与型观察往往还需要配备一定的观测设备和记录设备,以此提高资料的可靠度。相对于参与型观察,非参与型观察的调研费用更低,但是对调查者本身的基本素养要求较高。非参与型观察一般适用于描述文化市场状况而不追究其原因的文化市场调查类型。

6. 人员观察与仪器观察

人员观察即调查人员直接在调查现场观察和记录有关内容,并对观察到的现象进行合理的推断。在这个观察过程中,很多时候会渗入调查者个人的主观思想,即调查者所记录下来的信息,是经过他们自己的判断标准"过滤"而提出的认识结果。

仪器观察即利用专门的观察仪器(如录音机、录像机、照相机、显微镜、探测仪、监视器、扫描仪等)对特定范围内的人或事物所进行的调查。例如,一种瞳孔测试仪可以测试人们观看诸如广告、包装时瞳孔大小的变化,这可以反映人们对所看到对象的兴趣程度。眼睛摄像机可以监测人们阅读时眼睛的活动情况,从而知道读者首先看到了哪部分,仔细阅读了哪部分,以及阅读文章的数量。这些观察工具大大提高了观察者对文化市场现象的观察深度,是人的视觉能力的延伸。但是仪器观察一般都是前期投入较多,观察的结果还需要调查人员进行进一步的分析和推断。

资料链接 3-3

尼尔逊公司的仪器观察法

美国 A. C. 尼尔逊市场调查公司曾采用尼尔逊电视指数系统评估全美的电视收视情况。尼尔逊电视指数系统代替了传统的调查小组日记的方法。尼尔逊公司抽样挑出 2 000 户有代表性的家庭为调查对象,并为这 2 000 户家庭各安装上一个收视计数器。当被调查者打开电视时,计数器自动提醒收视者输入收视时间、收视人数、收看频道和节目等数据。所输入的数据通过电话线传到公司的电脑中心,再由尼尔逊公司的调查人员对电脑记录的数据进行整理和分析工作。

(三) 观察法的优缺点

1. 观察法的优点

(1) 真实客观。观察法可以较为客观真实地搜集到第一手资料。不论是直接观察、仪器观察抑或是秘密观察,都是在调查对象无意识的状态下进行的,故调查对象的言行不受外界因素的影响,因此,在这些情况下可以观察到被观察者不失真的举止行为,较为客观自然。当然,这种行为不会有口头访谈时出现的类似问题,应避免由于语言交流中的障碍、暗示以及人际交往中的情感等因素对文化市场信息的干扰。

(2) 成本低、见效快。调查人员在使用观察法进行调查时,往往是通过使用自己的感觉器官对调查对象进行观察,而对感觉器官的培训成本较低,稍加培训即可投入使用。如借助仪器(照相机、摄像机、录音机、扫描仪等电子仪器)进行现场观察和记录,一次购置后可长时间利用,按使用率算,调查成本也相对较低。无论是调查人员本身还是利用仪器等辅助工具,一旦投入使用,便会有明显的效果。

(3) 简便易行。观察法的灵活性较大,只要选择合适的时间和地点,便可以进行调查。

2. 观察法的缺点

(1) 调查资料的表象性与肤浅性。观察法是一种表象观察,调查双方不会像访谈调查法那样作深层次的交流沟通,因此在整个调查过程中难以了解被调查者内心深处的消费观念、消费动机、购买态度等心理信息资料。比如,在文物市场,消费者在文物面前或营销人员面前所表现出来的满意或不满意、坚定或迟疑等表情和行为容易被捕捉,但是要进一步分析引起这种表情和行为发生的深层原因,观察法就做不到。另外由于受时空等条件的限制,观察法只能观察到正在发生的动作和现象,对已经发生的或将要发生的事情就没有办法得到。

(2) 对调查人员的素质要求较高。观察人员在进行观察的时候,得到的视觉印象要被观察人员筛选、塑造和解释。看到了什么,怎么看到的,在很大程度上取决于观察人员的现有经验和环境条件。所以观察人员在进行观察时要具备一定的文化市场专业知识储备,有较强的观察力,能够熟练地操作设备技能。如果调查人员在这些方面欠缺,会直接影响调查的结果,导致调查失败。

二、实验法

(一)实验法的概念

实验法是文化市场调查的必要手段,是通过实验对比获取市场信息资料的一种调查方法。在文化市场调查中,调查者往往是先按照一定的实验假设,通过改变一个或几个影响因素,来观察文化市场现象在这些因素影响下的变动情况,从而进一步认识实验对象的本质及其发展规律。从某种意义上说,实验法是把事物放在某一特定的条件下进行观察,因而可以认为是一种特殊的观察法,其可信度比较高,但是只适用于对当前文化市场的实验,不适用于历史或未来的文化市场实验。

实验法在整个文化市场调查领域中不如其他调查方法运用得广泛,它主要用于检验有关文化市场变量间因果关系的假设,研究有关的自变量对因变量的影响或效应。比如,通过研究文化产品的设计、价格、宣传策划等因素的变动对销售量的影响,研究文化产品的颜色、名称对消费者视觉的影响;测试各种促销方法的效果等。

(二)实验法的分类

根据不同文化环境、文化产品的特性,可以通过以下几种方法对文化市场进行实验。

1. 单一实验组前后对比实验

将几种文化产品置于环境相同或者相似的文化市场之中,尽量排除可变因素,试验文化产品产生的效果。这是一种单一的实验,通过产品前后的改变,单一实验组前后结果对比,得出结论。这种实验可以选择若干实验对象作为实验组,将实验对象在实验前后进行对比,得出实验结论。

例如,某一电视台为了提高收视率,计划对某一节目进行改编。但是其对新改编节目又没有把握,因此决定采用实验组前后对比的方法进行调查。步骤如下:首先,选定实验对象,即将该电视台改编前后的同一节目作为试验单位;其次,选定一个特定的时间先对改编前的节目收视率进行统计,然后再播放改编后的节目,最后统计相同时间内改编后节目的收视率(见表3-1)。

表3-1 单一实验组前后对比表

文化品种	实验前结果	实验后结果	实验效果
A B C	Ⅰ	Ⅱ	Ⅱ－Ⅰ
合计			

方法:实验效果=后检测结果－前检测结果。

根据实验结果,如果改编后的节目收视率和改编前的节目收视率有差距,且经过分析后发现无其他因素影响,电视台便可做出要不要改编节目的决策。

2. 实验组与控制组对比实验

如果要求实验结果比较准确,就不可以忽视环境中的一些因素,因此我们就需要预设一些可以控制的因素,这些可以控制的不确定因素叫作控制组。这些可控因素穿插其中,应该选择实验组与控制组对比实验,这种实验方法会使结果更加准确(见表 3-2)。

表 3-2 实验组与控制组对比表

文化品种	实验后效果
A　B　C(实验组)	Ⅰ
D　E　F(控制组)	Ⅱ
实验效果	Ⅰ－Ⅱ

方法:实验效果＝实验组实验后检测结果－控制组检测结果。

实验组与控制组对比实验,必须注意两者具有可比性,即两者的规模、类型、地理位置、文化环境等各种条件应大致相同。只有这样,实验结果才具有较高的准确性。但是,这种方法对实验组和控制组都是采取实验后检测,无法反映实验前后非实验变量对实验对象的影响。

3. 实验组与控制组前后对比实验

如果实验经费充足,需要实验结果更加精确,可以选择实验组与控制组前后对比实验。它是对实验组和控制组都进行实验和前后对比,再将实验组与控制组进行对比的一种双重对比的实验法。它吸收了前两种方法的优点,同时弥补了前两种方法的不足,因此结论是最有说服力的(见表 3-3)。

表 3-3 实验组与控制组前后对比表

文化品种	实验前销售量	实验后销售量	实验结果
A　B　C　D　E(实验组)	Ⅰ	Ⅱ	Ⅱ－Ⅰ
F　G　H　I　J(控制组)	Ⅲ	Ⅳ	Ⅲ－Ⅳ
实验结果			(Ⅱ－Ⅰ)－(Ⅲ－Ⅳ)

方法:实验效果＝实验组结果(后检测－前检测)－控制组结果(前检测－后检测)。

实验效果是从实验变量和非实验变量共同影响的销售额变动量中,减去由非实验变量影响的销售额变动量,反映调整配方这种实验变量对销售额的影响作用。由此可见,实验组与对照组前后对比实验,是一种更为先进的实验调查方法。这种实验方法更加准确,前提是在经费充足的情况下。

4. 随机对比实验

随机对比实验是指按随机抽样法选定实验单位所进行的实验调查。

事前事后对比实验、控制组同实验组对比实验、有控制组的事前事后对比实验等 3 种方法,尽管它们的特点不同,但是在选择实验单位上都有一个共同点,即都是按照判断分析的方法选出的。在对调查的对象情况比较熟悉、实验单位数目不多的条件下,采取判断分析法选定实验单位,简便易行,也能够获得较好的调查效果。

但是,当实验单位很多,市场情况十分复杂时,按主观的判断分析选定实验单位就比较困难。这时可以采用随机对比实验,即采用随机抽样法选定实验单位,使众多的实验单位都有被选中的可能性,从而保证实验结果的准确性。

随机对比实验有多种形式,如单纯随机抽样、分层随机抽样、分群随机抽样等。其做法与随机抽样相似,采用何种形式选定实验单位,进行对比实验,必须从实际出发,根据具体条件、具体情况而定,并以能够获得准确的实验效果为原则。

5. 小规模市场实验

除了上述常用的实验方法以外,在开发新的文化产品和选定文化产品的设计时,使用小规模市场实验的方法。通过小规模市场实验,根据产品在市场上的销售情况,听取文化市场中对于文化产品的相关反应,做出相关分析和总结。它的具体做法:

第一,选定一个小规模的实验市场,这个小型市场的基本情况要与文化产品即将进入的文化市场基本情况相似。

第二,选定文化产品,在这个小规模市场上实验,观察产品在市场上的情况。

第三,搜集文化市场实验结果,并且对结果进行分析。根据分析结果制定或者修改、完善文化产品在即将出现的文化市场上的具体操作情况。

这样的做法利于提高决策的科学性,明确生产经营方向,使这种小型的市场实验更加有针对性、参考性和准确性。

(三) 实验法的优缺点

1. 实验法的优点

(1) 有较强的结论说服力。实验法通过实验活动提供文化市场发展变化的资料,不是等待文化市场的某种现象发生了再去调查,而是积极主动地改变某种条件,来揭示或确立文化市场现象之间的相关关系。它不但可以说明是什么,而且可以说明为什么,还具有可重复性,因此其结论的说服力较强。实验调查法对检验宏观管理的方针政策与微观管理的措施办法的正确性来说,都是一种有效的方法。

(2) 具有市场指导性。实验法可以将文化成果或者产品置于预设的文化市场之中,在实验过程中总结实际操作中文化市场可能出现的情况并做出提前预设,然后补充完善,最后调整到最佳适合文化市场的最佳状态,减少风险,对文化市场做出事实性的调查、分析和调整。

2. 实验法的缺点

(1) 费时、成本高、管理控制比较难。实验调查法在进行市场实验时,由于不可控因素较多,很难选择到有充分代表性的实验对象和实验环境。因此实验结论往往带有一定的特殊性,实验结果的推广会受到一定的影响。实验调查法还有花费时间较多、费用较高、实验过程不易控制等缺点。市场调查不能像自然科学一样在实验室中处理各种现象,而要在社会中寻找实验市场。但这个市场的实验条件与实验结果应尽可能符合市场总体的特征。

(2) 保密性差。实验调查法还有实验情况不易保密、竞争对手可能会有意干扰现场实验的结果等缺点。这些缺点使实验调查法的应用有一些局限性,市场调查人员对此应给予充分的注意。

实验调查是一种探索性、开拓性的调查工作,实验者必须思想解放,有求实精神,敢于探索新途径,能灵活应用各种调查方法,才能取得成功。正确选择实验对象和实验环境,对实验调查的成败也有重要作用。如果所选的市场实验对象没有高度的代表性,其实验结论就没有推广的可能性。此外,由于实验活动要延续相当长的时间,还要有效地控制实验过程,让实验活动严格按实验设计方案来进行。

三、网络调查法

（一）网络调查法的概念

网络调查法泛指在网络上发布调研信息，并在互联网上收集、记录、整理、分析和公布网民反馈信息的调查方法。这种调查方法是传统调查方法通过互联网获得新的信息的一种应用方法，是在新的媒介中获得新的信息的一种有效方法。它是通过利用网络辅助连接功能，针对特定的文化市场出现的相关问题进行的调查设计、收集资料和分析等活动。与传统调查方法相类似，网络调查是对直接获得的资料和间接获得的资料进行的相关调查。但是网络调查又突破了传统的调查方法，是采用先进的技术手段即网络手段来设计方案、搜集资料和形成调查结果的过程。

网络作为一种调查的媒介，它可以作为信息沟通的渠道。网络调查具有开放性、自由性、平等性、广泛性和直接性等特点。这种方法能够帮助文化市场获得更多可靠、及时和有效的信息。

（二）网络调查法的分类

根据网络调查方法以及途径的不同，可以将其分为网上问卷调查法、网上讨论法、网上实验法和网上观察法等。

1. 网上问卷调查法

网上问卷调查法是在事先做好有关文化市场的网上问卷，然后有目的地将问卷发布在网上。确定好目标后，让被调查对象通过网络填写问卷，完成调查的相关内容。根据所采用的网络分析技术，将问卷分析清楚。网上问卷调查可以分成两种：一种是站点法，即将问卷放在相关的网络站点上，被调查者就是网站的访问者，问卷由访问者自愿填写，如使用问卷星网站进行问卷调查。另一种是用邮件将问卷发送给被调查者，然后被调查者收到问卷后，填写相关问卷，提交相关问卷，问卷答案则发回到指定的邮箱，然后调查者回收搜集相关问卷结果。电子邮件调查有局限性，由于问卷下载传送的麻烦，许多被调查者可能会放弃调查，问卷资料也可能在数据传输过程中丢失，或者搜集资料者遗失资料，因此问卷的交互性很差，并且数据的处理会很麻烦。这种网上问卷调查法是经常使用的方法，它可以相对客观和直接地反映文化市场现象，但不能对某些文化市场现象产生的问题作深入的调查和分析。

2. 网上讨论法

即通过网络这种媒介对相关文化市场的问题进行网上讨论。网上讨论法有多种实现途径，如 QQ、BBS、MSN、网络会议（Net Meeting）、微信等。主持讨论者在相应的讨论组中发布调查内容和规则，请被调查者按照规则进行讨论，阐明他们各自的观点和意见。或者在主持人的引导下进行讨论，通过网络会议的形式，将不同区域的参与者通过网络视频发布的信息搜集起来。网上讨论法是传统调查中的小组讨论方法在网络上的应用。它讨论的结果需要主持人加以汇总和分析，这就要求主持人有很高的组织和协调能力，同时也要求对信息收集和数据处理的模式设计进行管理，所以要求高、难度较大。

资料链接 3-4

网络会议系统是以网络为媒介的多媒体会议平台，使用者可突破时间、地域的限制通过互联网实现面对面般的交流效果。系统采用先进的音视频编解码技术,保证清晰的语音和视频效果;强大的数据共享功能更为用户提供了电子白板、网页同步、程序共享、演讲稿同步、虚拟打印、文件传输等丰富的会议辅助功能,能够全面满足远程视频会议、资料共享、协同工作、异地商务、远程培训以及远程炒股等各种需求,从而为用户提供高效快捷的沟通新途径,有效降低公司的运营成本,提高企业的运作效率。

3. 网上观察法

它是通过对网站的访问情况和网民的网上行为进行观察和监测的调查方法。很多网站都在做这种网上监测。如很多网站提供可供免费下载的软件,事实上这些网站也在做网上行为监测。法国的 Net Value 公司是这种网上观察法的著名使用者,该公司侧重于监测网络用户的网上行为,号称为"基于互联网用户的全景测量"。它调查的主要特点是首先获得用户的基本人口资料,招募自愿受试者作为实验样本,将监测的相关信息下载到用户的电脑中,由此记录受试者的网上行为。这种网络观察法的好处在于,可以全面了解网站和用户的情况,不仅记录了用户访问的网站,而且还记录了网民的上传和下载软件、收发电子邮件等全部网上行为,因此称为"全景测量"。这种观察法可以全面有效地观察网络使用者的访问情况和网上行为,信息全面,因此这种网上观察法可以应用于文化市场的调查之中。

(三) 网络调查法的优缺点

1. 网络调查法的优点

(1) 调查成本低。网络调查与传统调查方法的根本区别在于采样媒介和手段不同。成本低主要由于网络调查采样成本低,即获取信息的成本很低。传统调查往往要耗费大量的人力、物力和精力,而网络调查只需有一台上网的计算机,通过站点发布电子问卷或组织网上座谈,利用计算机及统计分析软件搜集资料、整理和分析,最后得出结论。网络调查法解决了现实调查中需要的人力、问卷、交通等条件的局限,节省了繁重的信息采集与录入等工作与费用,这种方式既方便,又省力、省时、省费用。现实中传统的调查总是会为了节省相关的人力、物力,尽量地削减调查中产生的支出和人力,所以相应地会影响调查结果的准确性,而网络调查数量多少不会严重影响费用的支出,所以网络调查不会考虑成本的多少而减少调查数量。

(2) 调查速度快。网上信息传播速度非常快,如果是一个拟定好的网络电子问卷,在几分钟内就可以把问卷发送到各地。同时电子问卷的回收也相当快捷。分析网络调查的问卷,可对调查的结果进行即时统计,整个过程非常迅速,而传统的调查发出问卷、搜集问卷和分析结论等过程则需要漫长的时间。据分析,网络调查中,通过面对面的视频调查是最快捷的,通过语音调查次之,而邮件调查最慢,但即使是最慢的邮件调查也比传统调查快捷得多。调查完成后,在线调研系统可以自动生成饼图、柱状图等分析图形,为进行下一步的研究工作做好了准备,大大提高了工作效率。

(3) 调查隐匿性好。在调查一些涉及个人隐私的敏感问题时,网络调查者是在完全自愿的情况下参与调查,对调查的内容往往有一定的兴趣,因此回答问题时更大胆、更坦诚,更有利于调查结果的进行。而现实中的调查往往因为面对面的交流,或者文字的表达涉及被调查者的个人隐私,使得被调查者经常隐藏自己的真实想法,传统调查的各种采样方式都会在不同程度上影响到被访谈者的填答心理,影响调查结果。网络调查的隐匿性较好,网络调查的这一特点可使被访谈者在填答问卷时的心理防御机制降至最低程度,从而保证填答内容的真实性。

(4) 互动性好。网络调查的这一优势同样是基于网络自身的技术特性。网络的互动性赋予网络调查互动性的优势。网络调查不受时间和空间的限制，可以全天候向世界各地、不同背景的被调查者进行调查，选择余地大，调查范围也相当广泛。所以互动可以采用视频、语音和邮件等多种形式，可以采用问卷形式，也可以采用小组讨论形式，所以范围广，互动性强。

2. 网络调查法的缺点

(1) 真实性受限。日益增多的网络调查结果越来越良莠不齐，人们也难以区分好的调查与不好的调查。调查者很难区分被调查者的真实身份，更难确定调查结果的真实性，所以网络调查结果的有效性存在差异。

(2) 主观因素影响较大。网络调查的价值也受到人们填答意愿的限制。因为现在网络调查铺天盖地地出现，过多的网络调查让被调查者出现逆反心理，往往排斥网络调查。很多人看到网络调查后做出的反应是不理会，也可能根据其内容、主题、娱乐性或者调查的其他特性而做出参与调查的决定，但是他们对于调查的内容并不是很清晰，从而影响到网络调查的可信度。

四、大数据分析法

(一) 大数据产生的背景

随着计算机网络技术、云计算、云存储技术的完善，许多电子商务平台、O2O企业甚至是传统的行业，例如医疗行业、教育行业等，通过计算机网络技术储存了巨量的用户网络消费行为数据。在营销和广告领域，出现了很多依托网络的大数据展望，勾画出"利用网络数据全面立体地表现用户群体"的蓝图，并开始利用社会化媒体平台对消费者实行分析的尝试，以此根据用户的消费行为来调整自己的营销策略。

大数据同样对文化产业的内容创意、产品创作、营销传播、延伸服务和终端制造等价值链环节都具有重要影响，它既可为文化企业带来直接盈利，也可通过正反馈为企业创造难以模仿的竞争优势。大数据使文化产品的生产和体验价值的创造日益走向社会化和大众化，使文化业态创新和业务模式创新日益走向常态化和多样化，使企业对市场需求的理解洞察日益走向实时化和精准化，使文化企业整个运作日益走向协作化和生态化。

(二) 大数据分析法的分类

大数据时代的到来对传统的文化市场调查而言既是一种冲击，也是一种进步，让文化企业能够在第一时间内收集到足够的文化市场信息。文化企业只要善于利用大数据来进行文化市场信息收集，挖掘潜伏在海量数据里面有价值的、真实的文化市场信息，将会让文化企业的经营管理事半功倍。大数据时代背景下的文化市场数据分析更具独特思维逻辑，往往更注重用户的实际情况和个体标签，并能对未来发展做出准确的预测判断。

1. 可视化分析

随着科学技术水平的不断提高，大数据研究分析也越发开始朝向即时化、立体化方向展现，便于为人们呈现更加直观生动的数据资料，甚至相比以往线性系统文化市场调查研究方法来说，大数据已不再一味重视产生原因和提出意见，而是开始侧重针对个体特征所拥有的群体特征并展开标签化描述介绍。相比于传统图表与数据仪表盘，如今的数据可视化致力于用更生动、友好的形式，即时呈现隐藏在瞬息万变且庞杂的数据背后的业务洞察。高质量的可视化工具对于数据分析至关重要。数据可视化工具是一种应用软件，帮助用户以可视化、图形化的格式显示数据，呈现数据的完整轮廓。像饼状图、曲线图、热图、直方图、雷达、蜘蛛图只是可视化中的一小部分，这些方法可以简单地表示数据并展示特点和趋势。

2. 数据挖掘算法

大数据分析的理论核心就是数据挖掘算法。从科学定义上分析，数据挖掘是从大量的、有噪声的、不完全的、模糊和随机的数据中，提取出隐含在其中的、人们事前不知道的、具有潜在利用价值的信息和知识的过程。从技术角度分析，数据挖掘就是利用一系列的相关算法和技术，从大数据中提取行业或公司所需要的、有实际应用价值的知识的过程。各种数据挖掘的算法基于不同的数据类型和格式才能更加科学地呈现出数据本身具备的特点，也正是因为这些被全世界统计学家所公认的各种统计方法才能深入数据内部，挖掘出公认的价值。它提供的多种算法可适用于各种简单或复杂的数据环境，为信息时代提供有力的技术保障。

3. 预测性分析能力

预测性分析主要用于预测。大数据的应用便是基于对海量文化数据进行精准的分析和对事物整体发展的有效预测为主。预测事件未来发生的可能性，预测一个可量化的值，或者是预估事情发生的时间点，这些都可以通过预测模型来完成。预测模型通常会使用各种可变数据来实现预测。数据成员的多样化与预测结果密切相关。在充满不确定性的环境下，预测能够帮助人们做出更好的决定。预测模型也是很多领域正在使用的重要方法。

4. 语意引擎

文本数据作为互联网上最广泛的数据表达形式，蕴含着大量的有用信息，在海量的具有强语义信息源码的基础上结合自然语言的分析方法进行大数据分析，由用户提供自然语言信息，经过分析进而推荐可用代码具有极高的研究价值以及应用价值。但是由于非结构化数据的多样性带来了数据分析的新的挑战，我们需要一系列的工具去解析、提取、分析数据。语义引擎需要被设计成能够从"文档"中智能地提取信息。

5. 数据质量和数据管理

任何事物都需要有序的管理和超高的质量，大数据也不例外，数据质量和数据管理到位了，我们接收到的信息才能更加准确。无论是大数据还是小数据、老数据还是新数据、传统数据还是现代数据，无论是在内部还是在云中，对数据质量的需求都不会改变。在从大数据和其他新数据资产中获取业务价值的压力下，数据专业人员可以利用现有的技能、团队和工具来确保大数据的质量。数据质量的高低，影响着数据分析的效用，影响着数据价值的发挥。

（三）大数据分析法的优缺点

现阶段，大数据被广泛应用于各领域，尤其在企业运营过程中，充分运用大数据分析技术，对提升企业现代管理、实现科学化与规范化有着积极意义。显然，大数据分析法对文化企业市场调查过程中具备重要作用，但其依然存在一定局限性，致使大数据分析法在文化企业调查中的效用未有效发挥。

资料链接 3-5

New Vantage Partners 公司的 2018 年大数据执行调查报告表明,97.2%的受访者表示正在或已经投资于大数据和人工智能。这些投资导致了大数据市场的蓬勃发展。根据调研机构 IDC 公司的调查,全球大数据和分析支出正以 11.9%的复合年增长率(GAGR)增长,到 2020 年的收入总额可能超过 2 100 亿美元。

但是,在大数据分析上花费大量资金并不能保证组织能够获得他们想要的结果,有时很多企业甚至不知道自己在做什么。在 2018 年的大数据成熟度调查中,供应商 AtScale 公司指出,虽然 78%的公司认为他们处于大数据成熟度的"中等水平"或"高水平"的标准,但事实上,只有 12%的公司符合高水平成熟度的标准。而较低成熟度的组织在大数据分析方面仍面临多重挑战。

资料来源:199IT 推荐文章"大数据研究报告"。

1. 大数据分析法的优点

(1) 完善市场数据信息分析。根据相关调查显示可知,在以往传统市场调查研究模式下,普遍呈现计算量较小且难度较低的现象,只需借助统计软件便能顺利完成。而随着大数据时代的到来,无论是数据规模数量还是数据研究分析方法均对计算提出了较高要求,不仅要能使用一些常规统计分析方法,还要能深入展开大数据的实时分析和数据流算法等,不但专业性极高,还能与下一环节工作紧密结合在一起。数据在量化分析与相关趋势预测方面的强势,将成为文化市场调查研究消费者心理的最有力的后盾。例如,通过对文化实践活动中产生的文化大数据进行挖掘分析,可以得知各类文化消费者对于文化消费的偏好及特点,有利于文化经营者更全面地了解各类文化产品、文化服务的市场需求,有利于文化生产者具有针对性地创作和开发符合市场需要的文化商品,反过来也满足各类文化消费者的需要。

(2) 驱动市场业态发展。传统市场调查的方法与大数据样本和分析相结合,会引发定性分析和定量分析的巨大优势。随着未来大数据挖掘、大数据分析、大数据预测等关键技术的迭代更新,从大数据中提炼出的文化信息势必会更加准确、有效,进而能够构建出更好的大数据分析产品,协助实现市场调查的精准效果。如在对传统文化业态进行提质增效的同时,催生了大批以大数据应用为特征的动态图书、人工智能、VR 体验、智慧营销、云分析等新兴文化业态。人们随时都可以通过使用电脑、平板、手机或服务终端迅速准确地查询到大数据平台上发布的特定信息。

2. 大数据分析法的缺点

(1) 大数据技术的局限性。在大数据时代,市场调查过程中使用大数据分析技术,为市场调查运行带来了更大的便利性。但由于数据自由、开放及共享,大数据技术的局限性所带来的一系列问题也影响着大数据分析的应用。一方面,企业相关的数据安全存在一定风险,一些隐私化数据若不慎泄露,不仅大数据分析的效果较为不利,同时也不利于企业的规范化管理。另一方面,在传统数据分析过程中,经常使用 SPSS 等软件进行数据分析,但是在大数据时代,缺乏完善有效的数据分析工具。因此,结合大数据时代特征,构建大数据分析平台,对于整个大数据时代应用发展来说极为必要。同时许多重要的问题是根本不适合也无法定量分析的,它们需要对价值、驱动力、所处环境及其他种种核心因素的评判。而找到一个绝对中立、不偏不倚并受众人尊重和信任的人,制定量化指标来对所有因素进行评定打分,是绝对无法实现的。

(2) 大数据分析"死角"的存在。文化企业市场调查过程中的大数据分析是对各环节进行数据化管理,但在具体实践过程中,总会存在一些不能被数据化或者无法完全数据化的对象,在此情况下,大数据分析的优势之处将无法有效发挥。如果想要实现精准的大数据分析,就需要解决其大数据存储问题,与以往相比,当前整体数据存储远远超过了传统数据时代,而想要实现其数据分析目的,就必须完善数据存储。但是整个数据存储并不是静态的,而是动态发展的,因此只有探索完善适应大数据存储的具体机制,才能实现其最终目的。

课堂讨论 3-2

根据文化市场观察调查法、实验调查法、网络调查法和大数据分析法优缺点的概述,分组讨论 4 个调查法之间的异同点。

本章小结

本章主要介绍了文献调查法、问卷调查法、访谈调查法及其他调查方法,如观察法、实验法、网络调查法、大数据分析方法等常用的文化市场调查方法。文化市场的文献调查法则是指利用文献资料来收集、考察、分析和研究文化市场所存在的现象和状态的调查方法。问卷调查法是指用统一的问卷从总体中抽取部分样本调查以搜集量化资料的调查方法,可分为自填式问卷调查和代填式问卷调查。访谈调查法是指调查者依据调查提纲与调查对象直接交谈,收集语言资料的方法,是一种口头交流式的调查方法。观察法是指调查者凭借自己的眼睛或摄像机、录音机等工具,在调查现场进行实地考察,记录正在发生的文化市场行为或状况,以获取各种文化市场原始资料的一种调查方法。实验法是文化市场调查的必要手段,是通过实验对比获取市场信息资料的一种调查方法。网络调查法泛指在网络上发布调研信息,并在互联网上收集、记录、整理、分析和公布网民反馈信息的调查方法。大数据分析法是运用计算机网络技术、云计算、云存储技术更全面地分析用户数据,更精准地判断消费者行为的调查方法。大数据同样对文化产业的内容创意、产品创作、营销传播、延伸服务和终端制造等价值链环节都具有重要影响,它既可为文化企业带来直接盈利,也可为文化企业创造难以模仿的竞争优势。

◆ **关键词**

文献调查法　问卷调查法　访谈调查法　实验调查法　网络调查法　大数据分析法

◆ **思考题**

1. 文化市场包括哪些调查方法?
2. 文化市场观察法分为哪几种类型?
3. 文化市场进行问卷调查时,问卷设计应注意哪些方面?
4. 简单论述文化市场调查中访谈调查法的方法和技巧。
5. 简单论述观察法与实验法的不同之处。
6. 什么是网络调查法?
7. 大数据分析法的缺点是什么?

> 思考案例

大数据时代下的中国内容市场

日前,法国秋季戛纳电视节(MIPCOM)正式举行。已经连续第十五年亮相该电视节的中国,今年首次担任了电视节主宾国,并以"精彩故事,源自中国"为主题,通过集体推介、节目展映、主题论坛等活动,向世界推介中国优质影视节目,介绍中国影视行业最新发展成果。

加强国际合作合拍,促进中国影视繁荣发展

当地时间10月16日,中国作为主宾国推出了国际影视合拍高峰论坛、大数据时代下的中国内容市场论坛和行业大咖主题演讲等多场重要活动。国家广播电视总局副局长范卫平出席国际影视合拍高峰论坛并讲话。

他指出,中国影视产业政策是开放的。面向未来,中国将进一步加强国际交流合作,推动世界优秀文化交流互鉴,推动各国人民情感交流、心灵沟通。范卫平提出,未来中国将从3方面加强国际合作合拍:一是进一步加强影视合作创意和生产;二是进一步加强媒体融合传播;三是进一步加强多领域人文合作与交流。范卫平指出,即将在中国上海举办的中国国际进口博览会,展示了中国继续扩大开放的意愿和坚持经济全球化的信心,是世界各国开展对华文化出口服务贸易的机会和窗口。未来中国将进一步扩大影视国际交流合作,积极开展国际合作合拍。

大数据助力中国内容市场,腾讯视频分享进阶之路

在大数据时代下的中国内容市场论坛环节中,腾讯视频总编辑、企鹅影视高级副总裁王娟作了《大数据时代下的中国内容市场》的主题发言。

王娟女士首先讲述了中国视频行业的发展情况,据第42次《中国互联网络发展状况统计报告》显示,2018年6月,中国网民规模已达到8亿,其中网络视频用户超过6亿。海量内容时代,视频已成为中国人的娱乐首选。随着视频行业逐步走向成熟,中国用户也正在养成为内容付费的习惯。基于多年的内容积累与精准运营,腾讯视频的各项数据均已经呈现长期领跑之势。截至2018年6月30日,腾讯视频付费会员数已达到7 400万,创业内新高。发言中,王娟女士也分享了腾讯视频左手科技、右手内容的进阶之路。一方面,深度挖掘用户兴趣需求,引进与打造相应的精品内容。目前腾讯视频的内容矩阵拥有70多种品类,全面满足不同用户的需求。除了核心的影、剧、综外,电竞、极限运动、音乐会等个性化的优质内容,也都正在成为新的潜力增长点。同时,通过对用户观看行为的计算、过滤和学习,实现用户与内容的精准匹配,以及更加智能化、个性化的内容分发,达到"千人千面,精准触达"。

另一方面,"尊贵的会员体验"是腾讯视频一直以来的努力方向,腾讯视频将线上特权与线下活动相结合,打通视频内容、文漫阅读、粉丝社区与电商平台,实现IP价值与用户价值之间高度的场景融合。

此外,技术的发展革新也带来了许多人性化的设计,儿童护眼模式可帮助儿童养成良好的观看习惯,针对色弱用户的增强模式,则让色盲用户可以更好地享受视频观看的乐趣。这两项功能让腾讯视频获得了德国红点设计大奖和IF设计大奖,同时更加坚定了以"用户"为核心、以"人的需求"为核心的路线。现场王娟也表示:"科技向善、技术为人,在大数据时代下,能让用户体验到更尊贵的服务,是我们的初心,也是我们能够实现用户留存行业第一的秘密。"

自制内容爆款频出,展望与国际内容市场深入合作

随着中国经济迅速发展,中国广大视频用户对内容品质、深度、创新的渴求也在不断提升。腾讯视频背靠腾讯大平台,拥有中国最强用户数据收集、分析和洞察能力的腾讯视频,打造出了一系列备受市场欢迎的爆款内容。自制剧《鬼吹灯之精绝古城》质感精良,成为网剧标杆之作;《致我们单纯的小美好》人气超高,将沈月、胡一天等新人推向市场;探讨校园霸凌的《罪途》系列颠覆网络电影的低俗标签,兼具艺术性与社会性;《斗罗大陆》等自制动漫让观众为国漫崛起而热血沸腾,腾讯视频更因此获中国国际动漫展2018年最受欢迎动画视频平台大奖。2018年,腾讯视频在自制综艺方面表现突出,《奇遇人生》被用户称为能让人重新审视人生的"疗愈系"综艺;而《一本好书》则通过360度沉浸式舞台化场景的创造,实现了对世界优秀文化的传承。作为视频平台,腾讯视频也从未忘记肩负的责任,上半年热播的《创造101》引发全民关注,更是让"逆风翻盘、向阳而生"成为了中国年轻人激励自己奋发向上的口号。

在国际合作方面,腾讯视频已经拥有一系列卓越成果,如优质海外内容的版权引进,联合美国福斯拍摄迷你网剧《东方华尔街》,自制内容输出海外平台等。其中,爆款青春剧《致我们单纯的小美好》已经登陆Netflix播放。王娟女士表示,未来腾讯视频期待与国际顶尖内容团队、更先进的技术团队、更成熟的用户运营企业展开更深入的合作。

论坛的最后,王娟女士与BBC高级副总裁及大中华区总经理游达仁先生,签署了企鹅影视与BBC的"纪录片战略合作协议",未来双方将共同努力、深入合作,推出更多优秀的纪录片作品。

资料来源:光明网.

1. 结合案例,谈谈大数据分析法的优点。
2. 简单分析大数据分析法形成的背景。
3. 论述大数据调查法在文化市场调查法中的重要性。

> **应用训练**

现场观察一个文化市场(园区)

训练目的:

通过观察一个文化产业园、图书市场等,掌握观察是什么、怎样观察、观察要注意的问题。

训练组织:

8~10名同学组成,分工明确,组长负责。

训练内容:

(1) 文化市场(园区)1千米范围内的居民都属于什么类型?
(2) 文化市场(园区)内部有多少家企业?有多少不同种类?
(3) 销售的主要商品是哪几类?怎么看出来的?
(4) 文化市场(园区)哪些企业、哪些商品的销售情况不好?原因是什么?

(5) 文化市场(园区)的定位是什么？是否合适？

(6) 你是如何判断销售情况的？你印象最深的是什么？

(7) 本次训练给你什么启发？

(8) 如果让你在文化市场(园区)经营一个很小的企业，你打算如何做？原因与证据是什么？

训练要求：

1. 训练一：把课前准备的观察内容写出书面总结材料，并制作成PPT。

2. 训练二：开一个汇报会，在全班针对汇报小组是怎样进行观察的，观察到的内容及在观察中遇到的问题，如何解决问题，作一个说明。

第四章 文化市场抽样调查技术

本章结构图

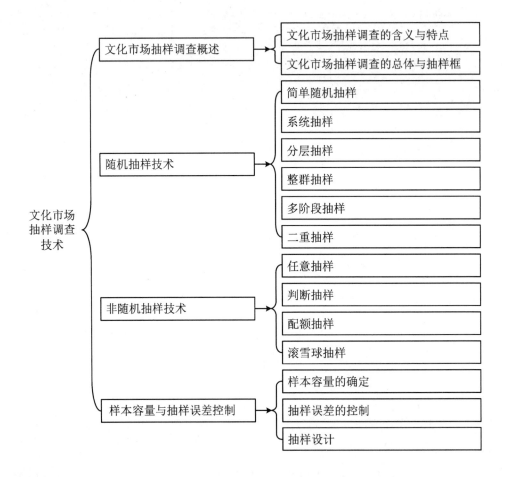

学习目标

掌握抽样调查的内涵,了解全面调查与抽样调查的相对优劣,掌握随机抽样调查和非随机抽样调查的含义和主要方法,了解抽样方法适用的条件,了解样本容量确定的原理,掌握简单随机抽样样本容量的确定方法,学会计算样本容量,掌握抽样误差的控制方法,了解抽样调查的基本程序,能将抽样方法应用到实际的文化调查中。

【导入案例】

为了解当前旅游企业复工复产情况以及民众的旅游消费意识,中国旅游报社联合相关机构3月上旬启动了专项调查,并于3月17日形成《旅游企业复工复产现状与趋势调研报告》。此次调查范围覆盖全国大部分省市及地区,其中针对旅游企业复工复产情况共计调查331家企业,民众旅游消费意识调查样本量为1 000。

该报告聚焦于各地推动旅游企业复工复产举措、旅游企业复工复产的现状、景区的复工复产、数智技术助力旅游产业复兴、旅游企业复工复产中的问题与挑战、旅游消费信心和消费发展趋势及对策等方面。

报告显示,各类旅游企业中,酒店的复工率最高,其次是景区,旅行社和其他类型文旅企业复工率相对较低,主题公园几乎都没有复工。预计5月份民航、铁路、公路等客运量可能逐步回升,6月份反弹趋势才会进一步明朗。其中,国内旅游特别是短程旅游率先恢复,出境旅游由于全球疫情形势的恶化,很可能要到下半年甚至明年才会逐步恢复,入境旅游的恢复可能需要更长时间。

从调查数据看,旅游消费信心综合指数为41.3,其中旅游消费信心现状指数只有13.8,还处于谷底状态。

资料来源:中国旅游报社,2020年3月18日.

第一节 文化市场抽样调查概述

抽样是研究者选择研究对象的方法,在文化市场的调查过程中,有关对抽样调查的探讨更加严谨和精确。正确合理地对文化市场进行抽样调查,对文化企业开展文化市场调研过程有着十分重要的意义。为了更好地了解文化市场中抽样调查的具体内容,本节首先对文化市场抽样调查的含义、基本术语内涵及抽样程序等内容进行简要介绍。

一、文化市场抽样调查的含义与特点

(一)文化市场抽样调查的含义

文化市场抽样调查是指在文化市场这一调查对象的总体中,按照某种原则抽取一部分要素作为样本,并运用数理统计的原理来推断总体情况的一种调查方法。在抽样的专业化表述中,每一个具体的研究对象被称为元素,全体研究对象被称为总体,一部分研究对象则代表样本,它可以是个人、家庭、学校、区域,也可以是杂志、文章等事物。

例如,从某地区全部职工当中随机抽取部分职工,以家庭为单位按月调查取得购买杂志等有关文化产品消费支出方面的资料,并依据这些资料推断出全区职工的文化产品消费情况,这就是一种抽样调查。

对文化市场进行抽样调查源自文化企业开展市场营销活动,需要对市场有科学、全面的了解和把握。而进行抽样的目的,主要是要考虑调查项目的可行性。一方面,在文化市场调查中,经费是一项硬约束,在总体太大的情况下,由于资源有限,则无法逐一对每个总体元素进行调查。而借助抽样则能有效解决这一问题,因为根据抽样原理,无论文化市场调查涉及的总体有多大规模,只要抽样是按照统计中的概率原则实施的,那么被抽出的样本情况就能够比较准确地推论出总体的情况。另一方面,即使有充足的调查经费,但是如果总体太大,对完成调查的研究人员也提出了要求。研究人员需足够多并且有专业的理论基础、较强的行动力和组织能力。如果聘用的工作人员训练不足,或对调查主题进行过于简单的调查,就会使调查质量降低。而抽样由于只涉及较少的元素,因此可以集中使用资源,从而增加研究人员调查的元素数量,提高调查的质量。

文化市场抽样调查的适应范围主要表现在以下 3 个方面。第一,需要了解和掌握被调查的全面情况,但又无法对调查对象的全部单位进行逐一的、无遗漏的全面调查时,可以进行抽样调查。如对文化市场中的音像、影碟产品进行质量检测时,无法对市场上的诸多产品一一进行检验,可以采取随机抽样的方法。第二,调查范围广、总体单位数量多,进行全面调查有困难或根本无需进行大规模的全面调查时,可以采用抽样调查,如对文化市场中的影碟这一产品的市场需求潜量的调查。第三,需要通过抽样调查对全面调查结果进行检测,以检验全面调查结果的可靠性,因为全面调查的总数多、范围广、调查难度大的特点会导致在抽样实施过程中产生误差,通过采用抽样调查可以检验全面调查的结果。抽样调查在文化市场调查中是一种被广泛使用的有效方法。

(二) 文化市场抽样调查的特点

与全面调查相比较,文化市场抽样调查最主要的特点在于克服了组织困难和费用高、时间长的缺点,具有时间短、收效快、费用少、可信度高,应用范围广等优点。然而,并非任何部分都能够反映总体。例如,当我们要对旅游市场的潜在消费者群体进行预测分析时,如果选取某一社区收入较高的居民进行调查,那么这样的一部分样本无法代表总体的状况,无法达到准确预测的目的。

> **案例分析 4-1**
>
> "中国视听大数据"(CVB)依托于国家广播电视总局主导建设的"广播电视节目收视综合评价大数据系统",自 2019 年 12 月 17 日以来,已对社会公众发布 6 期黄金时段电视剧收视数据报告,客观真实地反映了节目的影响力、传播力,正在成为行业和网友评价电视剧的重要参考依据。
>
> "广播电视节目收视综合评价大数据系统"现已汇聚了全国 36 个直辖市、省会城市、计划单列市,300 多个地级市和 2 800 多个县级行政区,超过 1.4 亿有线电视和 IPTV 用户的收视数据,统计的节目频道数量超过 3 200 个。系统对源数据采用多重稽核,数据处理全流程自动化、封闭化,无污染抗干扰,确保了数据统计的客观、真实和公正。能够从宏观统计、收视基础、收视派生、收视贡献、动态分析和点播回看等维度,输出 55 项核心指标。
>
> 基于海量数据源,系统既能输出传统小样本统计方法无法精准给出的绝对型指标,如收视用户数、收视时长、收视次数等,又能输出收视率、收视份额、节目供求指数、节目黏度、用户流动指数、沉寂率等比率型指标。由于海量数据的精细统计,比率型指标结果更加精准,在 99% 的置信度条件下,即便是对 0.03% 的低收视率,系统仍可以将其相对误差控制在 1% 以内,而同等条件下 5 万量级小样本统计的相对误差超过 65%。
>
> 资料来源:国家广播电视总局办公厅,2020 年 1 月 22 日.

案例分析 4-2

在过去,央视索福瑞研究收视率采用的是抽样调查的方法,即通过在样本用户家庭电视机上加装收视测量仪来计算。这就导致了 5 万多个样本户代表 13 亿观众的喜好,大多数家庭的收视情况并不会被记入收视率,得到的数据并不是非常准确。

而广电总局的"中国视听大数据系统"完全抛开央视索福瑞的统计方式,实现了 1.4 亿有线电视、IPTV 用户直播收视行为数据覆盖。

在过去,"收视造假"主要源于样本户太少,操纵成本较低。比如,北京样本户 1 000 户,只要搞定 10 个样本户,这个节目的收视率就可以提升 1%。

而新上线的广电总局收视数据系统,以 1.4 亿样本用户为例,10 个样本户数据的污染对统计结果的影响几乎可以忽略不计。

资料来源:网视互联,2019 年 12 月 20 日.

上述分析案例 4-1 及 4-2 的实例告诉我们,要有效地进行抽样,必须事先了解和掌握总体的结构及各方面的情况,并加以准确的判断,样本必须取自明确界定总体范围后的总体。

二、文化市场抽样调查的总体与抽样框

抽样设计始于编制抽样框,抽样框的有效性取决于它与总体之间的契合度,较高的契合度会降低抽样设计的总误差。

(一) 定义总体

编制抽样框首先必须定义总体,要对总体构成及边界有一个清晰的认识,才能最大限度地使抽样框和总体保持一致。要准确地界定一个总体,必须包括 4 个要素:抽样元素、抽样单位、抽样范围和抽样时间。抽样元素是指构成总体的单位,也是样本所包含的内容。抽样单位则指样本抽取过程中的单位形式。抽样单位与抽样元素有时相同,有时不同。如在某出版社关于某书籍订阅的社会集团购买量调查中,抽样总体可以定义为"在过去一年中,全国所有购买过该书籍的机关、学校、企业和事业单位"。这一定义中即包含了 4 个要素。

抽样元素:所有购买过该书籍的机关、学校、企业和事业单位。

抽样单位:同上。

抽样范围:全国。

抽样时间:过去一年。

此例中的抽样元素和抽样单位二者等同。而在有些情况下二者不同,如抽样单位是班级,抽样元素是学生等。要清楚地界定抽样总体,以上 4 个要素缺一不可,它是抽样调查最重要的一个步骤。它关系着获取信息的可靠性和信息量的大小,如在上面的例子中,若把总体中很重要的一些组成部分——机关和学校遗漏,那么所抽取的样本的代表性就不全面,调查结果的价值也会因此下降。

(二) 确定抽样框

在总体选定后就需要由抽样框执行了。抽样框是抽样调查前在可能条件下做出的抽样单位一览表或一览图,即由抽样单位构成的名录。例如,若以学校班级为抽样单位,则学校

所有班级名册便是抽样框。抽样框既可以是一份包含所有抽样单位的名单,也可以是一张地图或其他适当的形式,如电话簿的列表、餐厅的菜单、包含公司所有客户名单的数据库或电子数据库的目录等。无论是哪种形式,抽样框中的抽样单位必须是有序的,以便于编号。在抽取样本前,将总体依据一定标准分成若干部分,其中的每一部分就构成了一个抽样单位。各个抽样单位彼此不能交叉,抽样单位由抽样的组织形式决定,如果采用简单随机抽样形式,抽样单位就是调查对象中的每个个体;如果采用分层抽样形式,抽样单位就是总体中的每个层;如果采用整群抽样形式,抽样单位就是总体中的每个群,后面我们将对各种抽样方法一一进行介绍。

在抽样领域,形成一个适当的抽样框是研究者面临的最重要的问题之一。准确的抽样框包含两个方面:不重复性和完整性。不重复性是指任何一个个体不能重复列入抽样框;完整性是指不遗漏总体中全部抽样单位的任何一个个体。抽样框是组织抽样调查的重要依据,调查者必须对其抱有严谨的态度,认真地收集和编制。因为抽样框一旦有重复和遗漏,必然会直接影响到样本的选取,从而影响整个抽样工作的质量。尽管如此,在实际抽样操作中,满足不重复性和完整性这两项原则非常不易,因而对调查人员的实际操作水平也提出了更高的要求。

此外,在文化市场的抽样调查中,由于文化商品的异质性较强,电影电视业、出版业、音像业、娱乐业、演出业等均属于文化产业范畴,对这些异质性较强的商品就不能制定相同的抽样方案,那么不同文化商品使用的抽样框也是不一样的。

抽样框根据其划分标准的不同,可以在不同层面上进行构建,从而使其呈现不同等级。就目前的文化市场调查现场执行而言,有3种常用的抽样框:地图块、居委会块、居民户。

1. 地图块

地图块是指在文化市场调查所涉及的行政区划范围内,将地图按一定标准划分为若干块,使各块具有相近的居民户数,每一块作为一个基本的抽样单位,各块的总和即为抽样框。地图块抽样框构建常用的方法有两种:一种是"行政区划法",即以区、街道(镇)等作为基本抽样单位;另一种是"道路地块法",即以道路、河流、铁路等明显的线状标志物为界限划定抽样单位。这种划分法的优点在于可以较合理地划定地图块的大小,如按该地图块内的人口密度确定地图块面积的大小等,从而使各地图块内的居民户数达到基本相同,使样本单位之间具有可比性。

2. 居委会块

居委会块是指以居委会所辖地域作为抽样的基本单位,其总体即构成抽样框。

3. 居民户

居民户是指以某区域住户名单为抽样的基本单位,其总体即构成抽样框。这里所指的名单不一定是居住户的姓名,也有可能是居住户的门牌号、室号。此时如果有一户人家拥有多处住房,那么有可能这户人家会重复多次地列入抽样框,在抽样中的概率也会高于其他住户,调查人员应不断对掌握的抽样框资料进行修订,以避免此种情况的出现。

对于任何不完整的抽样框来说,抽样调查的结果中或多或少地都会出现误差,误差大小一般由包含在抽样框中的总体元素与未包含在抽样框中的总体元素之间的差别大小决定。差别大,误差大;差别小,误差小。我们在确定抽样框时,既要考虑它的适用性,也要考虑它的完整性,还要对未包含在总体中的元素对调查结果准确性的影响程度加以考虑。

> 资料链接 4-1

《中国电视收视率调查准则》介绍

《中国电视收视率调查准则》由中国广播电视协会电视受众研究委员会组织业内专业人员、电视收视数据用户、中国传媒大学专家等参加的"中国电视收视率调查准则及实施"课题组研究制定。在准则制定过程中,课题组曾面向全国31家电视媒体、150多家企业和部分广告公司等用户进行了问卷调查及深度访问。中国广播电视协会曾召开座谈会征求领导部门和相关领域专家学者的意见。

《中国电视收视率调查准则》由10章及2个附件组成,内容涉及该准则的制定背景和目的、总则、收视率调查的具体方法,并详细地制定了数据的采集、处理、报告和使用方法。内容全面,涵盖了当前电视收视率调查涉及的主要方面。

资料来源:国家广播电影电视总局官方网站.

第二节 随机抽样技术

在文化市场抽样实践中,根据抽取对象的具体方式、研究目的,我们可以把抽样设计分为各式各样的类型。但无论多么复杂的设计,都可以归为随机抽样和非随机抽样两大类,这两种抽样类型有着本质区别。随机抽样以概率论的基本原理为依据随机抽取,避免抽样过程中的人为误差;而非随机抽样以研究者的主观意愿、判断或是否方便等因素为抽取原则,不考虑抽样中的等概率性,简单方便。

本节先讨论文化市场调查中的随机抽样技术,随机抽样是指总体中的每一个个体都有一个已知不为零的被选机会进入样本。随机抽样又可分为等概率抽样和不等概率抽样。等概率抽样是以概率理论为依据来保证样本的代表性。对于不等概率抽样,可以采用某些加权的方法对概率作调整。常用的随机抽样技术有以下6种:简单随机抽样、系统抽样、分层抽样、整群抽样、多阶段抽样以及二重抽样。

一、简单随机抽样

简单随机抽样,又称纯随机抽样,它是按随机原则直接从总体中抽取 n 个单位做样本,这种抽样方式能使总体中每一个单位有同等机会被抽中,这种方式是抽样中最基本的,也是最简单的。

常用的抽样方式有抽签法和随机数表法。

(一) 抽签法

假如一个总体有 N 个个体,把它们逐一编上号码,然后制作 N 个标有1至 N 编号的签(完全相同的小球或相同的小卡片),这些签除编号外应没有任何区别,经充分混合后,从这些签中任意抽取 n 个($n<N$),这 n 个选中的编号所对应的个体就组成一个样本。这种方法适用于总体单位数目较少的情况。

（二）随机数表法

随机数表，就是由一些任意的数字毫无规律地排列而成的数字表。每一个数字号码在表上出现的机会长期平均下来是一样的。

使用随机数表的方法是：先把总体的个体逐个编号，然后按照某种事先确定的规则取一定量的随机数，比如从某一个随机数开始，每隔10个数取一个随机数，将这些随机数所对应的个体组成一个样本。如果是重复抽样，则遇到已选用过的数字仍然使用；如果是不重复抽样，则凡已选用过的数字都不再使用。按此方法直至抽取到预定的样本单位数目为止。由于随机数出现的可能性相等，因此保证了总体中个体以同样的概率选入样本，从而使样本具有代表性。

要从90家旅行社中抽取10家作为调查样本，可先将90家旅行社由1至90进行编号，然后将随机数表上任意一点一行或一列中的某个数字作为起点数，从这个数按上下或左右顺序读起，每出现两位数，即为被抽中的号码。假设我们从第二行左边第三个数字向右顺序读起，那么所抽取的样本为77,39,49,54,43,55,82,17,37,23。在抽取过程中，因94和93两个数大于90，故舍去不用（见表4-1）。

表4-1 随机数表

55	59	56	35	64	38	54	82	46	22	31	62	43	09	90
16	22	77	94	39	49	54	43	55	82	17	37	93	23	78
84	42	17	53	31	57	24	55	06	88	77	04	74	47	67
63	01	63	78	59	16	95	55	67	19	98	10	50	71	75
33	21	12	34	29	78	64	56	07	82	52	42	07	44	28
57	60	86	32	44	09	47	27	96	54	49	17	46	09	62

随机抽样简单易行，是其他各种随机抽样方法的基础，但当总体的数量很大时，制造名册都很困难，既费时也费力，如果采用分层、整群抽样法，则在一定程度上解决了这一问题。

二、系统抽样

系统抽样是指将总体中所有单元（抽样单元）按一定顺序排列，在规定的范围内随机地抽取一个单元作为初始单元，然后按事先规定好的规则确定其他样本单元。典型的系统抽样是等距抽样，即先从数字1到k之间随机抽取一个数字r作为初始单元，再依次取$r+k$,$r+2k$,…。所以，可以把系统抽样看成是将总体内的单元按顺序分成k群，用相同的概率抽取出一群的方法。

系统抽样的主要优点是操作简便，如果有辅助信息对总体内的单元进行有组织的排列，可以有效地提高估计的精度。系统抽样方法在实践中有广泛的应用。

《时尚》杂志对某单位订阅其杂志者中进行一次访问调查，以期更好地了解消费者市场。订阅人数为624人，决定抽取10%的读者进行调查。如何采用系统抽样方法完成这一调查？

因为624的10%约为62,624不能被62整除，为了保证"等距"分段，应剔除4人。

首先，将624名杂志订阅者用随机方式进行编号。

其次,从总体中剔除4人(剔除方法可用随机数表法),将剩下的620名杂志订阅者重新编号(分别为000,001,002,…,619),并分成62段。

再次,在第一段000,…,009这10个编号中用简单随机抽样确定起始号码$i0$。

最后,将编号为$i0,i0+10,…,i0+610$的个体抽出,组成样本。

系统抽样适合于容量较大而差异不太大的总体,而现实生活中,许多总体的容量非常庞大,甚至不可数。如测量某一路口在某一时段的车流量等,这时用简单随机抽样已无法完成抽样,那么可以用系统抽样的方法。其样本采集可每隔3天测量一次,测量n次后,就可获得一个容量为n的样本。在确定时间间隔时,要考虑如下因素:车流量变化一般以周为周期,以及季节气候的影响。

三、分层抽样

分层抽样,又称类型抽样或分类抽样,是指将总体单位按其属性特征划分为若干类或若干层,然后再从各类或各层中用随机方法抽取样本。分层抽样尽量利用事先掌握的信息,并充分考虑了保持样本结构和总体结构的一致性,这对提高样本的代表性是很重要的。当总体是由差异明显的几部分组成时,我们往往选择分层抽样的方法。例如,一个学校的学生有500人,其中不到12岁的有125人,12岁至15岁的有280人,16岁以上的有95人。为了了解这个学校学生的课余生活,要从中抽取一个容量为100的样本,由于学生年龄与课余生活内容有关,所以采用分层抽样方法进行抽取。样本容量与总体的个数之比定为1∶5,所以在各年龄段抽取的个数依次为125/5,280/5,95/5,即25,56,19。分层抽样在具体的实施过程中可采取以下两种方式。

(一) 等比例分层抽样

等比例分层抽样指按各层(或各类)中的个体数目占总体数量的比例分配各层的样本数量。此方式简便易行、分配合理,适应于层内差异较小的情况。

如某地共有居民20 000户,按经济收入高低进行分类,其中高收入居民有4 000户,中等收入居民有12 000户,低收入居民有4 000户。要从中抽出400户进行购买力调查,采用等比例分层抽样,如何抽取?

具体的抽样程序如下:

第一步,计算各层在总体中的比例。

高收入户　4 000/20 000＝20%

中等收入户　12 000/20 000＝60%

低收入户　4 000/20 000＝20%

第二步,各层在总体中所占的比例与各层在样本中所占的比例是一样的。因此,计算样本在各层中的具体分布数目。

高收入户　400×20%＝80(户)

中等收入户　400×60%＝240(户)

低收入户　400×20%＝80(户)

第三步,在各层中随机抽取样本单位。

(二) 非等比例分层抽样

非等比例分层抽样指不是按各层中个体数占总体数的比例分配样本个数,而是根据其他因素(层内均方差、抽样工作量和费用大小等)调整各层的样本个体数,即有的层可多抽些样本个体,有的可少抽些样本个体。

此方式适用于层内方差较大,或各层的调查费用相差较大的情形。如按分层标准差大小调整各层样本单位数,其计算公式为 $n_i = n \times \dfrac{N_i S_i}{\sum N_i S_i}$,其中 n_i 指各类型应抽取的样本单位数;n 指样本单位总数;N_i 指各类型的调查单位数;S_i 指各类型调查单位平均数的样本标准差。样本标准差的差别主要凭经验确定,也可通过计算公式确定,其计算公式为 $s = \sqrt{\dfrac{1}{n}\sum_{i=1}^{n}(x_i - \overline{x})^2}$。

仍然以上述案例为例,如果各层样本标准差:高收入为 300 元,中收入为 200 元,低收入为 100 元,如何抽取(见表 4-2)?

表 4-2　各层调查单位数与样本标准差

层次	各层的调查单位数(户)	各层的样本标准差(元)	乘积 $N_i S_i$
高	4 000	300	1 200 000
中	12 000	200	2 400 000
低	4 000	100	400 000
$\sum N_i S_i$	20 000		4 000 000

按照公式计算,得出各类型应抽选的样本单位数为
高收入样本单位数目　　400×(1 200 000÷4 000 000)=120(户)
中收入样本单位数目　　400×(2 400 000÷4 000 000)=240(户)
低收入样本单位数目　　400×(400 000÷4 000 000)=40(户)

分层抽样有许多优点,它保证了样本中包含各种特征的抽样单元,样本的结构与总体的结构比较相近,从而可以有效地提高估计的精度;分层抽样在一定条件下为组织实施调查提供了方便,比如层的划分是按行业或行政区进行;分层抽样既可以对总体指标进行估计,便于了解总体内不同层次的情况,也可以对各层指标进行估计,对总体不同的层次或类别进行单独研究等,这些优点使分层抽样在实践中得到了广泛的应用。

四、整群抽样

整群抽样又称聚类抽样,是将总体中各单位归并成若干个互不交叉、互不重复的集合,称之为群,然后以群为抽样单位抽取样本的一种抽样方式。应用整群抽样时,要求各群有较好的代表性,即群内各单位的差异要大,群间差异要小。

具体的方法为:先将总体分为 i 个群,然后从 i 个群中随机抽取若干个群,对这些群内所有个体或单元均进行调查。抽样过程可分为以下几个步骤:

第一步,确定分群的标注。

第二步,总体(N)分成若干个互不重叠的部分,每个部分为一群。

第三步,据各样本量确定应该抽取的群数。

第四步,采用简单随机抽样或系统抽样方法,从 i 群中抽取确定的群数。

整群抽样与分层抽样在形式上有相似之处,但实际上差别很大。分层抽样要求各层之间的差异很大,层内个体或单元差异小,而整群抽样要求群与群之间的差异比较小,群内个体或单元差异大;分层抽样的样本是从每个层内抽取若干单元或个体构成,而整群抽样则是要么整群抽取,要么整群不被抽取。

整群抽样方法的运用,需要与分层抽样方法区别。当某个总体是由若干个有着自然界限和区分的子群(或类别、层次)所组成,同时,不同子群相互之间差异很大,而每个子群内部的差异不大时,则适合于采用分层抽样的方法(见图 4-2a)。反之,当不同子群之间差别不大,而每个子群内部的异质性比较大时,则特别适合于采用整群抽样的方法(见图 4-2b)。

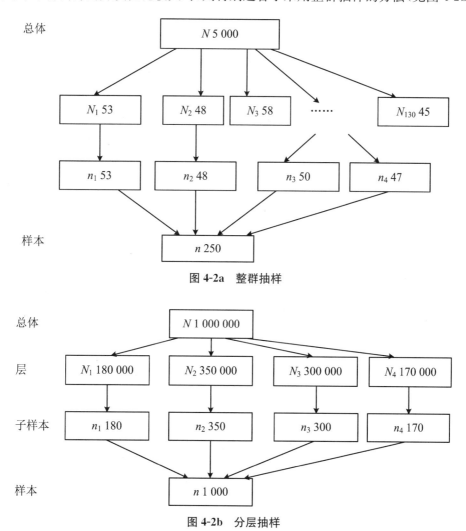

图 4-2a　整群抽样

图 4-2b　分层抽样

与简单随机抽样相比,整群抽样的优点在于以下几点:首先,抽取样本时只需要群的抽样框而不必要求所有基本单位的抽样框,这就大大简化了编制抽样框的工作量。其次,由于群通常是由那些地理位置邻近,或隶属于同一系统的单元所构成的,因此调查的地点相对集中,从而节省了调查费用,便于调查的实施。整群抽样的主要缺点是估计的精度较差,因为同一群内的单元或多或少有些相似,在样本量相同的条件下,整群抽样的抽样误差通常比较大。一般来说,要得到与简单随机抽样相同的精度,采用整群抽样需要增加基本调查单元。

五、多阶段抽样

在整群抽样中,如果抽中的群内所含的次级单元个数非常多,在这个群内做普查对调查人员来说会比较困难。那么为什么不在抽到的群内再进行一定方式的抽样呢?这样也能达到省钱省力的目的。我们把这种在选中的初级单元中再进行抽样的方法称为二阶抽样。倘若在抽取的次级单元中又包含更次一级的单元,在这些单元中继续抽样就称为三阶抽样。在许多大规模、复杂的市场调查中,调查单位一般都采用这种两阶段或多阶段抽取的方法,即先抽大的调查单元,在大单元中抽小单元,再在小单元中抽较小单元,这种抽样方式称为多阶段抽样。不过,即便是大规模的抽样调查,抽取样本的阶段也应尽可能地减少。因为每增加一个阶段,就会增加一份抽样误差,用样本对总体进行估计也更复杂。

抽样过程可以分为以下几个步骤(以二阶抽样为例)(如图4-3所示)。二阶抽样在组织技术上是整群抽样和分层抽样的综合,它具有整群抽样的优点,保证了样本相对集中,节约了调查费用,也不需要包含所有低阶段抽样单元的抽样框;由于实行了再抽样,若采用同样的样本量,可使调查单元在更大的范围内展开,样本更有代表性,抽样效率较高。因此,在较大规模的抽样调查中,多阶段抽样经常被采用。多阶段抽样的主要缺点是抽样时较麻烦,并且从样本对总体进行估计比较复杂。

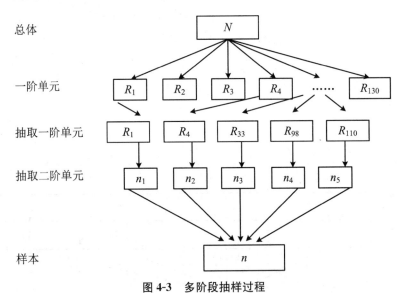

图 4-3　多阶段抽样过程

六、二重抽样

二重抽样作为正式抽样之前的辅助技术,用于了解总体的特征信息。前文论述抽样设计时,往往要求先掌握关于总体的一些知识,比如分层抽样时,必须知道各层的权重。二重抽样指的就是预先从总体中抽取一个大的初始样本,获取总体特征的辅助信息,为下一步抽样提供条件,然后再进行第二次抽样。第二次抽样抽取的样本相对较小,对它的调查才是主要调查。通常第二次样本是从第一次样本中抽取的,前者也就是第一次样本的一个子样本,当然,它也可以从总体中独立抽取。

例如,某旅行社要在一城市中调查居民对休闲娱乐的需求,先在社区中简单随机抽取了500户,调查每户中有几位参加工作的人员,调查后对这500户,以无人、1人、2人以上在工作为辅助变量,进行分层,作分层抽样后调查。

此外,有时调查的总体指标往往不是一个,而是多个,不同的指标往往有不同的精度要求,调查的难易程度也不一样,它们并不需要相同的样本量。为了节约调查费用,对那些个体指标差异大的、精度要求高的指标,调查一个较大样本;而对个体指标差异小、精度要求较低的指标,可以仅调查一个较小的样本。

例如,在住户家庭开支调查中,对高档耐用消费品、旅游及婚丧嫁娶一类开支的调查就需要有较大的样本量,而对家庭日用品、粮食、油盐酱醋一类开支则仅需要较小的样本量。对这类调查若采用二重抽样既能保证精度,又节约了调查费用。

第三节　非随机抽样技术

在文化市场调查中,经常会遇到无法选取随机样本的情况。如电视台、电台和记者需要迅速了解公众对某些刚刚发生的重大事件的反应,那么就没有一份现成的名单供调查者抽取。而此时进行随机抽样也并不适当,这就涉及非随机抽样技术。当然,在大规模的正式研究中,人们一般很少用非随机抽样,该方法常常只是在探索性研究中采用。

非随机抽样,是指抽样时不遵循随机原则,而是按照研究人员主观判断或仅按方便原则抽选样本。一般在如下情况采用:受客观条件限制,无法进行严格的随机抽样;为了快速获得调查结果,提高调查的时效性;对调查对象不确定或无法确定的情况,例如对某一突发事件进行现场调查;总体各单位间离散程度不大且调查员具有丰富经验。非随机抽样技术有4种:任意抽样、判断抽样、配额抽样及滚雪球抽样。

一、任意抽样

任意抽样又称方便抽样或偶遇抽样,是指研究者以自己方便的形式抽取偶然遇到的人作为对象,或者仅仅选择那些离得最近的、最容易找到的人作为对象。

未经许可的电视台、报社记者做的街头随访调查、拦截式访问或企业进行的邮寄式调查、杂志内问卷调查等都属于任意抽样,称为"街头拦人法",即在街上或路口任意找个行人,将其作为被调查者进行调查,如在街头向行人询问其对市场物价的看法等。有人认为"街头拦人法"这种抽样方法是随机抽样。实际上,这种看法并不正确。从表面上看,二者有相似之处,都排除了主观因素的影响,纯粹依靠客观机遇来抽取对象。但二者根本的差别在于任意抽样总体中的每一个元素并没有相等的被抽中概率。那些最先被碰到、最容易见到、最方便找到的对象,具有比其他对象大得多的机会被抽中。

任意抽样是所有抽样技术中花费时间和经费最少的,抽样单元是可以接近的、容易测量并且配合的。然而这种抽样方法的局限性也很明显,许多可能的选择偏差都会存在,如被调查者的自我选择、抽样的主观性偏差等。假设某报社要求读者对报纸上刊登的问卷进行填写并且寄回,但并不是每个人都看报纸,也不是每个人都愿意花时间填写问卷并邮寄回去,还有些人对问卷的主题缺乏兴趣,这样就会导致选择的偏差,该报社无法对读者总体做出正确的推论,正是这点让我们不能依赖任意抽样得到的样本去推测总体。

二、判断抽样

判断抽样又称"立意抽样",是指根据调查人员的主观经验,从总体样本中选择那些被判断为最能代表总体的单位做样本的抽样方法。

这种抽样中的样本是否能满足研究目的和要求,能否正确推论总体的情况,很大程度上取决于研究者的主观判断能力。当调查人员对自己的研究领域十分熟悉,对调查总体比较了解时,采用这种抽样方法可获得代表性较高的样本。这种抽样方法多应用于总体小而内部差异大的情况,以及在总体边界无法确定或因研究者的时间与人力、物力有限时采用,因此判断抽样与研究者的理论修养、实际经验以及对对象的熟悉程度有很大的关系。例如,有关部门要对安徽省旅游市场状况进行调查,它选择黄山、九华山、太平湖等旅游风景区作为样本调查,这就是判断抽样。

判断抽样法具有简便易行、符合调查目的和特殊需要、可以充分利用调查样本的已知资料、被调查者配合较好、资料回收率高等优点,适用于总体的构成单位不相同、样本数很少的调查研究,同时在调查设计者对总体的有关特征具有相当的了解的情况下,该方法适合特殊类型的研究,如文化产品进入市场前的测试等。不过,该类抽样结果受研究人员的倾向性影响较大,一旦研究人员主观判断偏差,则极易引起抽样偏差,该结果不能直接对调查总体进行推断。

基于这种情况,研究人员要充分发挥判断抽样法的积极作用,对总体的基本特征必须相当清楚,做到心中有数。这样,才可能使所选定的样本具有代表性、典型性,从而才可能通过对所选样本的调查研究,了解、掌握整个总体的情况。判断抽样法除了由研究者来选取样本外,还可以利用统计资料的帮助来选取典型。根据调查的不同目的,典型可以是"多数型",即在总体中占多数的抽样单位;也可以是"平均型",即在总体中具有平均水平的抽样单位;还可以是"极端型",即在总体中最好或最差的抽样单位。例如,很多典型的文化市场调查,如调查文化企业的销售水平、文化产品销售结构、文化消费者家庭状况,即可从全体文化企业中抽选若干先进的、居中的、落后的文化企业作为样本,来考察全体文化企业的经营状况。

三、配额抽样

配额抽样也称"定额抽样",是指调查人员将调查总体样本按一定标志分类或分层,确定各类(层)单位的样本数额,在配额内任意抽选样本的抽样方式。

配额抽样和分层随机抽样既有相似之处,也有很大区别。配额抽样和分层随机抽样的相似之处在于都是事先对总体中所有单位按其属性、特征进行分类,这些属性、特征被我们称为"控制特性",例如文化市场调查中消费者的性别、年龄、收入、职业、文化程度等。然后,按各个控制特性分配样本数额。如果把各个控制特性看作不同的变数的话,那么配额抽样实际上就是依据这些变数的组合。配额抽样与分层抽样又有区别,分层抽样是按随机原则在层内抽选样本,而配额抽样则是由调查人员在配额内主观判断选定样本。

资料链接 4-2

盖洛普的崛起

盖洛普民意测验是美国心理学家和新闻学博士盖洛普于20世纪30年代设计的用以调查民众的意见与心态的一种测试方法。它根据年龄、性别、教育程度、职业、经济收入、宗教信仰6个标准,在美国各州按比例选择测验对象,用问卷和派员进行访问等手段了解对象的态度,然后对材料作统计处理,经过分析,得出结果。1936年,美国总统候选人有罗斯福和兰登两人,盖洛普在他创立的美国民意测验所,采用"典型抽样法"成功地预测了总统当选人,与《文学文摘》的错误预测形成对比。

资料来源:《新时期新名词大辞典》.

配额抽样可分为独立控制配额抽样和相互控制配额抽样。

(一)独立控制配额抽样

独立控制配额抽样是指调查人员对样本独立规定一种控制特性下的样本数额。

如在消费者需求调查中,我们按年龄特征分别规定不同年龄段的样本数目,就属于独立控制配额抽样。人们通常把消费者的年龄、性别、收入分别进行配额抽样而不考虑3个控制特性的交叉关系。

(二)相互控制配额抽样

相互控制配额抽样是指在按各类控制特性独立分配样本数额的基础上,再采用交叉控制安排样本的具体数额的抽样方式。即在分配样本数额时,同时对具有两种或者两种以上的控制特征的每一个样本数目都做出具体规定。例如,可以规定:在18~29岁之间抽取30人,其中高收入的男性和女性各抽取3人,中等收入的男性和女性各抽取4人,低收入的男性和女性各抽取8人。在30~40岁之间抽取50人,其中高收入的男性和女性各抽取5人,中等收入的男性和女性各抽取7人,低收入的男性和女性各抽取13人。年龄、收入高低、性别就成为了不同的控制特征,实际操作中,可以依据参数值建立相应样本配额矩阵或表格,然后按矩阵中的配额进行任意抽样(见表4-3)。

表4-3 相互控制配额抽样

年龄(岁)	高		中		低		合计
	男	女	男	女	男	女	
18~29	3	3	4	4	8	8	30
30~40	5	5	7	7	13	13	50
小计	8	8	11	11	21	21	80
合计	16		22		42		

配额抽样适用于调查设计者对总体的有关特征具有一定的了解且样本数较多的情况，实际上，配额抽样属于先"分层"，即事先确定每层的样本量，再"判断"，即在每层中以判断抽样的方法选取抽样个体。费用不高，易于实施，能满足总体比例的要求。但在分层时不可能兼顾总体，只能考虑其中的几种，且配额抽样的主观性很大，这也会影响到配额抽样样本的代表性。

四、滚雪球抽样

滚雪球抽样是一种极特殊的抽样方法。它是在难以找到特定总体的成员时最适合的一种抽样方法，根据已有研究对象的介绍，不断找到其他研究对象的累积抽样方法。多用于总体单位的信息不足或十分稀有的人物特征，例如名字不能公开的特殊群体。

滚雪球抽样可以使调查费用大大减少，然而这种成本的节约是以调查质量的降低为代价的。整个样本很可能出现偏差，因为在滚雪球抽样中，先选择的一组调查对象，通常是随机选取的。访问这些被调查者之后，再请他们提供另外一些属于所研究的目标总体的调查对象，根据前者所提供的线索，选择此后的调查对象。尽管最初选择调查对象时采用的是随机抽样，但是最后的样本都是非概率样本，被推荐或安排的被调查者比随机抽取的被调查者在人口和心理特征方面更类似于推荐人。因此，样本可能不能很好地代表整个总体。另外，如果被调查者不愿意提供人员来接受调查，那么这种方法就会受阻。如果总体不大，有时用不了几次就会接近饱和状况，即后来访问的人再介绍的都是已经访问过的人。另外还有可能最后仍有许多个体无法找到，有些个体因某些原因被故意漏掉不提，因而可能产生偏差，不能保证样本的代表性。

例如，要研究大学生的日常文化娱乐项目，研究人员可以到大学校园去结识几名大学生，再通过他们结识其朋友，不用多久，你就可以交上一大批大学生朋友。但是那些不爱好活动、不爱和别人交往、喜欢一个人在宿舍的大学生，你就很难把雪球滚到他们那里去，他们却代表着另外一种大学生活方式。

第四节　样本容量与抽样误差控制

文化市场的研究涉及一个最简单的问题，即"掌握市场总体情况，到底需要多少样本量？"实际上，样本容量的确定不仅只是公式的简单运用，还建立在理论的完善方案和实际可行方案结合的基础上。

一、抽样容量的确定

确定样本容量是制订抽样调查方案中的一个非常重要的环节。抽取的数目过少，会使调查结果出现较大的误差，与预期目标相差甚远；而抽样的数目过多，又会造成人力、财力和时间的浪费。因此，样本量的确定，是组织抽样调查中需要解决的一个重要问题。

（一）确定样本容量的必要性

1. 样本容量大小影响抽样估计的精确度

抽样精度是指抽样中希望达到的精确度，也就是能够容忍的抽样误差。文化市场调查结果相对于总体真实值的精确度与样本容量直接相关。样本容量越大，抽样误差相对就会减少，估计精度就会提高；若样本容量太小，抽样误差就会增大，从而影响抽样估计的精确度。

2. 样本容量大小影响抽样调查的成本和效益

样本量的设计通常受到研究经费及调查时间的限制。根据数理统计规律，在样本量增加呈直线递增的情况下，成本也会随之直线递增。而抽样误差只是样本量相对增长速度的平方根递减。若样本容量过大，不仅增加人力、财力和物力的耗费，还影响到抽样调查的时效性，从而不能充分发挥抽样调查的优越性。

因此，为节省调查费用，体现出抽样调查的优越性，在确定样本容量时，应在满足抽样调查对估计数据的精确度的前提下，尽量减少调查单位数，确保必要的抽样数目。

（二）影响样本容量的主要因素

影响样本容量的因素是多方面的，为确定最佳的样本容量，研究人员应首先分析影响样本容量的因素。从理论上说，影响样本容量的因素有以下几个方面。

1. 总体标准差

总体标准差 σ 是反映总体元素间异质性程度的指标。在其他条件不变的情况下，为了达到同样的研究目的，总体标准差的变异程度越大，样本容量应越大，反之，则越小。极端的做法是假设总体元素间无差异，则只需抽取一个元素就可以了。

2. 抽样允许误差

抽样允许误差，是指在一定的把握程度下保证样本指标与总体指标之间的抽样误差不超过某一给定的最大可能范围。在抽样推断中，需要把这个误差控制在一定的范围之内。在其他条件不变的前提下，所允许的抽样误差越小，即抽样估计的精确度要求越高，样本容量应越大；所允许的抽样误差越大，所需的样本容量就越小。

3. 抽样推断的可靠度

抽样推断的可靠度是指总体所有可能样本的指标落在一定区间的概率度，即允许误差范围的概率保证程度，概率度是置信水平的统计量。在其他条件不变的情况下，抽样估计所要求的可靠程度越高，即概率保证程度越高，要求样本含有的总体信息就越多，只有增加样本容量才能满足高精确度的要求；反之，概率保证程度越低，所需的样本容量就越小。

（三）文化市场抽样调查中样本容量的确定

文化市场抽样调查中确定样本容量的方法主要以经验法和公式计算法为主要方法，主要包括以下几种方法。

1. 由调查经费直接或间接地确定样本容量

这种方法在一定程度上缺乏科学依据，但它在无法离开财务预算编制的整体环境下确实存在。例如，开展对艺术品市场的调查研究，需要对相关企业进行实地调研，项目总经费为5万元。其中，与样本容量无关的一些费用，包括管理人员的工资、调查表的设计及交通、通信等必要的费用为 2 万元;平均调查一个样本单位的变动费用为每份 500~750 元。样本调研费用随调查单元数的多少而变动,如调查表的印刷、调查员的差旅费、报酬、礼品费用等,由此可推算出必要的抽样单元数目为 20~30 家企业。

2. 根据以往的经验或类似的调查确定样本容量

采用经验法确定样本容量在设计调查方案时具有广泛的应用。这种方法不仅考虑了抽样误差,而且能参考以前的调查经验,根据项目内容进行调整。若样本容量不能满足精度要求,则适当地增加样本量以减少调查结果的偏差。有关样本量大小的一项重要经验原则是:要得到精确样本,总体越小,抽样比率就要越大。

3. 由各子群数目的预期容量确定样本容量

这种分类方法是通过对总体进行分层抽样,总体样本按照不同的特征细分为各个子群,调查人员通过分类发现细分市场,由此确定产品的市场定位,从而估算样本容量。例如,对同一类文化消费人群进行调查,在一定精度与置信度下,只要 100 个样本量就足够了。但是若期望用性别区分,则样本容量可能需要增至 200 个以上。再进一步希望通过划分年龄层进行调查,则可以将消费者分为几个不同的年龄阶段,这时样本容量也应相应增加。

4. 由统计公式确定样本容量

这是确定样本容量的主要方法。在文化市场抽样调查中,非随机抽样样本容量的确定比较简单,因为没有办法估计抽样误差和结果的准确性。采用非随机样本时,容量大小并没有一个确定的标准,而随机抽样的样本容量确定则较为复杂。一般来说,根据随机抽样里各种抽样技术的不同特点,可以得出分层抽样和系统抽样的样本容量可定得小些;若用简单随机抽样和整群抽样方式,抽样的样本容量就要定得大些。由于不重复抽样的误差小于重复抽样的误差,因此,不重复抽样的样本容量可比重复抽样的样本容量小些。样本容量的计算在不同的抽样方式下,计算公式有所差异。

文化市场的抽样偏重于社会学范畴的抽样方法的具体说明,并非从统计学的角度探讨抽样过程,因而对于样本容量等统计问题的讨论也只限于简要介绍简单随机抽样过程中样本容量的确定。

在简单随机抽样条件下,我们所使用的确定调查样本量的公式为 $n=t^2\sigma^2/\Delta^2$。其中,n 代表所需的样本量;t 代表某一置信水平下的 t 统计量,如 95% 置信水平下的 t 统计量为 1.96,99% 置信水平下的 t 为 2.86;σ 代表总体的标准差;Δ 在实际应用中就是允许误差,或者调查误差。

对于比例型变量,确定样本量的公式为:$n=t^2P(1-P)/\Delta^2$。其中,P 表示目标总体的比例期望值,其他符号的意义同前。

例如,某杂志出版商希望调查读者对该杂志的综合满意度。通过邮寄调查,出版商可以联系到所有客户。但由于时间的限制,出版商决定使用简单随机抽样进行电话调查。试确定访问多少个客户合适?

分析:上式显然为不重复的简单随机抽样,假设可接受的误差 Δ 为 0.1;调查估计值的置信度为 95%,查正态分布表得知 $t=1.96$;由于事先没有关于顾客满意度的比例估计精度 P,方差应取最大,即 $P=0.5$。此时 $P(1-P)$ 的值达到最大,可获得最大样本容量,也就是市场调查中的"保守"样本容量。根据上述 $n=t^2P(1-P)/\Delta^2$ 公式,得出的结果为 96,即确定访问 96 个客户。

课堂讨论 4-1

2010年,针对媒体及公众对"收视率"的质疑,似乎"增加样本数量"是最好的解决方法,它既避免了代表受众过窄,又有效降低了样本被污染后改变收视率数字的概率。譬如,可否将样本用户从此前的300户左右增加至1 000户,甚至10 000户?对此,中国广视索福瑞究竟是不能,还是不为?

收视率调查公司中国广视索福瑞的总经理王兰柱对这个问题做出的回答如下:"如将收视调查的允许误差从4%降至3%,所需样本量由600人增加为1 067人;但如果将允许误差从3%降为2%,所需样本量则由1 067人增加为2 401人(增加了一倍多);如果将允许误差由2%降为1%,所需样本量便由2 401人增加为9 604人(增加了三倍)。"

他的结论被表述为:"样本量的成倍增加,就意味着调查所需成本的大幅增加,换言之,样本量和成本的大幅增加所能带来的抽样误差的降低非常有限,此时再增加样本量是不经济的。"

资料来源:新华报网—扬子晚报,2010-07-20.

结合案例,谈谈如何确定样本容量。

二、抽样误差的控制

统计调查不可避免地会有误差,误差或大或小总是存在的。抽样调查中的误差来源于两个方面。根据误差来源的不同,把误差分为抽样误差和非抽样误差。

(一)抽样误差

1. 抽样误差产生的原因

由于样本的随机性引起的误差称为抽样误差,确切地讲,就是用样本数据估计总体指标(总体参数)而引起的误差。样本只是总体的一部分,用局部数据作为整体数据的估计不可能完全正确。对于任何一种抽样方案,都有很多可能样本,实际抽到的只是其中的一个可能样本,而抽到哪一个样本完全是随机的、偶然的,然后再根据该样本观察值估计总体指标。如果抽到的是另一个样本,对总体的估计就会不同。这就是抽样误差产生的根本原因。

2. 抽样误差的控制

在抽样调查中,抽样误差虽无法消除,但可以进行计量并加以控制。这一点是非随机抽样难以具备的。对于随机抽样,只要人们愿意,就可以将抽样误差控制在任意小的范围内。这就是随机抽样的科学之处,也是人们乐意采用随机抽样的最重要的原因。首先,控制抽样误差的根本方法是改变样本量。在其他条件相同的情况下,通常样本量越大,抽样误差越小。更确切地说,抽样误差与样本量的平方根大致成反比(如图4-4所示)。

可以看出,抽样误差在开始时随样本量的增大而显著缩小,但经过一定阶段后便趋于稳定。也就是说,经过一定阶段后,用增大样本量的方式减少抽样误差一般是不合算的。这时,只要稍微降低一些精度要求,就可以大幅度减少样本量,从而节省可观的调查费用。

其次,要选定准确的抽样方法。在随机抽样和非随机抽样中,每一类都有很多具体的方法,研究人员要根据调查目的和要求、主客观条件等加以权衡选择。

再次,还要加强对抽样调查的组织领导,确保抽样调查的质量。经过严格培训的专业调查人员要有严谨的工作态度,选择适当的方法,按抽样方法的要求进行操作,以保证抽样调查的科学性。

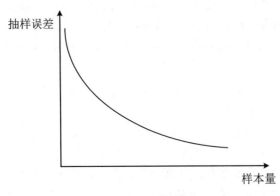

图 4-4　抽样误差与样本量关系图

(二) 非抽样误差

非抽样误差是相对于抽样误差而言的,是指除抽样以外的,由于其他多种原因引起的总体指标的估计值与总体指标真值之间的差异,它产生于调查的各个环节。从理论上看,被调查者的概念性错误、逻辑性错误及对回答的错误解释等都有可能导致非抽样误差。例如,由于调查计划不周、调查对象范围划分不清而产生的误差;构造抽样框时,目标总体与抽样总体不一致所带来的抽样框误差;调查过程中由于无回答或回答有误造成的误差;填写调查表以及数据录入和汇总过程中产生的误差等。它不仅对于随机抽样存在,而且对于其他非随机抽样甚至全面调查都是存在的。

与抽样误差不同的是,非抽样误差不是通过加大样本量就可以控制的,它对调查结果的影响却非常大。只有在调查的各个环节规定并实施各种质量保证措施,才能使非抽样误差控制在一个比较理想的水平。

三、抽样设计

抽样设计要确定抽样方法及样本量,给出总体目标的估计及其精度的有关计算公式。抽样设计是影响抽样调查全局的重要阶段,是抽样调查的指导纲领和总体思路,必须认真对待,精心设计。

1. 界定抽样调查的总体

要对抽样调查总体的范围与界限作明确的界定,这是达到良好的抽样效果的前提条件。

2. 建立完善的抽样框

一个完善的抽样框是保证抽样的随机和对总体推断有效性的重要条件,并且能有效预防非抽样误差中的抽样框偏差。

因此根据调查目的,要把调查对象总体转化为一个合适的、完善的抽样框,需要做认真细致的工作。编制抽样框是把抽样方案转化为具体实施的一项基础工作。

调查中有不同的数据收集方法,如面访调查、电话调查、邮寄调查等,不同收集方法需要不同的抽样框。在制定抽样方案时,既要考虑方法的科学性,又要照顾实际的可行性。调查中常常会遇到调查对象失访,如受访者不在家或拒访,因此需要制定一些具体的处理办法,把失访对调查结果的影响降到最低程度。

3. 选取合适的抽样方法

对于不同研究目的、不同范围、不同对象和不同客观条件的调查研究而言,采用的方法也不同,应依据研究目的及各种抽样方法的特点和适用范围,选取合适的抽样方法。

4. 确定样本大小

确定样本大小,一般要考虑的因素包括精确度、总体的性质、抽样方法及人力、财力等。对于同质性强的总体,选择的样本容量可以小一点;对于异质性强的总体,则样本容量选择稍大些。

案例分析 4-3

某文化企业为了解媒介消费情况,掌握自身及竞争对手的收视率、发行量,需要在一个城市中抽选 1 000 户居民开展市场调查。在每户居民中选择 1 名家庭成员作为受访者。

1 000 户庞大的居民户名单决定了在进行抽样设计时只能采取多阶段抽样的方式。根据调查要求,抽样分为两个阶段进行。第一阶段是从全市的居委会名单中抽选出 50 个居委会样本。首先从民政部门获得该城市的居委会名单,将居委会名单编上序号后,用简单随机抽样抽选出所需要的 50 个居委会。第二阶段是从每个被选中的居委会中,按照绘制的居民户分布图,采用系统抽样等方法抽选出 20 户居民。

调查员根据选定的样本户,进行入户访问。选择 1 名受访者是抽样设计中的最后一个问题。如果调查内容涉及受访户的家庭情况,则对受访者的选择可以根据成员在家庭生活中的地位确定。例如可以选择收入最高的人、具有购买决策的人等。

如果调查内容涉及个人行为,则家庭中每一个成年人都可以作为被调查者,此时就需要进行第二轮抽样。如果任凭调查员人为确定受访者,最终调查员就可能会偏向某一类人,例如家庭中比较好接触的老人、妇女等。

资料来源:中国计算机报,第 1150 期.

本章小结

本章主要介绍了文化市场调查的随机抽样技术和非随机抽样技术,并分析了样本容量和抽样误差的控制问题及抽样设计。文化市场抽样调查是指在文化市场这一调查对象的总体中,按照某种原则抽取一部分要素作为样本,并运用数理统计的原理来推断总体情况的一种调查方法。

常用的随机抽样技术有以下 6 种:简单随机抽样、系统抽样、分层抽样、整群抽样、多阶段抽样及二重抽样。常用的非随机抽样技术有任意抽样、判断抽样、配额抽样、滚雪球抽样。

影响样本容量的主要因素有总体标准差、抽样允许误差及抽样推断的可靠度。一般来说,分层抽样和系统抽样的样本容量可定得小些,若用简单随机抽样和整群抽样方式,抽样的样本容量就要定得大些。有关样本容量大小的一项重要经验原则是:要得到精确样本,总体越小,抽样比率就要越大。

抽样调查根据误差来源不同,把误差分为抽样误差和非抽样误差。抽样误差是指由于样本的随机性引起的误差。非抽样误差是相对于抽样误差而言的,是指除抽样以外的、由于其他多种原因引起的总体指标的估计值与总体指标真值之间的差异。

◆ **关键词**

抽样　样本　随机抽样　系统抽样　分层抽样　整群抽样　多阶段抽样　二重抽样　非随机抽样　任意抽样　判断抽样　配额抽样　滚雪球抽样　抽样误差

◆ **思考题**

1. 为什么在文化市场调查中要经常运用抽样技术？
2. 什么是随机抽样？随机抽样调查有哪些常用的方法？
3. 什么是非随机抽样？非随机抽样调查有哪些常用的方法？
4. 如何确定简单随机抽样条件下的样本容量？
5. 如何控制抽样误差？

思考案例

2019年全球消费者洞察调研

本年度的全球调研中，我们联系了全球五大洲27个国家和地区的逾2.1万名消费者。2019年发布的《全球消费者洞察调研：中国报告》(此前称为《全零售研究》)是针对网购者的第10份研究报告。

本报告根据900多位中国消费者的购物行为定量研究提出洞察见解。并且，根据我们对国际零售商、当地零售商、品牌和互联网公司的体会提出观点。

中国受访者样本性别比例平衡。从人口结构角度来看，53%的受访者年龄在25岁至44岁之间，81%的受访者家庭年收入超过7万元人民币(1万美元)，68%的受访者从事全职工作。从区域划分来看，33%的受访者住在一线城市，44%住在二线城市，23%住在三线城市。

资料来源：普华永道，2019年9月25日.

请思考：

本案例中采用了何种抽样方法？

应用训练

安徽卫视想了解中国城镇家庭电视的收看习惯和对电视节目的偏好，请以8～10名同学为一小组，走访调查所在城市的几大社区，界定好调查总体和寻找可能的抽样框架，为安徽卫视制作一份抽样设计方案，并将调查结果以PPT形式进行小组汇报。

第五章 文化市场调查的实施

本章结构图

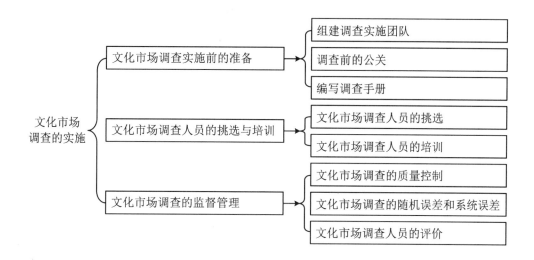

学习目标

了解文化市场调查实施前准备的具体工作,理解文化市场调查人员需要具备的素质和能力,掌握对文化市场调查人员培训的内容和方式、文化市场调查质量控制的主要途径、文化市场调查的随机误差和系统误差。

【导入案例】

调查员的培训

河南省营销协会市场调研中心在对调查员进行招聘选择时,主要实行两次招聘制度,即每半年进行一次调查员的招聘活动,招聘的调查员经面试、筛选与签署兼职调查员协议,再接受调查中心安排的 12 个课时的基础培训后建档,成为调研中心的备选调查员(A 级调查员),这被称为第一次招聘。

对于调查员的级别,调研中心将他们划分为 A、B、C、D、E 五个等级(如图 5-1 所示)。他们在接受 12 个课时的培训后成为 A 级调查员。

这个级别的调查员只能从事非常简单的甄别拦访工作(寻找合适的被访谈者,并将其带到指定地点),在陪访督导的陪同下进行问卷的随机街访工作。他们的工作都会被记录并由相关的督导给出评价,在参与了两三个项目之后,表现优秀者再接受 4 个课时的专项培训(如中心地点访问的技巧等),可升为 B 级调查员。B 级调查员在评定和所从事的工作方面与 A 级调查员相比较有较大的提升。同样,在 B 级调查员工作了一定的时间后,参与若干项目表现优秀的人员会依照相应的程序升入下一级,当成为E级时,就成为调研中心的重点培养对象。协会调研中心有几位专职督导就是这样从兼职调查员中挑选出来的。

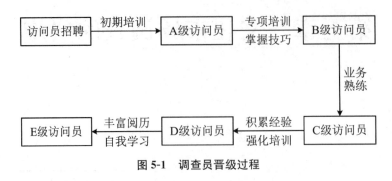

图 5-1　调查员晋级过程

第一节　文化市场调查实施前的准备

一、组建调查实施团队

文化市场调查涉及项目管理、过程监督、信息采集等方面,需要有一个团结协作的调查团队,才能较好地完成调查任务。由于调查机构规模不同,调查内容不同,调查团队的岗位设置也有所区别,但一般包括以下人员。

1. 项目主管

项目主管负责组织、协调、沟通整个调查项目,以确保实现调查项目的既定目标。他要根据调查计划,组织项目有序开展;沟通协调各部门之间的关系;根据行业政策与法规,指导调查项目有效实施。如调查公司总经理、调研部经理、市场营销部经理、项目经理等。

2. 实施主管

实施主管负责调查项目的具体实施。他需要事先了解调查项目的具体实施要求,挑选与培训调查人员,负责督导队伍的管理,负责调查实施的质量控制等工作。他既要与项目主管沟通,还要与督导和调查员沟通交流,以保障调查过程的顺利实施。在一些规模较小的市场调查机构中,实施主管也可能是项目主管。

3. 调查督导

调查督导是采集调查数据中的监督人员,主要负责对调查人员工作过程的检查和调查结果的审核,包括现场监督与指导、回收调查问卷、复核调查问卷等工作。

4. 调查员

调查员负责采集数据,对调查对象进行电话访问或实地问卷调查,获取一手调查数据。商业调查机构一般没有固定的调查员队伍,但也会保留一份调查员名单,往往是有调查业务时才会通知调查员上岗,所以调查员流动性较大。

资料链接 5-1

所谓市场调研调查员,是指在市场调研过程中执行入户询问与记录的调查员。在决定整个市场调研报告质量的诸多因素中,调查员的表现无疑是极为重要的。正如国外市研专家经常援引的一句名言所言:"Rubbish in, Rubbish out!"(垃圾进,垃圾出!)其含义就是如果调查员采集来的第一手资料谬误百出,那么无论你的抽样技术多科学,数据处理多精确,分析水平多高超,最后得出来的结论仍将一文不值。因此,一些国外著名市场研究公司都将调查员的挑选、培训与管理置于整个调查工作的第一位。

毫无疑问,若要确保调查员的工作质量,那么调查员的考录与挑选,也就成为整个调研工作中极为重要的一环,因为尽管录用后还有培训和管理两道关,但培训与管理工作也同样遵循前述"垃圾进,垃圾出"的法则。

5. 数据录入员

数据录入员主要负责对收集的问卷进行筛选、编码,并将数据资料录入计算机软件系统,为后期数据统计分析处理做好准备。

二、调查前的公关

必要的公关活动可以确保数据的可靠性、数据来源的多渠道、调查对象的积极性,能有效提高调查质量。

(一)调查的宣传活动

根据调查的重要性、调查主题经费预算和总体目标的不同,宣传活动选择不同方式,大型调查通常包括以下部分:

(1)通过报纸、电台等媒体发布公告。
(2)在邮局和图书馆等公共场所张贴海报。
(3)积极处理好与媒体的关系(为报纸、电台和电视台等媒介提供报道和发言人)。
(4)给有关部门或与调查有关的协会单位和机构负责人写信,以获得他们的支持。

(二)与被调查者建立联系

为增进被调查者的理解与合作,避免在公众中引起混乱,调查机构通常需要与被调查者进行交流。最常用的交流材料如下。

1. 致被调查者的信

致被调查者的信提供调查的目的和解释调查的重要性,同时还提供数据收集的方法和日期。调查手册与问卷信件应同时寄送。在面访调查时,包括调查手册与问卷信件通常在与被调查者首次接触之前送出,并且在访问前一星期内送达。

2. 调查宣传手册

调查宣传手册可以是散页,描述调查对于公众利益的重要性。调查手册中应该举例说明数据的应用和数据的来源。手册可以送给所有的被调查者,或者仅仅在被调查者不愿接受调查的情况下使用。

3. 调查机构介绍手册

调查机构介绍手册是用于一般目的的小册子,它说明调查机构收集和发布数据的多样性,以增加调查机构的可信度,它也经常用作与被调查者联系的手段。

三、编写调查手册

为保证调查的一致性和高质量,调查项目主管要安排人员编写调查手册,明确调查项目的基本要求、标准化的访问程序、常见问题的处理方法等内容。调查手册一般包括调查员手册和督导手册。[①]

(一)调查员手册

调查员手册是调查员的工作指南,一般包括以下内容。

(1) 一般信息。主要介绍调查的重要性、调查机构收集数据的目的及原则,以及调查机构或调查员的职责,并承诺为被调查者保密,忠实于被调查者的回答等,同时还附上致被调查者的信和样本抽取方法的基本材料。

(2) 简介。主要介绍怎样与被调查者进行第一次接触,怎样确保所接触到的是正确的样本单元,怎样验证或纠正抽样框信息,如电话号码等。

(3) 问卷说明。主要介绍问卷所涉及的概念和术语的定义。对每一个问题的含义和目的给出清楚的说明。

(4) 问卷的审核与整理。主要介绍调查员审核问卷的原则和整理问卷的注意事项。调查员在访问期间或访问结束之后立即对问卷进行现场审核,识别缺失、无效或前后不一致的问卷。

(5) 单个样本单元的管理。主要是处理对无回答的追踪回访,明确调查员需要回访的次数及规则。还包括如何对每个样本单元的最终回答进行编码。

(6) 作业管理。主要涵盖一些调查管理的细节,如工作人员怎样报告调查过程,怎样分发和回收问卷及调查所需的物资设备,调查员如何报销他们调查中的各项费用等。

(7) 问题与解决方案。这是调查员手册的最后一部分,列出了调查员将会遇到的一些常见问题及其正确解决办法。一般访问技巧和技术也可以包括在调查员手册中,特殊或复杂的调查还要给出具体的案例。

(二)督导手册

为了使督导更好地开展调查实施工作,督导既需要熟悉调查员手册的内容,也应备有一份专用的督导手册。督导手册一般包括下列内容。

(1) 招聘和培训调查员。

(2) 向调查员分配任务。

(3) 根据预定的调查质量目标、调查经费开支和时间要求来监控调查过程。

(4) 后勤服务。包括如何分发和回收调查物资,发放调查员报酬的要求,如何回收并提交问卷以便数据录入。

(5) 被调查者的安全和隐私保护的注意事项。

(6) 在特殊情况下,替代调查员进行数据收集的要求。

[①] 徐映梅. 文化市场调查理论与方法[M]. 北京:高等教育出版社,2018.

第二节 文化市场调查人员的挑选与培训

一、文化市场调查人员的挑选

文化市场调查人员是文化市场调查实施的具体执行者,能否挑选到合格的文化市场调查人员,将直接决定文化市场调查活动的成败优劣。不管市场调查工作是文化企业自己完成的还是委托文化市场调查公司完成的,参与调查的人员素质和能力都是文化市场调查能否达到预期目标的决定性因素。文化市场调查人员要具有以下素质和能力。

(一) 一定的道德素质

文化市场调查人员应具备品德端正、客观公正、严谨认真、勤奋耐劳、开拓创新的思想道德素质。品德问题是任何行业在挑选员工时都必须予以重视的问题,在调查人员的挑选过程中,坚持品德第一的标准仍然是最需要强调的。较高的职业道德修养,即工作中能实事求是、公正无私、认真细致、具有创新精神。在调查过程中存在缺乏职业道德而导致调查结果不真的现象,如不按抽样规则进行抽样;在执行时偷工减料图方便,随意入户;擅自将问卷转让给其他未受培训者去完成;私吞礼品;随意增删调查数据,等等。

(二) 良好的心理素质

文化市场调查是一件既辛苦又困难的工作,因为调查员在调查过程中会遭到对方的"无视",会吃到闭门羹,会听到委托方的种种要求。文化市场调查中充满各种挑战,工作中的挫折、现实环境的压力均是无法避免的。这就要求文化市场调查人员具有良好的心理素质。

(三) 一定的文化素质

文化市场调查通常与某一文化事项、文化活动、文化资源密切相关,因此调查人员需要理解文化内涵,掌握文化特征,对某一文化有具体深入的了解,这样才能在调查中正确理解被调查者的真实想法,得到更加准确的调查数据。在挑选文化市场调查人员时,应挑选一些文化素质较高、知识面较广的人。通常可以选择大学生作为调查人员。

(四) 良好的人际沟通能力

文化市场调查人员在调查访问时的口吻、语气和表情对调查结果有着直接的影响。是否具有清晰的思路、流利的语言,以及简明扼要的口头表达能力决定调查者能否做到将文化企业的有关信息、文化市场调查的目的及问题准确地向调查对象传递,并通过收集信息,了解他们的意见,掌握他们的态度。如果没有良好的沟通能力,是难以履行文化市场调查的职能,完成调查与分析任务的。所以,文化市场调查人员必须具有良好的沟通能力,要善于与人交往,有良好的交际能力和语言表达能力。

课堂讨论 5-1

考察人才的角度

有这样一个故事:某公司董事长决定要找一位德才兼备的人来任总经理,但连续来应征的几个人都没有通过董事长的"考试"。这天,一位三十来岁的留美博士前来应征,董事长却通知他凌晨三点去他家考试。这位青年于是凌晨三点就去按董事长家的门铃,却未见人来应门,一直到八点钟,董事长才让他进门。董事长拿出一张白纸说:"请你写一个白板的'白'字。"他写完了,却等不到下一题,疑惑地问:"就这样吗?"董事长静静地看着他,回答:"对!考完了!"年轻人觉得很奇怪,这是哪门子的考试啊?

第二天,董事长宣布这个年轻人通过考试了。他的解释是"一个这么年轻的博士,他的聪明与学问一定不是问题,所以我考其他更难的。"他又接着说:"首先,我考他的牺牲精神,我要他牺牲睡眠,半夜三点钟来参加公司的应考,他做到了;我又考他的耐心,要他空等5个小时,他也做到了;我又考他的脾气,看他是否能够不发飙,他也做到了;最后,我考他是否谦虚,我只考一个博士5岁小孩都会写的字,他也肯写。一个人有博士学位,有牺牲精神,耐心、脾气好又谦虚,这样德才兼备的人,还有什么好挑剔的呢?所以我决定任用他!"

结合案例,谈谈如何挑选优秀的文化市场调查人员。

二、文化市场调查人员的培训

(一) 文化市场调查人员培训的内容

对文化市场调查人员的培训一般包括两个部分:常规培训和专业性培训。对新录用的文化市场调查人员,不管他们是否曾经为其他机构或个人工作过,都要进行常规性的培训和对即将实施项目的专业性培训。

1. 常规培训

常规培训是指对文化市场调查人员进行诸如自我介绍、入户方式、应变能力、工作态度、工作纪律、调查基本知识等内容的培训。还要注意对调查员的态度进行培训,通过组织调查人员学习文化市场经济的一般理论,国家有关文化政策、法规,使其充分认识文化市场调查的重要意义,产生强烈的事业心和责任感,端正工作态度和工作作风,激发调查的积极性。对文化市场调查人员的性格、修养,如热情、坦率、谦虚、礼貌等方面也要进行培训,使其具有开放的性格、随机应变的能力,以自然开朗的个性、灵活的方式与受访者讨论各种问题,有效地完成调查任务。通过培训,促使他们在以后的调查实践中做到认真、细致,严格按照调查的要求完成所有任务。

资料链接 5-2

调查员使用问卷的提问方式

1. 严格按照问卷的措施提问。
2. 按照问题给定的顺序依次提问。
3. 每个问题都应该被问及。
4. 按照正面方式进行提问。

5. 对问题之间的停顿要加以解释。

6. 重复被误解或者曲解的问题,要进行追问。

7. 特别关注跳转模式。

8. 对被调查者提供的信息持中立态度。

资料来源:徐映梅.市场调查理论与方法[M].北京:高等教育出版社,2018.

2. 专业性培训

专业性培训是指针对某一份具体问卷所涉及的诸如如何甄别被调查对象,如何统一理解或向被调查者解释某些专业概念与名称,如何跳过问题,如何做好笔录,如何提问和追问,以及如何自查问卷等技术性问题的培训。专业问卷都会因为调查员对某一文化产品认识深度的差异,或对某些问题理解的不一致而出现调查误差。文化市场的某些领域的专业概念与名称较难理解,很多技术性的问题较难处理,因此专业性培训尤为重要,不可缺少。

资料链接 5-3

调查员常用的追问技巧

① 重复问题。用同样的措辞重复问题能够有效地引导回答。

② 重复被调查者的回答。通过逐字地重复被调查者的回答,可以刺激被调查者给出更确切的回答和更多的细节。

③ 使用短暂停顿或沉默式追问。沉默式追问、期待性的停顿或眼光,都可以暗示调查员希望得到更完整的回答。不过要掌握好度,不要让沉默变成尴尬。

④ 鼓励或打消被调查者的疑虑。如果被调查者表现出犹豫,调查员就应该打消他们的疑虑,比如说"答案不分对错,我们只是想了解您的真实想法"。

⑤ 引导被调查者说明细节。比如说"我不是很理解您的意思,您能不能说得详细一点儿?"

⑥ 采用中性的问题或评论。常用于追问的问题有:还有其他原因吗? 还有呢? 您指的是什么意思? 您为什么有这样的感觉?

资料来源:庄贵军.市场调查与预测[M].北京:北京大学出版社,2011.

(二)文化市场调查人员培训的方式

1. 业余学习

业余学习是指文化市场调查人员利用业余时间去充电学习调查手册。文化企业或调查机构可以通过有效的奖惩制度鼓励他们去主动学习,主动探索文化市场调查的知识,这是提高调查员素质的有效途径,也是调动他们树立终身学习意识、培养学习积极性的重要方法,它具有投入小、见效快的特点。

2. 集中讲授

即由文化市场调查方案的设计者对调查项目的意义、目的、内容、方法进行介绍,由组织管理者对调查项目的具体安排进行讲解;同时,还可以邀请文化市场专家讲授一些文化市场的背景材料,帮助调查人员理解文化市场项目的内涵。还要由督导向调查人员讲解调查注意事项、调查技巧等内容。这种培训能突出重点,针对性强,效率较高。这是常用的培训方式。

3. 角色扮演

即模拟一种调查环境,由培训者和受训者之间互相分别装扮成调查者和被调查者,进行一对一的模拟调查,练习某一具体的调查过程。角色扮演时,需要将在实际调查中可能遇到的各种问题和困难表现出来,让受训者做出判断、解答和处理,以锻炼受训者的随机应变能力,增加受训者的经验和技巧。

以上培训方式可根据培训目的和受训人员的情况选择一种或几种来综合加以应用。

第三节 文化市场调查的监督管理

为确保文化市场调查顺利实施,文化市场调查人员能严格按照培训中的要求进行调查,文化市场调查督导需要对其监督管理。

一、文化市场调查的质量控制

文化市场调查的调查督导通过以下3种途径进行质量控制,以保证文化市场调查的真实性、有效性。

(一)现场检查

文化市场调查的调查督导必须按照一定比例(如15%左右),采取公开或隐蔽的方法,监视调查员每天的工作。如果发现操作问题,应及时纠正,必要时还要对调查员进行进一步的培训。为了更好地了解调查员的困难,调查督导应亲自进行一些访谈工作。

调查督导应及时回收当天完成的问卷,并且对每份问卷仔细进行检查,检查是否有未答现象,字迹是否清晰,是否按要求跳答,等等。调查督导应将调查问题及时、准确地反馈给调查员。

调查督导应认真记录调查员所做的工作(完成的访问数或访问的小时数),以便掌握实际进度与计划进度的差距,以及调查实施中的困难。

(二)抽样控制

抽样控制是监督管理的一个重要方面,要保证调查员严格地按照抽样方案去抽取样本,而不是根据方便或接近的难易来挑选样本。调查员有时会自作主张,避免与那些他们认为不合适或难以接触的抽样单位或个人打交道。当抽到的样本本人不在单位或家时,调查员很可能不再回访。调查员有时会扩大定额抽样的范围,比如将60岁的调查对象划入45～59岁组,以完成抽样配额的要求。为了避免出现这些问题,调查督导应准备一份抽样控制表格,包括对配额变量的完成情况、已完成的部分样本的人口特征分布、相关变量的回答情况等。

(三)控制作弊

调查中的作弊行为主要涉及篡改或杜撰部分甚至整个问卷中的答案。除了通过培训、监督和现场检查的方法使作弊可能性减至最小之外,还可以使用一些"撒胡椒面"的做法,检出作弊的行为。方法之一是在调查问卷中"撒"上一些检查用的问答题,这些题与问卷中的某些题是高度相关的或几乎是相同的,调查员如果自己填答问卷的话,很有可能在这些问题中出现矛盾,从而被发现。方法之二是在访问的名单中"撒"上一些"查账者",所谓的"查账者"可能是调查公司或委托客户公司的工作人员。调查员会把这些"查账者"当作一般的被访谈者进行访问,因此如果有任何作弊的行为,都会很容易、很快地暴露出来。

资料链接 5-4

市场调查的访谈指南

调查员要遵循以下步骤,以便获得良好的访谈效果。
① 如果调查对象询问,告诉他们你的名字和调查公司的电话。
② 按照调查问卷清楚地提问,如有问题要及时向文化市场调查督导报告。
③ 按照调查问卷的顺序提问,遵守跳答的顺序。
④ 对调查对象的提问应以中性的态度阐述。
⑤ 不要诱导调查对象。
⑥ 未经允许不要泄露调查委托者的身份。
⑦ 对中断的调查做记号,并记录中断的原因。
⑧ 在调查期间保持中立的态度,不对调查对象的观点表示赞同或不赞同。
⑨ 提问清楚,语速稍慢,便于调查对象理解。
⑩ 逐字记录所有回答,不要修改调查对象的措辞。
⑪ 避免与调查对象进行不必要的交谈。
⑫ 如对开放式问题要进行追问,获取尽可能充分的回答。
⑬ 记录字迹要清楚易读。
⑭ 调查问卷上交前需进行全面检查。
⑮ 当终止调查时,要以中性的话语结束,比如"谢谢"。
⑯ 对所有的调查数据、结果和发现保密。
⑰ 不得篡改任何调查问题、调查答案。
⑱ 对调查对象要表示感谢。
资料来源:庄贵军.市场调查与预测[M].北京:北京大学出版社,2011.

二、文化市场调查的随机误差和系统误差

随机误差也称为偶然误差和不定误差,是由于在调查过程中一系列有关因素微小的随机波动而形成的具有相互抵偿性的误差。系统误差又称为规律误差,它是在一定的调查条件下,对同一个调查对象进行多次重复调查时,误差值的大小保持不变;或者在条件变化时,按一定规律变化的误差。文化市场调查质量的高低决定了调查项目可靠性和有效性的高低。随机误差会降低调查数据的可靠性,而系统偏差将减少结果的有效性。调查员之间完成的调查的变差越大,所造成的随机误差和系统误差就越大,从而数据的可靠性和有效性也就越低。因此,为了得到可靠的和有效的结果,组织者应当努力使调查过程始终保持一致的标准。

（一）随机误差

文化市场调查实施过程中可能产生的随机误差主要有以下几种。

1. 指导语误差

如果调查员没有完全按照调查问卷中所给出的指导语去访问，那么即使是微小的偏离也会引起误差。偏离书面指导语的情况是十分普遍的。调查员看了一遍又一遍之后，就会记住指导语。以后调查员就有可能不再直接去看指导语，而是按自己的记忆去背诵这些指导语，不看书面指导语去做了几个访问以后，他所背诵的指导语就有可能变得与原来的书面指导语不太一样了。如果有了许多次这样微小的措词变化，调查员记忆中的指导语就会和书面的指导语有很大的差异。

2. 提问误差

如果对不同的被调查者提问的表达形式不太一样，也会产生误差。即使是严格的事实型问答题，问法不同，回答也会不同。例如，"请问您的年龄是多少？"和"你多大了？"这两种问法，前者可能会得到较大的平均年龄；后者可能会使有些人说出较小的年龄。调查员常常并不理解措辞中十分微小的差异，这样会影响被调查者的回答。

3. 答案提示误差

在调查中有明确的指导语，规定是否要将可供选择的答案读给被调查者听，或是否将对应的卡片出示给被调查者看。如果调查员在不该读时读了，或在应该读时没有读，都会引起误差。

4. 量表转换误差

在使用量表卡片时，可能会产生误差。例如，李克特量表卡片上有5个可供选择的答案，"非常同意"为1，"同意"为2，等等。以前有些被调查者看到卡片后会回答数字，有些会回答具体答案。如果问卷上没有将数字和可供选择的答案同时列出，就有可能产生误差，例如，有些调查员对"非常同意"的答案可能会记录为"5"而不是"1"。

5. 记录误差

要求调查员记录的东西越多，产生的记录误差可能也就越多，用文字来记录被调查者的回答，比只用一个数字或字母来记录而造成误差的可能性要大得多。调查员倾向于简要地记录被调查者的回答，有时是不得不这样做，因为手记的速度是远远赶不上口述的速度的。

6. 理解误差

如果调查员在调查过程中需要去理解被调查者的回答，也可能会产生误差。例如，对一些开放性问题，按指导语的要求，调查员不能将调查问卷中可能的答案读给被调查者听，而必须先听回答，然后再选择一个对应的答案。被调查者很少会用与调查问卷中的答案完全相同的措词来回答，因此，调查员必须判断答案的意思，然后选择最接近的答案进行记录。在实地面访或者电话访问时，这种判断是很容易出错的。

> 案例分析 5-1

调查员的误导

某家电生产企业进行一次市场调查，调查目标为列举会选择的电视机品牌。该企业从市场调查部抽取了两组人员，设计了问卷，进行了街头拦截调查。收集到资料数据后，经整理分析发现:其中一组的结论是有15%的消费者选择该企业的电视机;另一组得出的结论却是36%的消费者表示该企业的产品将成为其购买的首选。巨大的差异让公司管理层非常恼火,为什么完全相同的调查抽样,会有如此矛盾的结果呢?公司决定聘请专业的调查公司来进行调查诊断,找出问题的真相。

专业调查公司的执行小组受聘和参与执行调查的访问人员进行交流,并很快提交了简短的诊断结论:第二组在进行调查执行过程中存在误导行为。首先,调查期间第二组的成员佩戴了公司统一发放的领带,而在领带上有本公司的标志,其标志足以让被调查者猜测出调查的主办方;其次,第二组在调查过程中,把选项的记录板(无提示问题)向被调查者出示,而本企业的名字处在其中的第一位。以上两个细节向被调查者泄露了调查的主办方信息,影响了消费者的客观选择。这家企业的老总训斥调查部门的主管:"如果按照你的数据,我要增加一倍的生产计划,最后的损失恐怕不止千万元。"

市场调查是直接指导营销实践的大事,对错是非可以得到市场的验证,只是人们往往忽视了市场调查本身带来的风险,一句"错误的数据不如没有数据",说出了众多中国企业家对数据的恐慌和无奈。

案例来源:陶广华,等.市场调查与分析[M].北京:北京理工大学出版社,2017.

结合案例,请分析调查员如何避免误导被调查对象。

(二) 系统误差

文化市场调查实施过程中可能产生的系统误差主要有以下几种情况。

1. 社会需要误差

在调查有关个人的偏好、看法或者行为时,如果被调查者的情况与社会公认的有较大差异,被调查者就很有可能按照是否被社会接受或者受社会尊重来回答,而不是按其真实的想法来回答,从而产生社会需要误差。例如,询问"您是否比您的妻子挣得多?"时,大部分男性被调查者可能都会作肯定的回答,因为在传统观念中,男性的社会作用应该是"挣钱养家"的。这个问答题可以改用另一种委婉一些的方法,使之不那么可能得到与社会需要相关的答案。例如,"您妻子的收入通常是比您的低一点、差不多,还是高一些?"

2. 默认误差

被调查者一般都是比较合作的。被调查者一旦同意参加调查,就意味着其有合作的倾向。如果他们明显地感到某些答案会更受调查员的欢迎,那么他们就有可能会提供这样的答案,从而形成默认误差。

3. 附和误差

有些人或多或少会有同意正面答案的倾向,总喜欢回答"是""对""喜欢"等;而另一些人则可能相反,倾向于负面的回答,如"不对""不是""不同意"等,因而产生附和误差。为此,除了要说明真实的回答才更有帮助外,调查者还要尽量设计无明显"正面"答案的问题。

4. 威望误差

几乎每个人都喜欢自己在他人眼中"显得好一些"。因此,被调查者可能多报一些收入,少报几岁,或夸大一下他们工作的重要性,这种希望得到尊重的愿望可能会产生威望误差。

5. 敌意误差

有些调查内容会使某些被调查者产生强烈敌意或不满。一旦引起这种强烈的情绪,就很难快速驱散它。在这种情况下,感到敌意或不满的被调查者有可能将这种情绪带到后面的问答题中,从而产生敌意误差。

因此,在文化市场调查实施过程中,调查督导应该特别清醒地了解每一种偏差的来源。同时,必须严密地监视调查人员的操作,看是否有迹象表明调查人员在制造或放大某种或某些类型的回答误差,以便及时地加以纠正。

三、文化市场调查人员的评价

评价调查人员是一件很重要的工作,对他们的工作情况做出反馈,并由此识别较高水平的调查人员,从而建立起一支较高素质的调查队伍。评价的标准应在培训调查人员期间就明确地告知,主要有以下几条。

(一) 费用和时间

在可比的地区或范围内,比较每一位调查员完成一份问卷的总费用(劳务费用或工资和其他费用)。还要评价他们如何花费自己的时间,例如实际访问时间、路途时间和准备时间等。

(二) 回答率、合作率、拒绝率和接触率

根据美国民意调查研究协会(AAPOR)1998年5月提供的关于电话调查和入户调查的各种比率计算的标准定义,回答率(Response Rates)指的是完成的访问单位数除以样本中合格的访问单位数。合作率(Cooperation Rates)指的是接受访问的单位数占所接触的所有合格单位数的比例。拒绝率(Refusal Rates)指的是拒绝接受访问或中断访问的单位数占所有潜在合格单位数的比例,是非抽样误差(以偏差的形式出现)和抽样误差(导致精度下降)的一个重要来源。接触率(Contact Rates)指的是找到的(到达的)被访问单位数占全部待访单位数的比例。

调查督导应及时计算短期回答率、合作率、拒绝率和接触率,同时还要算出每位调查员的回答率和有效率。可以固定时间计算各种调查比率(1天、3天或者1周),以便及时采取措施。如果个别调查员的拒绝率高,说明问题主要在调查员自身;如果整个样本的拒绝率高,说明调查对象有抗拒心理,预示调查项目的目标很难完成。文化市场调查全部结束后,要计算项目的总回答率和有效率。

(三) 访谈质量

通过调查督导的陪访或其他监督检查的方式,观察调查员的调查过程。访谈质量的评估标准,包括介绍是否恰当,提问是否准确,追问能力和沟通技巧如何,以及结束访问时态度举止是否合适等。

(四) 数据质量

要评价调查员所完成的问卷质量,质量高的数据表现在以下几个方面:记录的数据清楚易懂;完全按指导语提问;开放式问答题的追问的答案记录详细;开放式问答题的答案有意义且完整;未答项目比较少。

本章小结

本章主要介绍了文化市场调查实施前的准备工作,文化市场调查人员的挑选与培训,文化市场调查的监督管理。文化市场调查实施前要组建调查实施团队,做好必要的调查公关以及编写调查问卷;文化市场调查人员要具备道德素质、心理素质、文化素质,以及良好的人际沟通能力;可通过自主学习、集中讲授、角色扮演等综合方式对文化市场调查人员进行常规培训和专业性培训;文化市场调查的调查督导通过现场检查、抽样控制、控制作弊3种途径进行质量控制,以保证文化市场调查的真实性、有效性。在文化市场调查实施的过程中,如果操作不当较易产生随机误差和系统误差。随机误差主要包括指导语误差、提问误差、答案提示误差、量表转换误差、记录误差、理解误差;系统误差主要包括社会需要误差、默认误差、附和误差、威望误差、敌意误差;调查结束后还需要对文化市场调查人员的工作进行评价。

◆ **关键词**

调查实施　督导　挑选　培训　误差　质量控制

◆ **思考题**

1. 文化市场调查实施团队包括哪些人员?
2. 为什么要对文化市场调查人员进行培训?
3. 调查督导如何加强对文化市场调查的监督管理?
4. 如何将文化市场调查的随机误差和系统误差最小化?
5. 如何正确评价文化市场调查人员?

思考案例

友邦顾问的调查质量控制

友邦顾问通过严格的项目流程控制与管理,保证了市场研究数据的客观性和准确性。它包括全程控制、访问过程控制和拒访率控制等。

1. 全程控制

实施严格的全程质量控制措施。为确保研究项目的高质量完成,公司设有专业的质量审核员负责质量检查工作,一般消费者研究的复核比例为总样本量的10%~30%,集团消费者的复核比例在30%~50%。我们对研究质量的控制是全程性的,对如下环节中的每个步骤都有严格的管理制度,这些环节包括研究设计—问卷设计—研究记录—研究数据—数据审核—数据接收—数据复核—数据汇总与录入—数据分析—报告大纲—报告撰写—客户报告会—客户接收。

2. 访问过程控制

友邦顾问市场研究项目管理实行项目经理负责制。项目经理接到部门经理转发下来的项目任务书时,即表明该项目正式确立,项目任务书是整个项目最主要和最有效的书面文件,项目经理将会参照项目任务书严格执行项目的操作流程。

计划书内容包括抽样计划、进度计划、调查员计划、可能问题预估报告。计划书相关人员须人手一份,进度计划须复制一份给质量控制部。

(1) 抽样。抽样由项目经理负责。每个被研究地区的抽样是由地区调查督导(或抽样员)根据抽样原则来完成的,最终由项目经理来确认。

(2) 调查员的召集/确认。在接到任务书当天,即应开始组织调查员,并进行技术培训。

(3) 工具准备。各种项目所需工具须在培训前全部准备好。所需工具包括文件夹、问卷、项目进度计划表、研究样本框等。

(4) 模拟访问。模拟访问安排在培训后进行,主持模拟的督导必须参加培训并熟悉问卷细节;合理安排模拟时间,不得短于正常问卷的访问时间;模拟访问结束后必须把不合格的调查员剔除掉,并将模拟中出现的问题及时反馈到部门经理处。

(5) 问卷移交。每天收回的问卷必须在第二天上午10:30前一审后移交质量控制部负责督导。移卷须由专人负责,移卷时双方签名确认,不可由他人代收签名。

(6) 项目控制。

① 项目进行中,项目经理负有严密控制项目按计划进行的主要责任。如发现偏差,必须马上追查偏差产生的原因,如果偏差会影响项目的进度及质量,须马上做出应急措施,并告知部门经理。

② 复核工作。由项目督导随机抽取30%作电话复核;汇交总部质量控制部。委托方可随时要求进行抽样复核。

③ 当质量控制部发现有人作弊时,须立即通知该调查员停止作业,并尽快回公司与质量控制部督导对质。

④ 当由于各种原因,发现项目必须延迟时,须立即报知部门经理做出决定。

(7) 审卷。

① 一审应在调查员交卷时马上进行,做到须补问的问卷可立即交调查员回去补问。

② 审卷时需认真、仔细,审卷的准确率应不低于95%。

③ 审卷中发现不能解决的问题,须立即报知部门经理,由部门经理协助解决。

(8) 项目结束。

① 收卷后一天内,项目督导必须完成各项目收尾工作,召开调查员小结会以及督导小结会,最后所有资料归档,项目结束。

② 归档资料。

③ 按项目表现对调查员进行评价,调查员的评定结果须输入调查员管理库中。

3. 拒访率控制

友邦顾问富有成功的访问经验。通常来讲,采用如下方法降低拒访率:

(1) 良好的访问条件:其为中国科学技术协会成员单位,具备良好的社会背景与关系。

(2) 合理的抽样设计。

(3) 特定的访问程序。

(4) 完备的培训体系。

(5) 从业人员的访问经验。

案例来源:友邦顾问,http://www.up-point.com/sd/diaocha.html。

请思考:

1. 结合案例,请谈谈为保证调查质量,调查员需要做好哪些工作?
2. 结合案例,请谈谈友邦顾问采取了哪些控制调查质量的方法?

应用训练

某高校要进行大学生艺术节活动开展情况的调查,请以小组为单位设计一份调查组织实施方案,方案包括调查团队的组建、调查活动的公关、调查手册的编制(附方案后)、调查人员的挑选与培训及调查的质量监控等内容。

第六章 文化市场调查资料整理

本章结构图

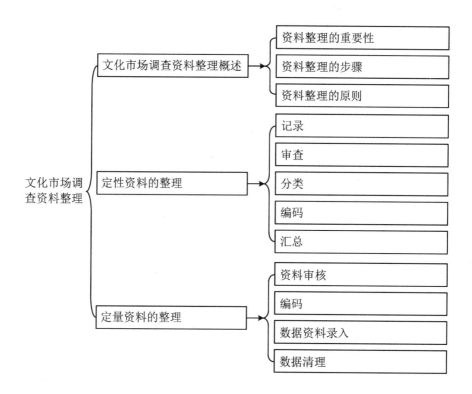

学习目标

了解文化市场调查资料处理的重要性,理解文化市场调查处理的原则,掌握文化市场调查定性资料处理的步骤,运用文化市场调查定量资料处理的方法。

【导入案例】

刘然及其同学应老师要求做了"关于池州市大学生网上购物行为"的调查。在调查中,他们主要采用文献调查法、问卷调查法、实地访谈法相结合的科学调查方法来收集资料。问卷由18个封闭式问题和1个开放性问题组成,主要涉及选购网站,购买何种产品,网购遇到的主要难题以及为什么不愿意网购等相关问题。此次调查共发放问卷500份,回收问卷490份。访谈法主要是根据性别、年级、专业等随机选取一些大学生,就网购相关问题进行个别深入访谈,不仅如此,刘然及其同学还将部分学生请到会议室里进行了头脑风暴式的讨论。此外,他们一起查阅了其他学者所做的与网购相关的调查分析报告。通过科学的调查方式,他们获得了大量的一手数据资料、文字资料和音频资料。

刘然及其同学完成资料收集工作之后,接下来就要对这些资料进行整理,以便为后面的分析和撰写报告打下基础。那么到底该如何整理资料呢?资料整理的内容包括哪些?定性资料该如何整理?定量资料又该如何整理?这是本章将要介绍的主要内容。

第一节 文化市场调查资料整理概述

资料整理就是运用科学的方法,对所获得的原始资料进行审查、分类和汇总,使之系统化和条理化,并初步反映调查对象的大致情况,为下一步数据分析提供条件的工作过程。

一、资料整理的重要性

资料整理在文化市场调查与分析中具有承上启下的重要作用:它既是运用调查方法来收集数据资料的延续,又是进行数据分析的前提。作为从市场调查到研究报告的过渡环节,资料整理的重要性更多地体现在"启下"功能,即为分析做准备,是资料分析的重要基础。如果调查资料未经过科学的整理,其质量和使用价值就难以保障,也难以进行科学的分析。因此,资料整理对文化市场调查研究有重要的作用。

具体而言,通过前期开展的文化市场调查,研究者收集了数量庞大且零碎的资料。通过资料整理,研究者能够初步形成趋势性的判断,达到对调查对象整体特征、本质和内在联系的大致认识,这是研究从感性认识上升到理性认识的重要步骤。

文化市场调查主要包括定性和定量两种方法,定性研究资料整理的作用有:

(1) 检查资料的真实性。包括定性资料调查记录中调查员是否带有个人偏见、被访谈者是否如实反映情况、文献来源是否可靠等。

(2) 从原始材料中摘取与研究目的有关的主要内容,对资料进行简化,以方便分析工作。

(3) 对定性资料进行分类整理,建立资料档案,以便于查找和作进一步的定性分析。

定量研究资料整理的作用有:

(1) 检查资料的真实性和完整性。真实性主要是检查资料是否有错误,是否有异常数据。完整性主要是检查调查是否有遗漏,对调查项目填写不全的、可以补救的问题及时补救,对不合格的问卷资料及时剔除。

(2) 选择合适的数据分组标准。数据分组是把原始资料按照合适的标准分成不同的组别。因此,合理科学的分组标准很重要,否则就不能正确反映被研究现象的本质特征。分组要遵循不重不漏的原则,即考虑到互斥性和穷尽性。数据分组的目的是方便观察数据的分布特征,以进行系统分析。

二、资料整理的步骤

根据所搜集的资料形式,文化市场调查资料整理可以分为定性资料整理和定量资料整理。定性资料基本上都是文字资料,因此一般也把文字资料整理称作定性资料整理;定量资料指的是数据资料,它是调查研究中心定量分析的依据,因此数据资料的整理也叫定量资料整理。

定性和定量资料整理的步骤大致相同,核心步骤均包括审查、分类(分组)和汇总,但是具体整理方法不同。

文化市场调查定性资料整理通常情况可以分为记录、审查、分类、编码和汇总等几个步骤。记录,就是把现场调查的音频等资料用文字形式记录下来。审查,就是通过仔细推究和详尽考察,来判断、确定文字资料的真实性和合格性。分类就是分门别类,根据文字资料的性质、内容或特征,将相异的资料区别开来,将相同或相近的资料合为一类的过程。分类可以使繁杂的资料条理化、系统化,为找出规律性的联系提供依据。编码,是把定性资料按照一定逻辑结构编上序号。汇总,是按照调查的目的和要求,整合分类后的资料,使之成为反映调查对象总体情况的系统、完整、集中、简明的材料。

文化市场调查定量资料整理基本包括资料审核、编码、录入和清理几个阶段。审核,主要是对数字资料的完整性和准确性进行审验,以确保研究结果的准确性。编码即用不同的数字符号标记调查内容的不同类别,便于分析软件识别。录入是将编好码的资料录到登录表上,然后录入计算机储存,形成数据库。数据清理主要是针对录入过程错误的检验抽查,以确保数据的准确性。

三、资料整理的原则

为了达到资料整理在实际调查工作中的辅助效果,资料整理需要遵循以下原则。

1. 时效性

资料整理必须及时。定性资料及时整理可以更好地呈现调查时的场景,防止遗忘。此外,及时整理使调查者有时间补充遗漏信息,减少错误。对于定量资料而言,初步整理使分析时能最大化应用所得资料。

2. 真实性

调查资料的真实性至关重要。资料整理阶段可以根据实践经验和常识进行辨别,看是否真实可靠地反映了调查对象的客观情况。若有疑问,须及时核实,以确保调查数据资料的真实性。

3. 完整性

资料整理要保持完整性,不能以偏概全,误导分析。我们以定性资料整理中的记录阶段为例,对访谈的录音资料进行记录整理,不仅包括被访谈者的语言记录,还包括被访谈者同时伴随的非语言行为,以及录音前后重要的相关信息。

4. 统一性

对调查各项指标、计算单位和计算方法都要统一。如果调查数据资料没有统一标准,就无法进行比较研究,对需要进行比较的材料要核实其所涉及的内容是否具有可比性。

5. 简明性

前期调查收集的资料一般非常冗杂,通过整理,尽最大可能使其简单、明确、系统化,以方便后续的资料分析工作。

6. 创新性

整理资料时,要尽可能颠覆自己的原有思路——可以从新的角度审视调查资料,或运用新的组合方式重新思考问题。创新性原则有助于发现新情况、新问题,为创造性研究奠定基础。

第二节 定性资料的整理

在实际工作中,定性资料的整理与分析很难截然分开。因为定性资料整理离不开分析的框架体系,所以分析的过程往往伴随着整理。但是,为了强调资料整理的重要性和方便研究,我们把定性资料的整理单独列出来进行阐述。一般来说,定性资料整理的一般程序是记录、审查、分类、编码和汇总等几个步骤。

一、记录

文化市场调查中收集的定性资料,有些已经是文字资料了,但更多的是原始的音频和视频资料。面对这些资料,调查者首先需要完完全全地把内容记录下来。这种记录工作的工作量巨大且要求严格,需要尽最大可能还原调查场景。例如,在音频资料中,除了记录被访谈者对所有问题的语言回答外,还要记录被访谈者回答问题时的非语言信息,包括回答问题时的语速、是否迟疑等。

即使调查数据已经是文字资料了,也需要补充记录。现场调查时,实地记录往往会因时间关系书写仓促、内容简单,整理时调查者就需要补充细节。对过于简化的内容要补上必要的信息,以免时间一长变得记忆模糊,造成分析障碍。

> **思考案例**

在农村留守儿童课外阅读现状的调查中,研究人员在问卷的基础上,对拥有课外读物低于5本的留守儿童进行了访谈,了解其阅读资料的获取情况。以下为被访谈者M的部分访谈记录,括号内为录音资料之外的补充内容。

(M,女,11岁,XX小学五年级,父母均外出务工,由祖父母抚养。)

问:家里人平时给你买课外书吗?

答:(长时间低头沉默、玩手指……)老师说要买的课外书,我不敢回家说,爸爸妈妈不在家,跟奶奶说了她要骂人的。老师鼓励我们多看课外书,奶奶说看学校发的书(指教材)还不是一样。

问:那爸爸妈妈回家过年的时候,给你买过吗?

答:妈妈给我买过练习册……故事书没买过,我也没(主动)跟她要过。

问:你们学校有图书室,村里也有农家书屋,你经常去看书吗?

答:(小声地)都没去过。

问：为什么？

答：学校图书室不开门。有时候看见老师进去，但是很快会锁门，没有学生去里面看书。村里的农家书屋在里头(指村委会)，离我家远，奶奶不让我到处乱跑。

问：从小时候到现在，你最喜欢的课外书是哪本？为什么喜欢？

答：(提高声音)就是昨天大姐姐(调查组成员)带我们读的《窗边的小豆豆》。小豆豆小时候也很孤单的，但是她的学校好有意思，有好玩的老师和好玩的同学，后来过得很开心。她长大了就把小时候的事情写了出来……

思考题：根据上述案例，体会括号内补充内容的作用。

二、审查

所谓审查，就是通过仔细推究和详尽考察，来判断、确定文字资料的真实性和合格性。定性资料的真实性审查，主要是从资料记录和内容的可靠性来判断的。

首先需要初步判断调查员是否存在伪造记录的问题，你可以从记录的时间、地点、内容、语言等情况来判断其真伪。如果时间重叠或模糊不清、内容单一、用语雷同，或者纸质记录上字迹、墨水连贯性高，很有可能是调查员伪造的记录。

资料内容的真实性审查，是指通过细究和考察来判断资料的内容是否真实地反映了调查对象的客观情况。主要用实践检验、逻辑规律和资料来源3种方法进行内容的可靠性审查。实践检验是根据实践经验来判断资料的可靠性，如果发现资料中有明显违反实践经验的内容，那么你就需要重新调查或核实。逻辑规律是根据逻辑思维判断的，若发现资料内容有逻辑问题，那么就应该对这些资料重新核实或做补充调查。对资料的来源检验一般看中一手资料的调查。

定性资料的合格性审查，主要是审查定性资料是否符合原设计要求。如果对调查对象的选择违背了设计要求，调查指标的解释和操作定义的使用错误，有关数据的计算公式不正确、计量单位不统一，或者对询问问题的回答不完整、不符合要求，甚至答非所问，以及记录的字迹无法辨认等，都应该列入不合格的调查资料。

在实际操作过程中，对不真实或不合格的调查资料，一般都会进行补充调查，使之成为真实的、合格的调查资料；如无法进行补充调查，就应该坚决剔除，弃之不用，以免影响整个调查资料的真实性和科学性。

三、分类

经过审查后的资料，表面看起来依然是杂乱无章的，需要进一步加工，使资料条理化和系统化，以便更好地服务于资料分析工作。这个加工过程首先就是定性资料的分类，分类是根据定性资料的性质、内容或特征，将相异的资料区别开来，将相同或相近的资料合为一类的过程。

定性资料有两种分类方法，即前分类和后分类。前分类，就是在设计调查提纲和表格时，就按照事物或现象的类别设计调查指标，然后再按分类指标调查资料、整理资料。这些分类工作是在调查前就安排好了的。后分类，是指在调查资料搜集起来之后，再根据资料的性质、内容或特征将它们分别集合成类。

分类是否正确,关键在于如何确定分类标准。确定分类标准时应该遵循科学性、客观性、互斥性和完整性等原则,确保文化市场调查的资料都有所归属。例如,在对报纸销售量的调查中,我们选择了池州市内某书店一周内的进货量和销售量,得到了如下资料(见表 6-1)。

表 6-1 池州市某书店一周内的进货量和销售量情况

报纸	进货量与销售量													
	星期一		星期二		星期三		星期四		星期五		星期六		星期日	
	进货量	销售量	进货量	销售量	进货量	销售量	进货量	销售量	进货量	销售量	进货量	销售量	进货量	销售量
新安晚报	10	10	10	9	10	8	10	10	10	8	10	10	10	10
扬子晚报	10	8	10	10	10	7	10	9	10	10	10	10	10	10
江淮晨报	5	5	5	4	5	4	5	5	5	3	5	4	5	5

表 6-1 对三种不同报纸的进货量和销售量按日进行了分类,通过数量的变化,不仅区分了各组数量上的差异,还区分了不同的类型和性质。

四、编码

文化市场调查定性资料的编码过程,应根据调查的目的、要求和调查对象的具体情况,确定合理的逻辑结构,使汇总后的资料既能反映调查对象总体的真实情况,也能说明调查所要说明的问题。定性资料编码可以采取给各种资料加上标题,重要的部分标上各种符号,对各种资料按照一定逻辑结构编上序号等方式。

以购买报纸的消费者群体为例,针对调查时涉及的 A(消费者性别)、B(消费者职业)、C(消费者对该报纸的评价)。编码过程可以如下操作:A 用数字 1 代表男性;2 代表女性。B 根据消费者的职业分为退休干部、工人、农民、军人、学生、教师、公司职业和其他,用数字 1~8 表示。C 用数字 1~10 分别表示消费者对该报纸的评价。然后就可以制作编码说明书,对资料进行编码。

需要特别指出的是,因为定性资料比较零散,所以在实际编码操作中,人们有时候会先预设一些主题,将资料进行初步分类。在整理的过程中不断标记关键性主题,从而建立一个该研究的全部主题的汇总。这种编码是开放式的,称为开放式编码(Open Coding)。编码的方式还有轴心式编码(Axial Coding)和选择式编码(Selective Coding)。轴心式编码一般不注重资料本身,而更注重的是各种主题之间的关系,如因果关系、时间关系、语义关系等。选择式编码注重和主题相关的材料。例如,对报纸购买者的调查资料整理中,选择式编码更注重选择因素和评价因素,对两者在涉及研究主题中所存在的差别进行比较,以便得到某种概括的模式。

五、汇总

汇总就是按照调查的目的和要求,对分类和编码后的资料进行汇总,使之成为反映调查对象总体情况的系统、完整、集中、简明的材料。在实际整理过程中,定性资料的汇总过程特别强调趋势结论的形成,它为定性资料分析提供了一种很好的基础和框架,将资料组织成基于某种主题、概念或特征的类别来进行分析。例如,如对座谈会资料进行汇总,就不应该特别纠结于某人的某一意见,而应该针对整体形成一种趋势性的意见。趋势性结论的形成过程要注意有特别意义的语言或非语言信息,同时分析这些信息所代表的含义。由于资料整理是资料分析的基础,而资料分析的基本思路是将原始资料进行浓缩,再通过各种分析手段,将资料整理为具有一定结构、条理和内在结构的意义系统,因此在定性整理阶段的趋势性结论对于意义系统的建立有重要作用。

整体而言,资料汇总的基本要求是完整而简明、集中且系统。完整而简明指的是所有的资料都要汇总到一起,而且要用简短、明了的文字说明调查对象的整体情况。集中且系统指的是不能杂乱无章,一定要有逻辑、有系统地反映调查对象总体的全貌。

资料链接 6-1

图书介绍:《质的研究方法与社会科学研究》

《质的研究方法与社会科学研究》一书作者为陈向明,由教育科学出版社 2000 年出版。该书是国内第一部系统评介"质的研究方法"(Qualitative Research)的专著,对目前国际社会科学界提出的有关理论问题以及新近发展出来的操作手段进行了深入的探讨,并结合有关西方学者以及作者自己的研究实例进行了生动的展示和说明。"质的研究方法"目前在社会科学研究领域是与"量的研究方法"相提并论、交相辉映的一种研究方法,它要求研究者深入社会现象,通过亲身体验去了解研究对象的存在方式和意义解释,在原始资料的基础之上建立相关理论。

第三节 定量资料的整理

文化市场调查定量资料的整理主要是指问卷资料的整理。问卷调查人员多,资料数量庞杂、良莠不齐甚至有弄虚作假,所以整理非常重要。对问卷资料的整理是资料分析的必经阶段,在此我们按照审核、编码、数据资料录入和数据清理等过程进行介绍。

一、资料审核

(一) 资料审核的原则

1. 真实性

真实性主要是指数据资料必须客观公正,不能弄虚作假。调查过程中,调查员可能趋利避害、图方便，当遇到难以调查的情况时甚至会自己随意填答问卷。如果对这种杜撰的问卷资料进行分析，得出的相关结论将是毫无意义的，甚至是有危害的。真实性是资料审核的首要原则，在保证资料真实性的前提下才能进行其他的整理、编码、分析等工作。对于不真实的问卷资料要坚决舍弃。

2. 准确性

准确性是指调查数据资料必须准确，不能含混不清，更不能自相矛盾。调查员在调查过程中可能存在疏漏，从而在填写资料时出差错，这种情况难以避免。这种非主观性失误在资料的审核中难以被发现，必须加倍小心。如被调查者在年龄栏内填写的是20岁，而在文化程度选项中填答的却是研究生，这显然不合常理。遇到这种情况需要复查或者通过其他方式审核，不能轻易采信，也不能草率认定有误。

3. 完整性

完整性包含两个方面的意思，一是指调查问卷总体是否完整，是否有资料漏收；二是指个别问卷资料填答是否完整。总体性完整需检查是否按照要求收集齐全或填报清楚，个别性完整应该查询问卷的各个项目是否漏填。如果调查数据资料残缺不全，就会降低甚至消除研究的价值。

（二）资料审核的方式

1. 审核问卷

问卷调查过程中，组织者可以在一份问卷调查结束后立即进行审核。这种审核方式也称为实地审核，即边调查边审核。调查员在收回问卷的时候也需要审核，主要查看问卷是否有漏填、错填，是否有明显的逻辑性错误。

组织者对调查过程的审核主要是审核其准确性和完整性，审核调查员是否按照规范实施调查，是否遵循了标准化的原则。如果审核中发现调查员随意性比较大，提问、记录都不按照规范进行，应该责令调查员立即纠正，已经获得的问卷资料也应该废止。

对问卷资料的完整性审核主要是审核问卷填答的完整程度。一般封闭性的问题容易把握，但是开放性问题填答的难度比较大，被调查者有可能拒绝作答，如果调查员在这个过程中没有敬业精神和很好的技巧就更难以争取到被调查者的配合。当遇见无作答的开放性问题时，审核人员不能草率地认定是调查者的疏忽。这时他应慎重对待，可以找调查者了解情况，或者进行再调查。对于漏填的题，缺失值不能直接放弃，审核人员可以找到调查员了解情况，能补齐的要尽量补齐。

资料链接 6-2

根据《统计违法违纪行为处分规定》（以下简称《处分规定》）第五条的规定，各级人民政府统计机构、有关部门及其工作人员在实施统计调查活动中弄虚作假的违法违纪行为包括两种情况：一是强令、授意统计调查对象虚报、瞒报或者伪造、篡改统计资料；二是参与篡改统计资料、编造虚假数据。

强令、授意统计调查对象虚报、瞒报或者伪造、篡改统计资料的行为，是指各级人民政府统计机构、有关部门及其工作人员在统计数据的搜集、整理、汇总和上报过程中，利用职务上的便利，采取强迫命令或者暗示诱导的方式让统计调查对象虚报、瞒报或者伪造、篡改统计资料，干扰统计调查对象依法报送统计资料的行为；参与篡改统计资料、编造虚假数据的行为,是指各级人民政府统计机构、有关部门及其工作人员在统计数据的搜集、整理、汇总和上报过程中,利用职务上的便利,为了迎合领导的意图或者小团体的利益,参与篡改统计资料或者凭空捏造虚假统计数据的行为。

根据《处分规定》第五条的规定,各级人民政府统计机构、有关部门及其工作人员在实施统计调查活动中强令、授意统计调查对象虚报、瞒报或者伪造、篡改统计资料,或者参与篡改统计资料、编造虚假数据的,对属于《处分规定》第二条所列有关责任人员,给予记过或者记大过处分;情节较重的,给予降级或者撤职处分;情节严重的,给予开除处分。

2. 回访被调查者

当有缺失值或者有可疑之处时,审核人员可以找被调查者进行复查,这是为了保证资料的完整性和准确性。对已经回收的调查问卷随机抽取部分进行复查,一般通过在线沟通的方式进行。复查主要是核实调查者是否对被调查者真的进行了调查,是否按照规范进行了调查。复查时要审核调查者是否按规范操作,复查程序也需要按规范程序操作。复查问卷一般包括如下内容:

(1) 问卷编号。
(2) 次数及时间记录。
(3) 调查员是否进行真实的访问。
(4) 调查员是否访问了指定的被调查者。
(5) (如果赠送礼品)调查员是否已送出礼品。
(6) 对调查员态度的评价。

从原问卷中挑选一些比较敏感、较难回答或事实性的题目,回访复查对象,以此检验调查员是否有违规操作行为。

所有的复查都应该按照这种标准化的格式去做,如此可以通过以上情况的分析判断问卷资料的信度与效度。如果在复查中发现调查员有舞弊,甚至弄虚作假,这种问卷就该剔除。

二、编码

对调查资料的处理一般都是借用 SPSS 软件来进行的,这就需要把资料转化成软件能识别处理的数字。答案中有很多直接就是用数字来表述的,如人口数、收入、年龄等可以直接用数字表达,这种数值本身具有意义,可以直接用填写的数字答案作代码,但是更多问题的答案不能用数值来直接表述其意义,如婚姻状况、文化程度等。这种问题的答案可以用数字对其赋值,如调查文化程度时用"1"表示"小学及以下","2"表示"初中"等,这种将问题答案赋予对等的数字即为编码。

编码可以分为前编码、边缘编码、后编码 3 种类型。前编码是指在设计问卷时即为每个题目的答案设置代码,在编码时直接录入答案对应的代码。

边缘编码是针对记录的格式而言的,即在问题的右边用一条竖向的虚线分隔开,紧靠虚线设置相应数量的方框,在方框中填上答案的代码。这种方式可以方便录入和查错。

在调查结束之后再进行编码称为后编码。一般来说,开放性问题更适合采用后编码。前编码也可以对开放性问题进行编码,这需要调查组成员先充分讨论,设想可能会出现的答案,再对答案进行归类整理,赋予代码。当录入时碰见能直接找到预设答案的就可以直接赋予代码。但是很可能会出现一些意想不到的情况,这就需要为新情况添加代码了。

(一) 各类题型的编码方式

1. 单选题的编码

单选题只有一个答案,如果问题答案的序号直接用数字表示,编码就很方便。如调查性别时,给出两个选项:1. 男;2. 女,答案选项就可以直接作为代码输入编码栏内。为了后期编码的方便,一般在设计问题答案序号时使用阿拉伯数字,不用英文字母。

2. 填空题的编码

如果所填的答案是阿拉伯数字,就直接把数字录入编码栏,答案就是代码。如:您家里有几口人?_____(横线上填写的数字就可以直接作为代码录入。)

一般来说,答案能够用数字表达的才适合用填空题的形式。如果填空题需要填写的答案是文字资料,就需要对这些文字资料进行归类编码。

3. 多项选择题的编码

多项选择题是指答案可以选择两个或两个以上题型。这又分为多项限选题和多项任选题。如果是多项限选题,那么答案的数量是确定的,如果确定是几个,就设计几个代码。需要注意的是,如果提供选择的答案数量超过了9个,那么答案的序号就需要用两位数表示。所选答案的序号直接作为代码录入编码栏内即可。

如果是多项任选题,则要相对复杂点。因为所选的答案数量不确定,按照前面的几种方式就不好确定编码栏数。这种题型可以用"0"和"1"作代码,栏数为所有提供的答案数量。入选的答案用"1"作代码,落选的答案用"0"作代码。如:

您喜欢看什么类型的电视节目?请把你喜欢的电视节目序号画上圈。

1 体育　2 动漫　3 电影　4 娱乐　5 访谈　6 科教　7 农业　8 戏曲　9 军事

10 选秀　11 少儿　12 法制　13 经济　14 纪录片　15 人文历史　16 自然地理

如果某位被调查者选择了1,3,4,6,9,14,那么该题的编码可以是1011010010000100。

4. 排序题的编码

如果上题中答案选项不变,但是题干改成:以下电视节目中,请按照您的喜爱程度选出3项。这就是一个排序题,如果被调查者按照喜好程度选择了3项,依次是04,11,06,04 排在第一位,11 排在第二位,06 排在第三位,那么答案代码可以采用041106。

5. 矩阵式与表格式题型的编码

矩阵式与表格式题型比较相似,两种题型的编码方法差别不大,故在此一并说明。如果横向有几个维度就设置几个编码,入选的纵向选项序号作为编码号。如下例:

您对中国旅游市场的看法如何?(请在所选方框内打√)

	很满意	满意	基本满意	不满意	很不满意
① 行业法规	□	□	□	□	□
② 人员素质	□	□	□	□	□
③ 政府监管	□	□	□	□	□
④ 资源保护	□	□	□	□	□

上题中横向有 4 个维度,纵向有很满意、满意、基本满意、不满意、很不满意 5 个选项,对应这 5 个选项可以编码为 1,2,3,4,5,如此该题可以设置 4 个编码。如果被调查者的 4 个维度分别选择很满意、基本满意、不满意、基本满意,则可以编码为 1343。

6. 开放题的编码

开放题编码如果采用前编码方式,就需要先设想好可能出现的答案,再进行归类整理,各个类别赋予一个代码,预留几个代码给可能出现的未曾料想到的答案。如果是后编码,就需要先抽出部分问卷,对这些问卷的开放题答案进行归类整理,再将整理好的答案类别赋予代码。因为后编码只是抽取部分问卷进行整理得出的代码,所以很可能会有新情况出现,当碰到新的情况无法用既有的代码表示时,就需要添加代码了。同时也要对编码手册进行更新,把新情况补充进编码手册。

(二) 编码注意事项

1. 问卷编码

问卷编码是指问卷本身的编码。这个编码一般在问卷的首页右上角,问卷编码就是给每份问卷赋予一个代码。问卷分发给调查员时登记好各调查员所领的问卷代码。如此操作可以方便在后期审核时联系调查员。

2. 栏码的确定

栏码是指问题答案代码在数据文件中所处的位置。编码是几位数,在数据文件中所处的位置是第几栏,这都需要在编码时设定好。编码的宽度在问卷设计之时应已经设定好。如果是边缘编码,编码需要几位,则在问卷右侧有几个方框。根据问题的顺序、问题的编码位置从前到后进行排列。

3. 特殊值编码

被调查者答题时可能不会完全按照填答要求填答。他们有可能觉得问卷给出的某题答案都不合适,这时又不想随便选一个,被调查者可能会用"不知道"作答或者拒绝作答。如果该题编码栏宽只有一栏,可以设定为"0",表示"不知道"。如果该题编码栏宽有两栏,可以设定为"00",依此类推。还有些题漏填,出现缺失值的情况,对于缺失值一般用"9"或者"99"表示,视该题编码的栏宽确定用什么数字。

> **课堂讨论 6-1**
>
> 为了便于统计、查找修正和分析数据,必须要对问卷本身进行编号。如果一项问卷调查抽取样本时涉及 5 个省份(例如,北京、广东、辽宁、上海、湖北),每个省份分别选取省会城市、1 个中等城市,中等城市其下再选 1 个县城,县城其下再选 1 个乡镇;然后问卷又分 5 种类型(例如社会青年卷、家长卷、经营者卷、管理者卷、大学生卷),那么请问这个调查中的问卷该如何编号呢?

(三) 编码手册

有些调查范围比较大,调查人员较多,如果编码没有一个标准化的操作规范,就很容易出问题。所以在调查结束后制定一本编码手册就很重要,编码人员和录入人员都需以此为标准进行操作。如下是编码手册示例(见表 6-2)。

表 6-2　编码手册(节选)

栏位	栏宽	问卷题号	变量编号	变量名称	变量值	缺失值
1	1		1	城市	1:北京,2:上海,3:南京,4:广州,5:成都,6:海口	9
2~4	3		2	个案号	问卷上的问卷编号如实填写	999
5	1	A1	3	性别	1:男,2:女,3:变性	9
6~7	2	A2	4	年龄	按实际年龄填写,超过99都填99	99
8	1	A3	5	文化程度	1:小学及以下,2:初中,3:高中,4:大专,5:本科,6:研究生	9
9	1	A4	6	家庭人口数	填写实际人口数	9
10	1	A5	7	职业	1:国家机关、党群组织、企业、事业单位负责人,2:专业技术人员,3:办事人员和有关人员,4:商业、服务业人员,5:农、林、牧、渔、水利业生产人员,6:生产、运输设备操作人员及有关人员……	9
……	……	……	……	……	……	
19	1	B1	11	婚姻状况	1:已婚,2:未婚,3:离异,4:丧偶,5:其他	9
20	1	B2	12	配偶年龄	按实际年龄填写	99
……	……	……	……	……	……	
26	1	C1	20	住房情况	1:自有住房,2:租房,3:其他	9
27	1	C2	21	面积	1:小于80平方米,2:80~100平方米,3:100~120平方米,4:120~140平方米,5:大于140平方米	9
……	……	……	……	……	……	

表 6-2 中的编码手册是一份问卷部分编码的节选。栏位是指各问题代码在数据库中的位置,栏宽是指各问题代码在数据库中所占栏数,缺失值是指问卷中没有填答的问题的编码。

三、数据资料录入

资料编码后就可以将其录入计算机,根据采集数据的方式不同,分为键盘人工录入、光电扫描输入、计算机辅助数据收集3种方式。

（一）键盘人工录入

键盘人工录入一般是先根据编码表把问卷资料录入登录表,再将登录表上的编码录入电脑。如果直接根据编码表将问卷资料录入计算机,虽然减少了一个环节,但是边翻动问卷边敲打键盘会很麻烦、耗时,很容易出错。它适合小规模调查,大规模调查的数据录入需要使用其他方式。表6-3是数据登录表的实例。

表6-3 表6-2对应的数据登录表

城市	个案编号			A1	A2	A3	A4	A5	……	B1	B2	……	C1	C2	……
1	0	0	1	2	2	8	3	4	……	2	9	9	3	4	
1	0	0	2	1	3	5	4	2	……	1	3	2	1	2	
1	0	0	3	2	3	0	4	3	……	1	3	6	1	2	
1	0	0	4	2	4	3	3	6	……	1	4	6	1	2	

键盘人工录入电脑时可以先录入到数据库中,也可以直接录入到统计软件中。常用的统计软件主要有SPSS、SAS、SYSTA等,最常用的统计分析软件是SPSS。

资料链接6-3

SPSS是世界上最早的统计分析软件,由美国斯坦福大学的3位研究生Norman H. Nie,C. Hadlai(Tex) Hull和Dale H. Bent于1968年开发成功,他们同时成立了SPSS公司,并于1975年成立法人组织,在芝加哥组建了SPSS总部。1984年,SPSS总部首先推出了世界上第一个统计分析软件微机版本SPSS/PC+,开创了SPSS微机系列产品的开发方向,极大地扩充了它的应用范围,并使其能很快地应用于自然科学、技术科学、社会科学领域中。世界上许多有影响的报刊纷纷就SPSS的自动统计绘图、数据的深入分析、使用方便、功能齐全等方面给予了高度评价。

2009年7月28日,IBM公司宣布将用12亿美元现金收购统计分析软件提供商SPSS公司。具体的收购方式为IBM将以每股50美元的价格进行收购,该交易将全部以现金形式支付,预计于年底前完成。SPSS称将在2009年10月2日召开特别股东大会,投票表决有关将该公司出售给IBM的交易。如今SPSS已更名为IBM SPSS。迄今,SPSS公司已有50余年的成长历史。

SPSS是世界上最早采用图形菜单驱动界面的统计软件,它最突出的特点就是操作界面极为友好,输出结果美观漂亮。它将几乎所有的功能都以统一、规范的界面展现出来,使用Windows的窗口方式展示各种管理和分析数据方法的功能,对话框展示出各种功能选项。用户只要掌握一定的Windows操作技能、软件统计分析原理,就可以使用该软件为特定的科研工作服务。SPSS采用类似Excel表格的方式输入与管理数据,数据接口较为通用,能方便地从其他数据库中读入数据。其统计过程包括了常用的较为成熟的统计过程,完全可以满足非统计专业人士的工作需要。输出结果十分美观,存储时则是专用的SPO格式,可以转存为HTML格式和文本格式。对于熟悉老版本编程运行方式的用户,SPSS还特别设计了语法生成窗口,用户只需在菜单中选好各个选项,然后按"粘贴"按钮就可以自动生成标准的SPSS程序,极大地方便了中、高级用户。

SPSS 由于其操作简单，已经在我国的社会科学、自然科学的各个领域发挥了巨大作用。该软件还可以应用于经济学、生物学、心理学、地理学、医疗卫生、体育、农业、林业、商业、金融等各个领域。

（二）光电扫描输入

它是利用电脑的外部设备——光电扫描仪，先将印刷体的文本扫描成图像，再通过专用的光学字符识别系统进行文字的识别，将汉字的图像转成文本形式，最后用"文件发送"或"导出"输出到其他文档编辑软件中。光电扫描录入特别适用于封闭式选择题，即打钩式的回答，而扫描开放性问题时可靠性较低，需要人工辅助。该方法曾在中国经济普查中使用。

（三）计算机辅助数据收集

它的优点是数据收集和数据录入可以同时进行，比纸质问卷数据收集方法速度更快，效率更高。其关键是需要专门的技术人员进行数据库软件的开发和调试，并在调试过程中解决数据录入可能发生的问题。通常用于大规模数据调查的录入方式。如调查员可以利用专属的平板下载专门的软件完成调查，提交数据后系统即可在后台完成编码、录入、审核、预处理，形成数据库。

四、数据清理

数据在录入登录表和电脑的过程中难免会出错，所以数据清理就是必不可少的环节。数据清理主要是对有效范围、逻辑一致性的清理和对数据质量的抽查。有效范围和逻辑一致性的清理都是在计算机软件中完成的。

有效范围清理是针对数据中奇异值的清理，需要清理出取值超过原题取值范围的填答情况。如对于性别，我们赋予4个编码，分别为"1"代表男、"2"代表女、"3"代表变性、"9"代表缺失值，检查过程中发现有的问卷取值为"4"，这种取值可能就是录入中出现的差错。

逻辑一致性清理是要清理出数据之间出现矛盾的情况。如以下题为例，"你是独生子女吗？"，被调查者回答"是"，但是后题"家庭兄弟姐妹总共有几个？"，被调查者回答"3"，这就是典型的逻辑不一致。

数据质量清理是检查数据录入的准确性，需要拿着问卷逐份核对。这种清理一般是抽检一部分，根据部分问卷录入的错误率来推算总体的错误率。这样就能够大概了解总体资料的可靠程度了。

本章小结

文化市场调查资料的整理处于资料搜集和资料分析的中间阶段，具有承上启下的重要作用。本章主要从文化市场调查资料整理的重要性、步骤、原则等方面对资料整理作了系统介绍。同时从定性和定量的角度探讨文化市场调查资料处理的方法。文化市场调查定性资料整理通常情况可以分为记录、审查、分类、编码和汇总5个方面。定量资料整理基本包括资料审核、编码、录入和清理几方面。

◆ **关键词**

资料整理　定性资料整理　定量资料整理

◆ **思考题**

1. 如何理解文化市场调查的时效性？
2. 文化市场调查资料整理的意义是什么？
3. 定性资料的编码和定量资料的编码有何异同？
4. 定性资料整理的具体步骤是什么？

思考案例

以下是一份有关我国公益性文化设施免费开放的调查所收集到的资料：

《关于公共文化设施向未成年人等社会群体免费开放的通知》；2001~2005全国博物馆个数、从业人员、举办展览个数、参观人次、青少年参观人次、博物馆总建筑面积；《关于公益性文化设施向未成年人免费开放的实施意见》；全国博物馆收支情况；《财政部关于落实公益性文化设施向未成年人免费开放财税政策的通知》；公众样本5 000份问卷；《公共文化体育设施管理条例》；2001~2003年全国各类型博物馆经费运营情况；辽宁省博物馆、图书馆、科技馆免费开放时间、免费开放对象；北京市图书馆、科技馆免费开放时间、开放对象；1996~2006年文化事业费及人均文化事业费；公益文化设施工作人员样本1 500份问卷；各地方开放的经验、效果总结，如工作总结、上报材料等；各地方开放的政策、规定、文件等；各地方文化设施运营的经费（特别是财政支持）情况，如各种经济统计报表等。

请思考：

1. 上面这些资料中哪些属于定性资料？哪些属于定量资料？
2. 应该如何整理上面的定性资料？

应用训练

1. 选择一种文化品牌开展校园调查，侧重本校学生对该品牌的消费情况和消费评价，并运用所学对所收集的资料进行初步整理。

2. 以下内容节选自某份有关中国艺术节社会影响调查问卷，请用本章所学的定量数据处理知识进行编码，设计数据SPSS录入模板。

　　1. 您的性别是：　　[1] 男　　　　　　[2] 女
　　2. 您今年　　　（周）岁
　　3. 您的政治面貌是：
　　[1] 中共党员　　[2] 民主党派人士　　[3] 群众
　　4. 您的宗教信仰是：
　　[1] 基督教　　　[2] 伊斯兰教　　　　[3] 佛教　　　　[4] 道教
　　[5] 无宗教信仰
　　5. 您的文化程度是：
　　[1] 初中及以下　[2] 高中（中专）　　[3] 大专　　　　[4] 本科
　　[5] 研究生及以上
　　6. 您是通过哪些方式欣赏中国艺术节节目的？（可多选）
　　[1] 现场观看　　[2] 电视　　　　　　[3] 因特网　　　[4] 广播电台

[5] 报纸　　　　　　[6] 影碟　　　　　　[7] 其他

7. 对于第八届中国艺术节的相关知识,您了解的程度:(请在相应的选项中打"√")

文化市场调查与分析的定量分析与定性分析的区别

	熟知	比较了解	听说过	没有听说过
艺术节节歌				
艺术节节徽				
吉祥物				
专用标志				

8. 您知道第八届中国艺术节有哪些活动吗?(可多选)
[1] 专业艺术活动　　[2] 群众文化活动　　[3] 展览活动　　[4] 经贸活动
[5] 旅游活动　　　　[6] 开幕式　　　　　[7] 闭幕式　　　[8] 其他

第七章 文化市场调查数据的定量分析(上)

本章结构图

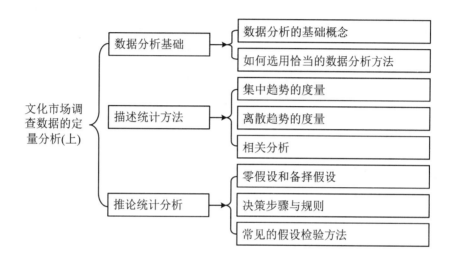

学习目标

了解文化市场调查获得的数据应该使用怎样的方法进行处理,理解如何描述一组数据的集中趋势和离散趋势,理解假设检验的原理和常见的假设检验方法,掌握相关分析的原理及方法。

【导入案例】

房价压力会抑制文化消费吗?

房价收入比是指住房价格与居民家庭年收入之比。根据国际惯例,房价收入比在 3 至 6 倍之间较为合理,但是目前我国一线城市的房价收入比已经超过 40 倍,二线城市也超过 20 倍,加上社会中普遍存在的安居乐业观念,使得我国城市居民的较大部分可支配收入用于支付高房价,对其他消费可能产生抑制效应。然而,在高房价压力下,国内的文化消费却似乎并未受到太多影响,反而呈现出逆势上扬的趋势。许多研究者使用"口红效应"来解释这种效应,所谓"口红效应",指的是在经济低迷时期,居民会通过增加廉价非必需品的消费来满足消费欲望,同时获得心理慰藉。电影等文化消费品具有小额非必需品的属性,获得大量城市居民的青睐,因此在高房价压力下反而获得快速增长。王亚楠(2020)使用中国家庭追踪调查的数据,发现高房价压力显著促进了居民的文化消费,其中中等收入家庭在高房价压力下文化消费最为积极,同时高学历居民更倾向于选择文化消费作为释放压力的重要渠道。

通过本案例可以看到,市场调查与分析不仅可以了解居民消费的现状,同时也可以对消费现象背后的原因进行深入考察。那么,面对大规模的调查样本时,我们怎么既快又准确地统计出结果呢?本章将介绍定量数据分析的基础方法,即描述统计分析和推论统计分析。

第一节 数据分析基础

一、数据分析的基础概念

用数字来表达对世界的认识,比如3头牛、5亩地或者2 500万元的电影票房收入,是人类文明的重要里程碑。用数字来表达的世界被称为数据,而统计则是处理数据的方法,我们可以使用统计来概括数据,比如某个大学班级里学生的平均年龄是19岁,某省的人均GDP(国内生产总值)已经达到1万美元等;也可以用来分析数据之间的关系,比如某个群体身高和体重的相关系数是0.75等;当然也可以用来预测未来的趋势,比如根据某产品这几年的销售数据预测明年的销售额。在了解如何分析从调查中获得的数据之前,我们首先需要了解一些基本概念。

(一)总体和样本

A公司正准备在全国范围内推出一款面向18～25岁爱运动的男青年的运动鞋,需要对这种产品进行市场调研,那么总体就是全国的18～25岁爱运动的男青年。显然,该公司不可能对每一个属于这个范围内的青年都进行调查(因为可能有上千万个满足这个条件的青年),只能从其中选取具有代表性的一部分人进行调查,那么被选出来的这部分青年就被称为样本。

总体和样本跟市场调研的目的密切相关。如果一家校园商店关心是否有学生顾客来购买本店的鞋子,那么整个学校的学生就是这项调查的总体,而鞋店从学生中选出参与调查的一个学生就是总体的一个样本。如果我们想要调查的是全国大学生的心理健康水平,选取这所大学的所有学生进行调查,那么这所大学的所有学生就只是总体(全国大学生)的一个样本。确定调查对象是样本还是总体很简单,只要看目标对象是否都参与了,如果都参与了,那么调查的就是总体;如果只是一部分参与了,那么这些参与调查的个体就只是一个样本。

一般来说,如果对总体进行调查,则所获得的数字指标称为参数,通常用希腊字母表示;如果对样本进行调查,则所获得的数据指标称为统计量,通常用罗马字母表示。需要注意的是,样本统计量并不总是与它估计的总体参数有相同的值。大多数情况下,样本统计量只是总体参数的估计值。

(二)变量与常量

如果我们感兴趣的总体中所有个体都拥有相同的特征,那么这些相同的特征称为常量。

在前面提到的18～25岁爱运动的男青年的运动鞋例子中,性别就是常量,因为这家公司目前仅仅关注国内的男青年,因此所有被关注的青年都有相同的性别。在我国18～25岁爱运动的男青年中,这些人也有许多不同的特征,比如不同的居住地、身高、爱好不同的运动等,总体成员中这些不同值的特征被称为变量。市场调查中,我们关注的绝大部分是变量,如果总体中所有人的情况都相同,就没有调查的必要了。

(三) 离散变量与连续变量

在某项市场调查中,某市每月至少看1次电影的家庭,其家里有几口人是调查人员感兴趣的内容,家庭人口数量就是离散变量,因为一个家庭可能有2口人,也可能有5口人,但不可能有4.5口人。离散变量都是用整数来度量的,比如5只猫或者2辆自行车。时间是一个典型的连续变量,如果把10分钟时间平均分为两段,则这两段时间中的一部分5分钟还可以再分,2.5分钟依然可以再分成两份,像这样可以连续分割的变量被称为连续变量。

(四) 测量的标尺

市场调查中的测量值都是具体的,比如10可以表示消费了10块钱,也可表示这个家庭中有10位成员,或者潜在顾客浏览某公司网页的平均时间。"10"代表的含义总是跟测量的变量有关。在市场调查中,共有4种不同的测量系统,我们称之为测量的标尺。在不同标尺中,数字"10"代表的含义都有相当大的差别。理解测量的标尺对于我们选用适当的数据分析方法具有重要的作用。

1. 类别标尺

在类别标尺中,数字仅仅作为一个标签,用来区分不同类型的变量。我们先来看下面的例子:

您的性别:
1. □ 女性
2. □ 男性

您最常接触的媒体:
1. □ 报纸
2. □ 电视
3. □ 网络
4. □ 广播

在上述例子中,分配给类别的数字是任意的,我们可以用"1"表示"女性","2"表示"男性",也可以反过来。我们可以用"1"表示"报纸",也可以用"4"表示"报纸",只要在调查中编码系统保持一致就可以了。在类别标尺中,数字仅仅表示不同的值,数值较大并不表示某种内容更多或者更少,只是一种标签而已。

类别标尺是最简单的标尺,也是数值含义最少的标尺,可以使用的数据分析方法也最少。

2. 顺序标尺

在顺序标尺中,数值除了具有标签的作用外,数字的顺序也是有意义的,越大的数值表示测量的对象越多。我们来看个例子:

请问您每天使用手机上网的时间:

1. □ 10 分钟以内
2. □ 10～30 分钟
3. □ 30～60 分钟
4. □ 60 分钟以上

在这个例子中,我们用"1"表示"10 分钟以内","2"表示"10～30 分钟","3"表示"30～60 分钟","4"表示"60 分钟以上"。对于顺序标尺的数值,我们不仅知道数值代表的分类,还了解数值的相对大小,但是不能精确地知道一个数值比另一个数值多多少。在上面这个例子中,我们知道数值"4"代表的上网时间比数值"3"代表的上网时间更长,但是我们并不知道到底长多少。一个非常典型的例子是班级的考试成绩排名,我们知道排名第一的同学的分数肯定比排名第二的要高,但是前者比后者的分数究竟高多少,排名本身并不能告诉我们。

顺序标尺可用的数据分析方法比类别标尺更多,但仍然比较有限。

3. 等距标尺

等距标尺比顺序标尺更进一步,不仅数值的顺序具有意义,并且数字间的距离是相等的,因此我们不仅知道较大的数字比较小的大,而且知道具体大多少。

华氏温度是等距标尺的一个例子,我们知道 50 度比 40 度温度高,而且知道高了 10 度。因为数字间的距离是相等的,因此我们知道 50 度与 40 度的差距,和 30 度与 20 度的差距是相等的。

严格地说,态度、看法和偏好等变量是无法被准确量化的,但是在社会科学研究和市场调查中,下面这种态度量表通常被看作等距标尺。

在未来一年内,请问您购买新手机的可能性有多大?
1. □ 肯定不会买
2. □ 很可能不买
3. □ 不太可能买
4. □ 可能会买
5. □ 很可能会买
6. □ 肯定会买

严格地说,在本例中,"6"和"5"之间的距离与"4"和"3"之间的距离并不完全相等,但在市场调查中我们一般把这些数据之间的距离看作相等的。

等距标尺适用的数据分析方法就很多了,大部分统计方法都可以使用。

4. 等比标尺

等比标尺数据拥有等距标尺数据的所有特征——大小顺序有意义、数字间有相同的距离,除此之外,等比标尺还有绝对零点,即数字 0 表示被测量的对象一点也没有。我们来看下面这个例子:

您去年的年收入(税前)是多少?_____人民币。
您的身高是多少?_____厘米。

收入和身高都是等比标尺,因为数字顺序有意义、数字间距相同,并且有绝对的零点,如果收入为 0,则表示一点收入都没有。等比标尺数据之间不仅可以加减,也可以乘除。

等比标尺适用的统计方法最多。

4 种测量标尺的特征,见表 7-1。

表 7-1　4 种测量标尺的特征

特　　征	类别标尺	顺序标尺	等距标尺	等比标尺
表示不同的分类	有	有	有	有
顺序有意义	无	有	有	有
数字间距离相等	无	无	有	有
绝对零点	无	无	无	有

课堂讨论 7-1

文化市场调查中，常用的调查项目各采用哪种测量标尺？有哪些特点？

（五）描述统计和推论统计

描述统计主要用来表述一组数据的特征或者两组数据的联系。比如，我们收集班级中所有同学的身高，就可以使用平均数来计算班级同学的平均身高。如果再收集到班级同学的体重，那么我们就可以计算班级同学身高与体重的相关系数。

在市场调查中，我们通常不仅满足于对样本的情况进行描述，而且更希望通过对样本情况的分析，推断我们感兴趣的总体的情况。推论统计是阐述如何使用样本特征推论总体特征的一种统计方法。但值得注意的是，样本特征可以推断总体特征，但并不能保证推论结果就一定是总体特征的真实情况。这两者之间是存在着一定误差的。

二、如何选用恰当的数据分析方法

数据分析方法有很多种，我们应该如何选择恰当的方法呢？可以从以下 3 个方面来综合考虑。

1. 开展调查的目的

如果调查的目的只是了解样本的情况，则可以使用描述统计，具体包括平均数、中数、方差、标准差、峰度、偏度等。如果调查的目的是推断总体情况或者对理论假设进行检验，则可以使用推论统计，包括区间估计、t 检验、方差分析、回归分析等。

2. 数据的类型

如前所述，根据 4 种测量标尺可以得到 4 种不同类型的数据，按信息量从低到高依次为类别数据、顺序数据、等距数据和等比数据，不同数据有不同的分析方法。一般来说，高信息量数据可以使用低信息量数据的方法，反之则不行。比如等比数据可以使用顺序数据的方法（因为等比数据可以很容易转化为顺序数据），而顺序数据则不能使用等比数据的方法（因为它不包含等比数据那么多的信息）。

3. 数据的分布形态

数据的分布形态对数据分析方法的选择同样起着很大的影响，而数据的分布形态则与样本的选择有关。一般来说，只要样本容量足够大（至少在 30 以上），且涉及范围广，那么可选择的统计方法就比较多。因此，我们在调查时应尽可能地扩大样本容量，扩宽样本所涉及的范围。

常见的数据分析方法见图 7-1 和图 7-2。

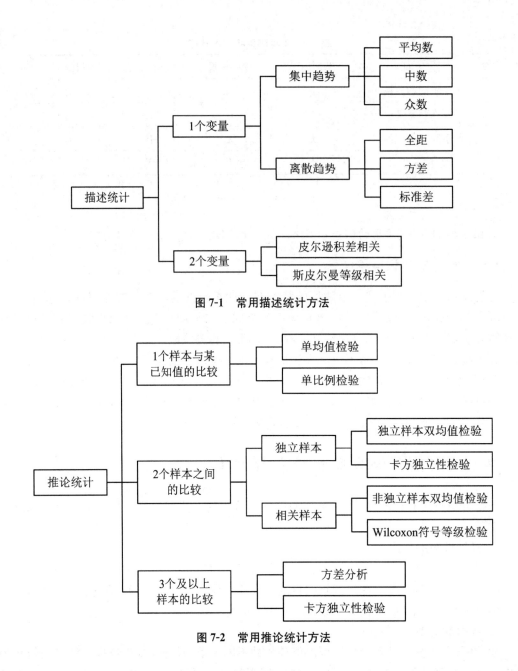

图 7-1 常用描述统计方法

图 7-2 常用推论统计方法

第二节 描述统计方法

一、集中趋势的度量

从市场调查中获得的数据,首先需要对其特征进行较为准确的描述,才能透过数据去了解世界本来的样子。在以下案例中,如果不对数据加以简化,我们很难获得有关消费者团购消费金额的准确情况。

集中趋势可以告诉我们一组数据的中心在哪里,常见的集中趋势度量方法有平均数、中数和众数。

案例分析 7-1

消费者网络消费调查

随着越来越多的消费者参与网络团购,不少研究者也开始关注网络团购的问题,并就购物心理、团购意向进行了分析。有研究者在南京、合肥和芜湖等城市采用街头随机截访的方式对消费者进行了调查。表7-2呈现的是有过网络团购经验的消费者"最近一次网络团购的消费金额"。

表7-2 消费者最近一次网络团购的消费金额(单位:元)

50	400	10	208	30	300	50	200	40	100
588	99	500	420	50	100	208	25	100	60
50	90	2 000	50	98	500	100	50	400	80
150	5	90	59	168	70	268	250	80	150
200	100	112	100	68	79	100	247	100	89
100	65	200	100	280	500	150	150	300	25
90	28	25	100	100	200	500	39	360	200
50	2 000	49	78	200	200	50	200	30	79
100	100	100	300	300	200	98	10	70	59
50	200	50	60	150	39	500	100	128	50
20	300	150	200	50	130	52	149	300	200
278	100	69	50	100	100	50	50	100	200
139	80	268	200	100	50	100	2 000	43	278
800	250	25	70	110	140	258	168	78	100
300	456	200	35	150	89	40	1 000	60	110
500	39	70	39	54	120	25	298	1	50
29	200	100	2 000	60	38	100	60	100	500
50	500	100	80	80	50	200	140	200	150
60	50	30	200	150	109	89	1	800	40
80	70	200	298	88	200	450	150	80	100
50	90	200	80	450	1 500	800	80	112	80

该项调查由安徽师范大学徐丽莎、邓文明、陆点、鲍钰、周卫荷、程勤勤、闻小亮、刘玲君、王利娟和夏春进行。

（一）平均数

平均数是所有集中趋势中最常用的一种统计量，其计算方法为所有数据之和除以数据个数，见公式 7.1。只有等距标尺和等比标尺的数据可以使用平均数作为集中趋势的指标，类别标尺和顺序标尺的数据不能计算平均数。例如，如果我们用"1"表示男性，"2"表示女性，计算两位消费者的"平均性别"显然没有意义。

$$X = \frac{\sum X}{N} \tag{7.1}$$

因为消费者的网络团购消费金额是等比数据，因此我们可以用平均数来计算这组数据的集中趋势。首先计算所有数据之和，本例中是 41 567 元；再用总和除以数据个数 210，就可以获得这组数据的平均数为 197.94 元。

平均数可以告诉我们数据的中心点，或数据的平衡点，就像小朋友经常玩的跷跷板，如果跷跷板两端的重量恰好相等，那么跷跷板就会保持平衡。平均数也具有这样的特征，平均数两端的数据是"等重"的。但这也导致一个问题，就是平均数对数据的变化非常敏感，如果一组数据中有一个数据变化了，那么平均数就会改变。尤其是极端数据，对平均数的影响非常大，在本例中，如果我们新调查了一位消费者，他上一次团购消费的金额是 8 000 元，那么所有消费者的平均消费金额就会变为 234.91 元——因为一位消费者数据的加入，平均数变大了 35.97 元，增大了约 19%。这在很多时候会影响市场调查的准确性，因此在使用平均数时，一定要考虑是否有极端数据的影响，而我们下面将要介绍的两种方法则较少受到极端值的影响。

（二）中数

中数是将所有数据排序（升序或降序）后，处于最中间的那个数。前面我们知道平均数代表的是所有数据的平衡点，而中数则代表的是所有数据的中间点。有一半数据在中数之上，另一半数据在中数之下，因此中数也被称为第五十百分位数（50%的数据在其上，50%在其下）。

中数的计算较为简单，将所有的数据按照从小到大或者从大到小的顺序排列好，处于中间的那个数就是中数。在消费者网络团购消费金额的例子中，中数是 100 元，即 50%的被调查对象消费金额在 100 元以上，而其余 50%的调查对象消费金额在 100 元以下。

因为中数关注的是数据个数，而不是数据的大小，因此其能够反映的信息一般比平均数少，但中数有其自身特点。如前所述，平均数极易受到个别数值，尤其是极值的影响，从而会对最终结果描述产生深远影响。而中数则不然，它对某个数据的变化不是很敏感，也较少受到极端数据的影响。例如，我们增加一位消费 8 000 元的调查对象，本组数据的中数仍然是 100，并没有发生改变（因为多位消费者消费的都是 100 元，所以中数只是从这个 100 元"移动"到旁边那个 100 元而已）。正是因为具有这样的特点，在有极端数据存在时，使用中数可能更能够代表一组数据的集中趋势。

（三）众数

众数是指一组数据中出现次数最多的那个数。在消费者团购消费金额的调查中，有 19 位调查对象的消费金额为 50 元，29 位调查对象的消费金额为 100 元，22 位调查对象的消费金额为 200 元……其中 100 元出现的次数最多,因此本组数据的众数是 100 元。

平均数只适用于分析等距标尺和等比标尺的数据,而中数可以分析除类比标尺之外的其他数据,众数的适用范围更广,所有类型的数据均可以使用众数来分析。例如,如果我们用"1"表示班里安徽籍的同学,"2"表示江苏籍的同学,"3"表示河南籍的同学,"4"表示湖北籍的同学……这种分类标尺数据既不能使用平均数,也不能使用中数,但可以使用众数,我们可以计算出现次数最多的那个数,如果"4"出现次数最多(比如 15 次),那么我们就说这组数据的众数是 4,表示湖北籍同学的人数最多。

二、离散趋势的度量

有些时候除了描述数据的集中趋势外,我们也需要描述一组数据的离散趋势。例如,假设某个文化产业管理班级中有两个寝室,每个寝室都有 4 位同学,甲寝室 4 位同学在"市场调查"课中的考试成绩分别为 60 分、75 分、85 分、100 分,平均分为 80 分;乙寝室 4 位同学的考试成绩分别为 78 分、79 分、81 分、82 分,平均分也是 80 分。

虽然这两个寝室同学的平均分都是 80 分,但内部构成差别很大。离散趋势关注的就是一组数据内部的差异程度。常见的离散趋势有全距、方差、标准差等。

(一) 全距

全距是描述一组数据离散程度最简单的方法,指的是一组数据中的最大值和最小值之差,又被称为"极差"。在消费者网络团购金额的调查中,消费最多的消费者一次花了 2 000 元,消费最少的花了 1 元,那么全距就是 1 999 元。

全距是一种简便快捷了解数据离散趋势的方法,但其只利用了一组数据中的最大值和最小值,我们仅仅知道最大值和最小值的差距,对其他数据的情况并不了解。此外,全距受极端数据的影响较大,如同前面的假定一样,如果有一位消费者消费了 8 000 元,那么全距就会变为 7 999,增大了许多倍。

(二) 方差和标准差

除了最大值和最小值之间的差距(全距)外,我们还可以使用每个数据偏离中心的程度来度量一组数据的离散程度。我们常常使用平均数作为一组数据的中点,然后计算每个数据与平均数之间的距离,这个距离被称为离均差。如果把每个数据与平均值之间的离均差相加起来,其结果会为 0,因为离均差有正有负(有的数据大于平均数,有的数据小于平均数),并且平均数恰好是数据的平衡点,这样每次都会得到 0 这个结果。所以,只是简单地将一组数据的离均差相加并不能反映出该组数据的离散程度。

要想用每个数据偏离中心的程度来度量一组数据的离散程度,就必须想办法将所有的离均差变为正数。一种方法是取绝对值,即计算所有离均差的绝对值的和,再除以数据个数,就可以获得离均差绝对值的平均数,并将其作为离散程度的指标。这种方法较容易理解,但取绝对值不利于进行进一步的运算。另一种使所有离均差变为正数的方法是将每个离均差平方,再把这些平方加起来,然后除以数据个数,就可以获得度量一组数据离散程度的指标,统计学上将其称为方差。方差度量的就是离均差平方和的平均数,公式如下:

$$s^2 = \frac{\sum(X_i - \bar{X})^2}{N} \tag{7.2}$$

方差能够较好地度量一组数据的离散趋势，但因离均差平方之后会改变原数据的单位，所以在使用时常用开平方方式计算方差的算术平方根，以此来保持原数据单位不变。方差的算术平方根在统计学中称为标准差，其计算公式如下：

$$s = \sqrt{\frac{\sum(X_i - \bar{X})^2}{N}} \tag{7.3}$$

对于前面考试成绩的例子，甲寝室的同学平均分为80分，离均差分别为—20，—5，5，20，其平方和为$(-20)^2+(-5)^2+(5)^2+(20)^2=400+25+25+400=850$，850除4等于212.5，方差即为212.5，将方差开方，就得到标准差14.58。乙寝室同学的平均分也是80分，离均差分别为—2，—1，1，2，其平方和为$(-2)^2+(-1)^2+(1)^2+(2)^2=4+1+1+4=10$，10除以人数4等于2.5，方差为2.5，标准差则是1.58。1.58显然小于14.58，乙寝室同学的分数离散程度小于甲寝室同学。

因为计算方差和标准差时使用到了平均数，因此方差和标准差也只适用于等距标尺和等比标尺的数据，不适用于顺序数据和分类数据。此外，由于平均数受极端数据的影响较大，因此方差和标准差也是如此，在使用时必须注意这一点。

三、相关分析

市场调查中我们常常对两个变量之间的关系感兴趣，比如是不是收入越高的人，去电影院看电影的次数越多？是不是头发越长的人，消费洗发水的数量越大？这些问题都涉及相关分析。

（一）皮尔逊积差相关

如果两个变量都是等距或等比数据，并且两者之间具有线性关系，那么就可以使用皮尔逊积差相关来计算这两个变量之间的相关程度，计算的结果称为皮尔逊相关系数（Pearson Correlation Coefficient）。皮尔逊相关系数的取值范围是在—1和1之间，如果取值为正数，则表示正相关，即一个变量增大，另一个变量也随之增大；如果取值为负数，则表示负相关，即随着一个变量增大，另一个变量反而变小。相关系数的绝对值越大，表示两个变量的相关程度越高。皮尔逊积差相关计算公式为

$$r = \frac{\sum(X_i - \bar{X})(Y_i - \bar{Y})}{n s_X s_Y} \tag{7.4}$$

式中，r 表示皮尔逊积差相关系数，n 表示数据个数，X_i 和 Y_i 分别表示第 i 个变量的值，s_X 和 s_Y 分别表示 X 和 Y 的标准差，$\bar{X}$ 和 $\bar{Y}$ 分别表示变量 X 和 Y 的平均数。具体计算过程可以看这样一个例子：

某研究者收集了15名同学"文化产业概论"和"艺术品鉴赏"两门课的期末成绩（均为百分制），见表7-3，这两门课的成绩之间是否相关？

表 7-3 文化产业概论和艺术品鉴赏两门课的分数及相关计算

学生编号	文化产业概论(X)	艺术品鉴赏(Y)	$X_i-\overline{X}$	$Y_i-\overline{Y}$	$(X_i-\overline{X})(Y_i-\overline{Y})$
1	92	73	12	3	36
2	85	81	5	11	55
3	83	65	3	−5	−15
4	75	77	−5	7	−35
5	90	82	10	12	120
6	63	55	−17	−15	255
7	68	43	−12	−27	324
8	86	70	6	0	0
9	80	76	0	6	0
10	74	72	−6	2	−12
11	95	88	15	18	270
12	82	62	2	−8	−16
13	76	71	−4	1	−4
14	81	73	1	3	3
15	70	62	−10	−8	80
	$\overline{X}=80$	$\overline{Y}=70$	$\sum(X_i-\overline{X})=0$	$\sum(Y_i-\overline{Y})=0$	$\sum(X_i-\overline{X})(Y_i-\overline{Y})=1\,061$
			$\sum(X_i-\overline{X})^2=1\,154$	$\sum(Y_i-\overline{Y})^2=1\,804$	

首先根据前面学习的标准差公式计算 X 和 Y 的标准差：

$$s_X=\sqrt{\frac{\sum(X_i-\overline{X})^2}{N}}=\sqrt{\frac{1\,154}{15}}=\sqrt{76.93}=8.77$$

$$s_Y=\sqrt{\frac{\sum(Y_i-\overline{Y})^2}{N}}=\sqrt{\frac{1\,804}{15}}=\sqrt{120.27}=10.97$$

根据 X 和 Y 的标准差以及表 7-3 提供的其他信息，就可以计算文化产业概论和艺术品鉴赏两门课分数的相关系数：

$$r=\frac{\sum(X_i-\overline{X})}{ns_X s_Y}=\frac{1\,061}{15\times8.77\times10.97}=\frac{1\,061}{1\,443.10}=0.735$$

文化产业概论和艺术品鉴赏两门课分数的相关系数为 0.735，表明二者之间有较为密切的正向联系，即文化产业概论得分越高，艺术品鉴赏得分也越高，反之亦然。

相关系数 r 的绝对值越接近 1，表示两个变量之间的相关程度越高；相关系数 r 的绝对值越接近 0，表示两个变量的相关程度越低。相关系数的平方 r^2 被称为决定系数，决定系数表示变量 Y 的总变异中，能够用存在 X 和 Y 之间的线性关系所解释的比例。

(二) 斯皮尔曼等级相关

因为皮尔逊积差相关系数适用于两个变量均为等距或等比数据,当需要测量两个顺序变量之间的相关时,我们可以使用斯皮尔曼等级相关(Spearman Correlation Coefficient)。如果两个变量有一个是顺序变量,另一个无论是等距或等比的变量,我们都只能使用斯皮尔曼等级相关。前面我们学到,对于顺序数据来说,变量的值的顺序是有意义的,值越大表示被测量的内容越多,但我们并不确切地知道多多少。

斯皮尔曼等级相关的计算公式为

$$r_s = 1 - \frac{6\sum_{1}^{n} d_i^2}{n(n^2-1)} \tag{7.5}$$

式中,d 表示每个被评价对象的等级差值,n 表示样本容量。斯皮尔曼等级相关系数的范围也是在 ±1 之间,如果相关系数为 1,则说明两个变量的排序是完全相同的。其大小的解释与皮尔逊积差相关基本相似。

某次大学生电影节上有 10 部电影参展,专业评委和普通观众对这些电影进行了评价。专业评委们对这些电影进行的是等级评定,排名从第 1 到第 10,名次越靠前表示专业评委对其越认可(见表 7-4)。普通观众对他们喜欢的电影进行了投票,得票越高的电影表示普通观众越认可。分析专业评委和普通观众对这些电影的评价是否相关。

表 7-4 专业评委和普通观众等级评定及等级相关计算

电影编号	原始数据		等级评价		等级差 $d=R_X-R_Y$	d^2
	专业评委	得票率	R_X(专家)	R_Y(群众)		
1	7	25%	7	8	−1	1
2	2	53%	2	4	−2	4
3	5	45%	5	5	0	0
4	1	67%	1	2	−1	1
5	8	36%	8	6	2	4
6	10	28%	10	7	3	9
7	4	58%	4	3	1	1
8	6	24%	6	9	−3	9
9	3	69%	3	1	2	4
10	9	17%	9	10	−1	1
总和					$\sum d = 0$	$\sum d^2 = 34$

注:表中的 R_X 表示专业评委对一部电影的等级评价(与原始数据相同),R_Y 表示普通观众对一部电影的等级评价,是由得票率进行简单推算得到的。

由于专业评委对电影进行的等级评价是顺序数据,因此不能使用皮尔逊积差相关计算相关系数,一种可行的做法是将观众的投票率转化为顺序数据,再计算斯皮尔曼等级相关系数。表 7-3 中已经计算好等级差以及等级差平方和,将这些结果代入公式:

$$r_s = 1 - \frac{6\sum_1^n d_i^2}{n(n^2-1)} = 1 - \frac{6\times 34}{10(10^2-1)} = 1 - \frac{204}{990} = 1 - 0.206 = 0.794$$

计算出来的斯皮尔曼等级相关系数为 0.794,表明专业评委和普通观众对电影的评价具有较高的一致性。

斯皮尔曼等级相关系数由于不要求总体是正态分布,并且只需要顺序数据进行计算,因此在市场调查中运用得也较为广泛。

第三节 推论统计分析

一、零假设和备择假设

在市场调查中,我们经常需要对市场趋势做出判断,然后收集数据来确定这种判断到底是真是假。假设就是在市场调研中对两个变量关系的一种可以检验的判断。例如,我们可以假定女性比男性更倾向于参加网络团购活动,或者青年人比中年人更喜欢看娱乐节目。当然,市场调查中一个假设的提出需要一定的基础,或基于研究者的经验,或基于某种经济、社会理论,亦基于营销一线的实践。虽然我们有充分的理由提出一种假设(比如"根据我闯荡江湖 30 年的经验"或者"过去一直是这样的"),但是我们不能轻易认为这种假设是正确的,特别是将这种假设作为商业决策的依据时。我们需要通过市场调查的数据,对这种假设的真假做出判断,这就是假设检验。假设检验的过程就是先提出某种假设,然后通过收集到的数据来判断这种假设是否成立。我们需要提出的假设不是一个,而是两个,即零假设和备择假设。通常,我们将市场调查者想要收集信息予以支持的假设称为备择假设,或者称为研究假设,用 H_1 来表示。

假设检验的逻辑就是,我们设立了一个备择假设(年轻女性比男性愿意参加网络团购),我们很难证明这个假设是对的;那么我们就能够设立一个与备择假设相对立的假设(年轻女性不比男性更愿意参加网络团购),如果我们能够证明这个对立的假设是错误的,那么自然我们就能够证明备择假设是正确的了。与备择假设对立的假设就被称为零假设,通常来说,备择假设是我们的研究假设,我们认为两个变量有某种联系(在本例中,性别与团购意愿有联系),而零假设一般认为两个变量没有联系。零假设与备择假设之间应该是互补并互斥的关系,即两个假设中有且仅有一个成立。如果我们用 $X_女$ 来表示女性的团购意愿,$X_男$ 表示男性的团购意愿,那么零假设和备择假设为:

$$H_0: X_女 \leqslant X_男$$
$$H_1: X_女 > X_男$$

零假设和备择假设肯定有一个并且只有一个成立,因为女性的团购意愿要么大于男性的,要么小于或等于男性的,没有其他可能。

二、决策步骤与规则

在上一部分我们了解到,直接证明我们期望的假设(备择假设)并不容易,因此提出与备择假设互补并互斥的零假设,通过证明零假设的错误,来间接证明备择假设的正确。但是,我们还必须意识到,在市场调查中,想要进行普查(调查所有我们感兴趣的顾客)几乎是不可能的,因此我们只能通过调查样本的情况,来推断总体的情况。因为抽样误差的存在,由样本推断总体总有犯错误的可能性。

根据统计学中的"小概率事件原理",即一次试验或观察中小概率事件不应当发生,我们可以遵循如下步骤进行决策:

(1) 建立假设。根据上一部分介绍的方法建立零假设和备择假设,两者有且仅有一个成立。

(2) 确定显著性水平。设立小概率事件的临界值,统计学中称为 α 值,在市场调查中常用的 α 值为 0.05。

(3) 收集数据。依照市场调查方法,收集相关数据。

(4) 选定检验方法,计算检验统计量。常见的方法有 t 检验、F 检验等,后面会进行详细介绍。

(5) 计算统计检验量的 P 值。即当零假设成立时,出现样本这种情况以及更为极端情况的累积概率。

(6) 进行决策。如果统计检验量的 P 值小于显著性水平(通常为 0.05),则与小概率原理矛盾,因此拒绝零假设(H_0),从而接受备择假设(H_1);如果统计检验量的 P 值大于显著性水平,则调查结果并没有与小概率原理矛盾,不能拒绝零假设。

具体到有关网络团购意愿性别差异的例子,市场调研人员提出一种假设:女性的团购意愿高于男性(备择假设),并对这种假设进行检验。由于很难证明一种假设是正确的,因此如果我们通过检验与之互补并互斥的零假设(女性的团购意愿低于或等于男性)是错误的,那么就可以间接证明备择假设是可接受的(其实假设检验中关注的更多的是零假设)。对于零假设,由于抽样误差的存在,通过样本推断总体会犯错误,因此提出决策规则:如果零假设成立的可能性小于 0.05,即女性团购意愿低于或等于男性的概率小于 5%,根据小概率原理,拒绝零假设;如果零假设成立的可能性大于 0.05,则不拒绝零假设。当然,如果我们拒绝了零假设,那么就可以接受备择假设,即间接证明备择假设是正确的;但是如果我们没有能够拒绝零假设,从理论上说,我们不能证明备择假设是错的。

课堂讨论 7-2

基于统计分析的决策和基于个人经验的决策有什么区别和联系?两种决策方法在哪些情况下比较有效?各自的优缺点在什么地方?

三、常见的假设检验方法

检验假设一方面需要考虑变量的个数,当主要涉及一个变量时,就用单变量分析;如果涉及两个及两个以上变量,就使用多变量分析。另一方面,检验假设也需要考虑数据的性质,即我们前面介绍的类别标尺、顺序标尺、等距标尺和等比标尺等。一般而言,等距标尺和等比标尺数据可以选用的分析方法较多,而顺序标尺和类别标尺可选的方法很有限。此外,检验假设过程中还需要考虑数据的分布形态,市场调查的取样一定要具有代表性,并且样本容量足够大(最好在30以上),并且要随着分析变量的增加而扩大,具体介绍可以参见相关统计学书籍。表7-5列出了市场调查中常见的假设检验。

表7-5 假设检验的几种类型

假设检验类型	检验的主要目的	举例
卡方列联检验	考察两个变量(类别或顺序数据)是否有联系	消费者的婚姻状况(类别变量)与他们电视节目偏好(新闻、综艺、电视剧)是否有联系
单均值检验	总体均值与指定检验值之间是否存在联系	消费者周末在某类超市付款平均等待时间是否明显多于10分钟
单比例检验	总体的比例与某个指定值是否存在联系	安徽省高校学生使用5G手机卡的比例是否超过30%
独立样本的双均值检验	利用两个总体的独立样本,推断两个总体的均值是否存在显著差异	使用ISO系统和Android系统的手机用户的感知价值是否存在差异
相关样本的双均值检验	利用来自两个总体的配对样本,推断两个总体的均值是否存在差异	在社区阅读推广活动的前后,某社区居民的阅读时间是否有所提高
单因素方差分析	检验不同自变量水平是否会对因变量产生显著的影响	不同受教育水平的消费者网络团购满意度的差异

(一)卡方列联检验

文化市场调研的目标是找出关键变量之间的联系,编制双向表是一种分析变量间联系的工具。编制双向表时,每个变量下的数据必须按照特定的类别进行编码,并且类别不宜过多,因此双向表特别适合分析类别变量的数据,当然等距数据和等比数据也很容易转化为类别数据。交叉列联表是将两个或多个变量的数据同时列入表中。卡方检验就是用来检验列联表中的数据是否有显著的联系,以帮助我们判断两个变量之间是否有显著的联系。

案例:某公司市场调查小组对不同性别的消费者对电视节目的偏好进行了调查。这次调查随机调查了300名消费者(女性200名,男性100名),询问他们最喜欢的电视节目,结果整理于表7-6中。请分析不同性别消费者对电视节目是否具有偏好。

表7-6 不同性别消费者最喜爱的电视节目类型的人数

性别	新闻	综艺	体育	电视剧
女性	20	80	10	90
男性	25	30	35	10

首先提出本次调查的零假设和备择假设。备择假设是男、女消费者对电视节目的偏好不同(性别和电视节目偏好这两个变量有联系),而零假设则是男、女消费者对电视节目的偏好相同(性别和电视节目偏好这两个变量没有联系):

H_0：男、女消费者对电视节目的偏好相同；

H_1：男、女消费者对电视节目的偏好不同。

在卡方检验中，统计检验分析的是实际观察的列联表与期望的列联表（两变量无关时）的差异，观察到的频次与期望的频次差别越大，则卡方越大，表明两个变量之间联系更紧密。

列联表中第 i 行、第 j 列的单元格中，期望值（E）的计算公式为

$$E = \frac{n_i n_j}{n} \tag{7.6}$$

这里 n_i 和 n_j 分别为行边缘和列边缘的总和，这些总和也被称为期望值，n 为样本量。比如第1行第1列的行期望值是200，列期望值是45，样本量为300，因此该单元格的期望值为 (200×45)/300=30。经过计算，所有单元格的期望值见表7-7。卡方值的计算遵循下面这个公式：

$$\chi^2 = \sum \frac{(O-E)^2}{E} \tag{7.7}$$

这里 χ^2 表示卡方值，O 表示列联表中的观测值，即实际调查获得的数字，E 表示的是两个变量没有任何联系时的期望值。本例的计算过程见表7-8。

表7-7 性别与电视节目偏好列联表的期望值（人）

性别	新闻	综艺	体育	电视剧	总计
女性	30	73	30	67	200
男性	15	37	15	33	100
总计	45	110	45	100	300

表7-8 卡方计算的过程

观测值（O）	期望值（E）	$O-E$	$(O-E)^2$	$(O-E)^2/E$
20	30	−10	100	3.33
80	73	7	49	0.67
10	30	−20	400	13.33
90	67	23	529	7.89
25	15	10	100	6.67
30	37	−7	49	1.32
35	15	20	400	26.67
10	33	−23	529	16.03
总和=300	总和=300			$\chi^2=75.91$

列联表中自由度的计算方法为(行数−1)×(列数−1)，本例中行数是2，列数是4，因此自由度是(2−1)×(4−1)=3。知道自由度和调查设置的显著性水平（常用的为0.05），我们就可以在临界卡方值表中查到临界卡方值为7.81，计算得到的卡方值为75.91，大于临界卡方值，表示卡方值显著，这时我们可以拒绝零假设（即男、女消费者对电视节目的偏好相同），拒绝零假设犯错误的概率在0.05以下。又因为零假设和备择假设是互补并互斥的，即两个中有且仅有一个是正确的，我们拒绝了零假设，就可以接受备择假设（即男、女消费者对电视

节目的偏好不同),我们最初提出的假设就得到了验证——不同性别消费者最喜欢的电视节目类型不同。

(二) 单均值检验

单均值检验解决的问题是某一个样本的平均数与总体平均数的关系,即样本平均数是否大于、小于或者不等于总体平均数。我们来看这样一个例子:有调查显示,中国人年平均阅读书籍5本。作为教育工作者,教师的阅读量应该比一般人更多。某市开展了一项针对教师的调查,在被调查的100名教师中,每位教师平均每年阅读8.6本,标准差为3.5本,问是否可以认为该市教师的阅读量高于全国的平均水平(假定总体阅读量呈正态分布)?

我们首先提出研究的假设,备择假设是我们期望的假设,即该市教师群体的平均阅读量(用希腊字母 μ 来表示)大于5本;零假设则是该市教师群体的阅读量小于或等于5本。

$$H_0: \mu \leqslant 5$$
$$H_1: \mu > 5$$

为了进行单均值的检验,我们需要知道样本的平均数、总体的平均数和总体的标准差。如果总体方差已知,我们可以通过 Z 检验来比较样本的均值和总体均值。但在市场调查中,一般而言,我们很难获得总体的标准差,因而常用样本的标准差来估计总体的标准差。事实上,如果样本容量大于30,t 检验的结果和 Z 检验的结果非常接近,所以我们着重介绍 t 检验。

$$t = \frac{\bar{X} - \mu}{\frac{s}{\sqrt{n-1}}} \tag{7.8}$$

式中,$\bar{X}$ 是样本平均数,μ 为总体均值,s 为样本标准差,n 为样本容量。把本例中的相关数据代入公式,可得

$$t = \frac{8.6 - 5}{\frac{3.5}{\sqrt{100-1}}} = \frac{3.6}{0.35} = 10.29$$

t 分布的自由度为 $n-1$,本例中是99,使用0.05的显著性水平,查表可知 t 的临界值是1.96。我们算出来的 t 值为10.29,大于临界值,所以我们拒绝零假设,同时可以接受备择假设,即该市教师的平均阅读量高于全国的平均水平。

(三) 独立样本双均值检验

我们来看这样一个例子:A公司想要在某地区新建一家电影院,该地区有两座主要城市,我们称之为桃花市和桂花市,两个城市的面积、人口和经济发展水平都相似。考虑到市场风险和资金情况,A公司准备在两个城市中挑选一座城市建设影院。在坊间流传着这样一种说法,说桃花市的居民更喜欢看电影。为了慎重起见,负责该影院项目的主管刘一颖进行了一次市场调查。她在桃花市随机调查了300名市民,他们的年均电影消费是150元,标准差是40元;她在桂花市也随机调查了280名市民,他们的年均电影消费是140元,标准差是30元。调查结果是否支持A公司应该先在桃花市兴建影院?

本研究的备择假设是桃花市人均电影消费额大于桂花市,与之相对应的零假设则为桃花市人均电影消费额小于或等于桂花市。我们用 μ_1 表示桃花市居民的人均电影消费,μ_2 表

示桂花市的人均电影消费。

$$H_0: \mu_1 \leqslant \mu_2 \text{ 或 } \mu_1 - \mu_2 \leqslant 0$$
$$H_1: \mu_1 > \mu_2 \text{ 或 } \mu_1 - \mu_2 > 0$$

我们用 s_1 和 s_2 分别表示桃花市和桂花市样本的标准差，$\overline{X_1}$ 和 $\overline{X_2}$ 分别表示桃花市和桂花市的样本平均数，n_1 表示桃花市的样本量 300，n_2 表示桂花市的样本量 280。可以通过如下公式来计算：

$$t = \frac{\overline{X_1} - \overline{X_2}}{SE_{\overline{X} - \overline{Y}}} \tag{7.9}$$

其中

$$SE_{\overline{X} - \overline{Y}} = \sqrt{\frac{(n_1 - 1)s_1^2 + (n_2 - 1)s_2^2}{n_1 + n_2 - 2}} \cdot \sqrt{\frac{1}{n_1} + \frac{1}{n_2}} \tag{7.10}$$

本例中 s_1 为 40，s_2 为 30，n_1 和 n_2 分别为 300 和 280，代入上述公式：

$$SE_{\overline{X} - \overline{Y}} = \sqrt{\frac{(300-1)40^2 + (280-1)30^2}{300 + 280 - 2}} \cdot \sqrt{\frac{1}{300} + \frac{1}{280}}$$

$$SE_{\overline{X} - \overline{Y}} = \sqrt{\frac{478\,400 + 251\,100}{578}} \cdot \sqrt{\frac{1}{300} + \frac{1}{280}}$$

$$SE_{\overline{X} - \overline{Y}} = 35.526 \times 0.083 = 2.95$$

将 $SE_{\overline{X}-\overline{Y}}$ 代入方程：

$$t = \frac{\overline{X_1} - \overline{X_2}}{SE_{\overline{X}-\overline{Y}}} = \frac{150 - 140}{2.95} = \frac{10}{2.95} = 3.39$$

这时 t 检验的自由度 (df) 计算公式为 $n_1 + n_2 - 2 = 300 + 280 - 2 = 578$，查 t 值表，可知在 0.05 显著性水平上临界值（单侧）是 1.64。由于获得的 t 值为 3.39，大于 1.64，因此我们可以拒绝零假设，从而可以接受备择假设，即桃花市居民电影消费金额高于桂花市居民。从消费的角度来看，A 公司首先在桃花市建立影院无疑是更好的选择。

独立样本双均值检验适用于对来自两个总体的平均数进行大小比较，样本之间是相互独立的——"独立"的意思是两者之间没有某种逻辑上的联系，但在有些情况下，样本间并不独立，此时我们就需要用到非独立样本的双均值检验。

（四）非独立样本双均值检验

独立样本双均值检验必须在两个样本相互独立的情况下才可以使用，在市场调查中，我们有时也会遇到在两个样本不独立的情况下进行均值差异检验的问题。例如，丈夫和妻子对某种品牌电视机的评价，是否存在差异？这时我们可以比较丈夫和妻子两个样本的均值，但丈夫和妻子的样本数据不是独立的，因为他们来自相同的家庭，并且很有可能看的是同一台电视机。再比如，针对某种促销措施能否促进消费者对某产品的购买意愿，我们可以在促销前后调查同一批消费者的购买意愿（当然是进行两次调查），然后比较两者的差异，因为我们调查的是同一批消费者，显然促销前后消费者在很多方面都是相似的，并不能算是"独立"样本，因此不能用独立样本的双均值检验。

在具体介绍如何进行检验之前，我们先来看这样一个例子：

随着文化事业的繁荣，越来越多的公司开始建立自己的影院，争夺消费者的竞争变得越来越激烈。A 公司也面临激烈的市场竞争，为了保持竞争力，它不得不绞尽脑汁去吸引和保留顾客。A 公司在桃花市电影院的经理刘一颖也在进行这样的思考,她在一次营销培训中得知可以通过发行 VIP 服务卡,增加顾客的忠诚度和消费数额。她在总公司的支持下,开始在桃花市的影院尝试发行 VIP 服务卡,并进行了相应的市场调查。具体是这样做的:选取一部分消费者办理 VIP 服务卡,为他们提供电影票打折、特价观影机会、免费电影资讯、家庭观影免费洗车、不定时特别礼物等服务,分析持有这种 VIP 服务卡的消费者在 A 公司影院的消费额是否有提高。市场调查人员获得了 15 个家庭的数据,包括办卡前的家庭年电影消费额(包括看电影和购买爆米花、饮料等的总费用)和办 VIP 服务卡之后的年消费额(见表 7-9),请问是否可以认为办理 VIP 服务卡提高了消费者在 A 公司影院的消费额?

表 7-9 办理 VIP 服务卡前后消费额(元)

家庭编号	办卡前消费额($X_{前}$)	办卡后消费额($X_{后}$)	消费额变化(X_d)
1	180	240	60
2	130	140	10
3	270	280	10
4	190	180	−10
5	200	260	60
6	80	180	100
7	50	90	40
8	140	160	20
9	110	170	60
10	160	160	0
11	150	130	−20
12	220	350	130
13	190	230	40
14	210	180	−30
15	170	220	50
			$\overline{X}_d = 34.67, s_d = 44.22$

在本例中,我们期望办理了 VIP 服务卡的顾客能够提高消费额,因此备择假设是消费者办卡后的消费额高于办卡前的,与之对应的零假设是消费者办卡前的消费额低于或等于办卡前的。我们用 $\mu_{前}$、$\mu_{后}$ 和 μ_d 分别表示办卡前、办卡后和消费差额的总体均值,则有

$$H_0: \mu_{后} \leqslant \mu_{前} \text{ 或 } \mu_{前} = \mu_d \leqslant 0$$
$$H_1: \mu_{后} > \mu_{前} \text{ 或 } \mu_{后} = \mu_d > 0$$

我们用 $\overline{X}_d$ 表示前后消费差额的均值,s_d 表示前后消费差额的标准差(即表 7-9 中最右一列的标准差),则可以用如下公式来进行检验:

$$t = \frac{\overline{X_d} - \mu_d}{\frac{s_d}{\sqrt{n}}} \tag{7.11}$$

在本例中,我们可以首先使用平均数和标准差的公式,算出来为 34.67,s_d 为 44.22。在

具体的计算中,因为我们是对 H_0 进行检验,因此 μ_d 是小于或等于零的,我们可以把 μ_d 看作零(如果小于零,t 值计算出来会更大,大于临界值的可能性更大),则有

$$t = \frac{\overline{X}_d - \mu_d}{\frac{s_d}{\sqrt{n}}} = \frac{34.67 - 0}{\frac{44.22}{\sqrt{15}}} = \frac{34.67}{\frac{44.22}{3.87}} = \frac{34.67}{11.43} = 3.03$$

此时 t 值的自由度(df)为 $n-1=15-1=14$,我们依然设定显著性水平为 0.05,查 t 值表得知临界值是 1.76。由于我们计算获得的 t 值为 3.03,大于 1.76,因此我们可以拒绝零假设,因而接受备择假设,即办理 VIP 服务卡,确实提高了消费者的消费金额。

(五) 方差分析

我们上一部分介绍的是比较两个总体之间均值的差异,对于 3 个及以上的总体均值比较,就需要使用方差分析。方差分析在市场调查中是非常有用的方法,能够分析非常复杂的数据,可以有效地找出隐藏在数字背后的市场逻辑。

T 公司是一家专注于青年时尚运动装备的公司。该公司准备在下一年度推出一种以 18~25 岁青年为目标客户群体的户外背包,这种产品在设计上非常大胆前卫,使用了许多新的科技,T 公司担心消费者不一定能够马上接受这种产品,想要通过广告增加这种产品的消费者认可度。负责此次广告项目的是市场部副经理姜男男,她组织了一个小型项目组,项目组提出了 3 套广告方案,但是不确定到底哪一种方案最能得到消费者认可,于是他们进行了一次调查。他们邀请 10 位市场营销专家对这 3 套方案进行评分(最高 10 分,最低 0 分,分数越高表示评价越高),评分结果见表 7-10。根据专家意见,姜男男到底应该选择哪一套方案呢?

表7-10 10 名专家广告方案的评分

专家序号	方案 A	方案 B	方案 C
1	5	3	4
2	6	5	7
3	7	4	8
4	4	5	7
5	5	4	6
6	8	3	5
7	4	6	8
8	3	3	7
9	6	2	9
10	5	4	6

使用方差分析可以比较这 3 种方案评分的差异。当样本中有 j 组数据(本例中,每种方案为一组数据),方差分析的备择假设是至少有一组数据的总体均值与其他组不同,对应的零假设则是 j 组数据的总体均值均相同。如果我们用 $\mu_1, \mu_2, \cdots, \mu_j$ 表示第 1 组至第 j 组的总体均值,则有

$$H_0: \mu_1 = \mu_2 = \cdots = \mu_j$$
$$H_1: 至少有一个 \mu 不等于其他 \mu$$

在方差分析中,我们需要记住一些符号,这些符号有助于我们理解方差分析等含义。

通常把每一个数据记为 X_{ij},i 表示各组中的第 i 个数,j 表示第 j 组。在我们这个例子中,X_{61} 表示第1组(A组)的第6个数据,即8;X_{32} 表示第2组(B组)的第3个数据,即4。

我们把第1组的平均数记作 $\bar{X}._1$,第2组的平均数记为 $\bar{X}._2$,第 j 组的平均数当然就是 $\bar{X}._j$,所有数据的平均数记为 $\bar{X}..$。

n_1 表示第1组的样本单位数,即10,n_j 表示第 j 组样本单位数。

方差分析的总体思路是每个测量的数据与平均数的差异,我们称之为总离差。总离差一般来说是由两种因素造成的,一种是随机差异,它是由许多难以掌控的原因造成的;另一种是系统差异,它是由某种可确定的因素造成的,也称条件差异。比如,本组中的3种方案,就是某种"条件",3种方案之间的差异,可以视为系统差异,而个体间的差异,则可以视为随机差异。

总体差异(总离差)用符号可以表示为

$$X_{ij} - \bar{X}..$$

总离差可以分解为两部分,一部分表示组内差异(个体差异),另一部分表示组间差异(即不同方案的差异),用符号可以表示为

$$X_{ij} - \bar{X}.. = (X_{ij} - \bar{X}._j) + (\bar{X}._j - \bar{X}..)$$

将总离差两边平方:

$$(X_{ij} - \bar{X}..)^2 = (X_{ij} - \bar{X}._j)^2 + (\bar{X}._j - \bar{X}..)^2 + 2(X_{ij} - \bar{X}._j)(\bar{X}._j - \bar{X}..)$$

再对 j 个处理组的所有数据求和,则有

$$\sum_{i=1}^{n_j}(X_{ij} - \bar{X}..)^2 = \sum_{i=1}^{n_j}(X_{ij} - \bar{X}._j)^2 + \sum_{i=1}^{n_j}(\bar{X}._j - \bar{X}..)^2 + \sum_{i=1}^{n_j}2(X_{ij} - \bar{X}._j)(\bar{X}._j - \bar{X}..)$$

在第 j 组数据中,该组的平均数减去总的平均数是常数,即对第 j 组的所有数据来说,$(\bar{X}._j - \bar{X}..)$ 是不变的,因此

$$\sum_{i=1}^{n_j}2(X_{ij} - \bar{X}._j)(\bar{X}._j - \bar{X}..) = 2(\bar{X}._j - \bar{X}..)\sum_{i=1}^{n_j}(X_{ij} - \bar{X}._j)$$

又因为一组数据的离均差总和为0(平均数与数据个数的乘积,与所有数据的总和肯定相等),即 $\sum_{i=1}^{n_j}(X_{ij} - \bar{X}._j)$ 为0,那么 $\sum_{i=1}^{n_j}2(X_{ij} - \bar{X}._j)(\bar{X}._j - \bar{X}..)$ 也为0,于是可以得出

$$\sum_{i=1}^{n_j}(X_{ij} - \bar{X}..)^2 = \sum_{i=1}^{n_j}(X_{ij} - \bar{X}._j)^2 + \sum_{i=1}^{n_j}(\bar{X}._j - \bar{X}..)^2$$

再对所有数据求和,则有

$$\sum_{j=1}^{j}\sum_{i=1}^{n_j}(X_{ij} - \bar{X}..)^2 = \sum_{j=1}^{j}\sum_{i=1}^{n_j}(X_{ij} - \bar{X}._j)^2 + \sum_{j=1}^{j}\sum_{i=1}^{n_j}(\bar{X}._j - \bar{X}..)^2$$

(7.12)

上述等式的左边是所有数据与总体平均数之差的平方和,我们称之为总体平方和(SS_T)。右边第1个表达式我们称之为组内平方和(SS_W,Within Sum of Squares),是数据与

所在组的平均数之差的总和。右边第 2 个表达式是组间平方和（SS_B，Between Sum of Squares），表达的是各组平均数与总体平均数的离散程度，如果各组的平均数差别很小，那么 SS_B 就很小；如果各组的平均数差异很大，则 SS_B 也很大。将上述内容用符号表示：

$$SS_T = \sum_{j=1}^{j}\sum_{i=1}^{n_j}(X_{ij}-\overline{X}..)^2$$

$$SS_W = \sum_{j=1}^{j}\sum_{i=1}^{n_j}(X_{ij}-\overline{X}._j)^2$$

$$SS_B = \sum_{j=1}^{j}\sum_{i=1}^{n_j}(\overline{X}._j-\overline{X}..)^2$$

$$SS_T = SS_W + SS_B$$

虽然平方和能够说明数据的离散程度，但是由于受各组人数和分组数量的影响（如果某个组有 100 个人，显然平方和更大），因此我们使用平方和除以自由度表示其离散程度，即样本方差。自由度的计算可以遵循以下公式：

总自由度 $df_T = N-1$

组间自由度 $df_B = j-1$

组内自由度 $df_W = N-j = df_T - df_B$

如果各组样本来自总体分布相同的总体，那么组间方差和组内方差都是总体方差的无偏估计值，其比值应该接近于 1；如果组间方差比组内方差大得多，那么就说明这几个样本不是来自一个总体。换句话说，如果组间方差比组内方差大，说明不同组的平均数有显著差异。依据方差分析我们可以计算 F 值：

$$F = \frac{SS_B/df_B}{SS_W/df_W} \tag{7.13}$$

我们可以通过计算 F 值，来比较几个组是否来自几个均值相等的总体。换句话说，方差分析检验几个组所代表的总体均值是否相等。

对于 3 套广告方案的例子，我们可以依次进行如下计算：

总自由度：$df_T = N-1$

组间自由度：$df_B = j-1$

组内自由度：$df_W = N-j$

$= df_T - df_B$

总平方和：$SS_T = 92.3$

组间平方和：$SS_B = 39.2$

组内平方和：$SS_W = 53.1$

总自由度：$df_T = N-1 = 30-1 = 29$

组间自由度：$df_B = j-1 = 3-1 = 2$

组内自由度：$df_W = df_T - df_B = 29-2 = 27$

则有

$$F = \frac{SS_B/df_B}{SS_W/df_W} = \frac{39.2/2}{53.1/27} = \frac{19.6}{1.97} = 9.95$$

查方差分析表，当组间自由度为 2，组内自由度为 27 时，在 0.05 显著性水平下临界 F 值为 3.25。我们通过计算获得的 F 值为 9.95，大于临界 F 值，因此我们可以拒绝零假设，从而接受备择假设，即 3 组中至少有一组与其他组不同。

如果我们计算出来的 F 值没有大于临界值，即没有能够拒绝零假设，那么统计检验也就到此结束。但本例中 F 值大于临界值，我们拒绝零假设，接受备择假设，即至少有两组的总体平均数是不同的。这个结论对于市场调查来说，显然是不够的，我们还期望知道，到底哪一组和哪一组有差异。这时候我们就需要用到多重比较，即方差分析之后继续对各组的均值进行比较。多重比较的方法非常多，常见的有 LSD 法（最小显著差异检验）、S-N-K 法、Tukey 检验法等，选择何种方法可以参见资料链接 7-1，各种方法的具体计算可以参考相关统计学书籍。

资料链接 7-1

方差分析显著之后，可以进行组间的两两比较。两两比较的方法有很多种，常见的有以下几种：

① LSD 法。LSD 法的敏感性是最高的，也就是说是最能够找出组间差异的一种方法。LSD 法是和 t 检验有较为密切联系的方法，不过它在方差和自由度的计算上使用了整个样本的信息。

② S-N-K 法。S-N-K 法是运用非常广泛的一种两两比较的方法，它采用 Student Range 分布进行所有各组均值间的配对比较。该方法对总的显著性水平进行了控制。

③ Tukey 法。Tukey 法也是使用 Student Range 统计量进行组间均值两两比较的方法，它控制的是所有比较的犯错概率不超过预先设定的显著性水平。

④ Scheffe 法。当方差分析中各组人数不相等，或者想进行复杂的比较时，使用这种方法比较稳妥。它检验的是各组均数的线性组合，并控制整体的显著性水平。Scheffe 法比较保守，有时候方差分析 F 值显著，但这种方法进行两两比较却找不出差异来。

究竟何时应该选择哪种方法，取决于数据分析的目的，以及数据的实际情况。LSD 法最为敏感，最能够发现差异，而 Scheffe 法最保守，最不可能发现差异，S-N-K 法和 Tukey 法介于两者之间。如果希望尽可能发现组间的差异，可以用 LSD 法；如果是进行非常重要的决策，并且力求稳妥，则使用 Scheffe 法，另外两种方法则是在其他时候使用。

或许我们会有这样的疑惑：为什么要学习方差分析？当遇到 3 个及以上的总体均值比较时直接用多次 t 检验不就可以达到目的了吗？这主要是因为如果对一项调查进行许多次 t 检验，那么做出错误决定的概率就增大了。比如，如果比较 6 个总体之间的差异，那么两两比较的次数就是 15 次。假如设定的显著性水平是 0.05，即每次推断都有 0.05 的犯错概率，那么正确推断的概率就是 0.95。如果进行两次推断，两次都正确的概率是 0.95^2，3 次则是 $(0.95)^3$，进行 15 次推断，这 15 次推断全部正确的概率是 $(0.95)^{15} \approx 0.46$，也就是说，这 15 次推断中，至少犯一次错误的概率是大于 0.5 的。

虽然方差分析的计算过程看起来比较复杂，但借助计算机软件，我们可以很快算出 F 值来，从而得出结论。不过，这就更需要我们对方差分析等原理有所了解，以避免统计方法的误用。

（六）比例的检验

在市场调查中除了需要对平均数进行检验，许多时候也需要对比例进行检验。对比例进行检验主要有两种情况：单比例检验和双比例检验。

1. 单比例检验

X先生是某娱乐公司重点打造的明星，在影视、歌坛都有一定的知名度。根据一项大规模的调查，去年X先生在中国台湾的知晓率为0.2，即100个人中有20个人听说过他的名字。该娱乐公司安徽分公司的总经理陈家宜对300名安徽居民进行调查，发现有90人听说过X先生的名字，陈家宜据此认为X先生在安徽省的知名度高于在中国台湾的知名度，认为公司应该优先安排X先生在安徽省开演唱会，因为这里他的知名度更高。你是否同意陈家宜的看法？

在本例中，备择假设是安徽居民中知道X先生的比例大于0.2，零假设则是安徽居民中知道X先生的比例小于或等于0.2。如果我们用P_u表示总体中听说过X先生的居民比例，则有

$$H_0: P_u \leq 0.2$$
$$H_1: P_u > 0.2$$

如果一个变量只能取两个值，非此即彼，那么我们称之为二分变量，比如考试是否及格，是否知道X先生的名字，是否参加某项活动等。二分变量中取某个值的比例（比如知道X先生的居民的比例），可以看作一种特殊的平均数。从理论上说，样本比例是二项式分布，但对于大样本，二项式分布近似于正态分布，可以使用相关检验。一般来说，如果二分变量中某个值的比例是p，那么必须$n \times p$和$n \times (1-p)$均大于10，才可以认为是大样本。在我们这个例子中，样本量n为300，p为$90 \div 300 = 0.3$，则$n \times p = 300 \times 0.3 = 90$，$n \times (1-p) = 300 \times 0.7 = 210$，因此可以认为这次调查获得的样本是大样本。对于样本比例，可以用如下公式进行计算：

$$z = \frac{p - p_u}{\sqrt{\frac{p_u(1-p_u)}{n}}} \tag{7.14}$$

我们将$p_u = 0.2$，$p = 0.3$，$n = 300$代入上述方程，可得

$$z = \frac{p - p_u}{\sqrt{\frac{p_u(1-p_u)}{n}}} = \frac{0.3 - 0.2}{\sqrt{\frac{0.2 \times (1-0.2)}{300}}} = \frac{0.1}{\sqrt{\frac{0.16}{300}}} = \frac{0.1}{0.023} = 4.35$$

因为在0.05的显著性水平下，单侧z检验的临界值是1.64，我们计算获得的z为4.35，大于1.64，因此可以拒绝零假设，从而接受备择假设，即安徽省居民知道X先生的比例确实大于0.2。如果只是从知名度的角度来考虑，我们应该支持陈家宜的看法。

2. 双比例检验

李春茹等研究者对北京、贵州、海南、山东、青海、湖北、浙江、内蒙古、重庆、天津、安徽等31个省市的2 106名农村居民进行了问卷调查，其中女性1 543人，男性559人，4人性别数据缺失。该项调查中有一个项目调查村民是否参加了最近一次的村委会选举，调查结果显示，被调查者中参加了最近一次村委会选举的有1 242人，占总人数的59.09%；没有参加的有860人，占总人数的40.91%。男性被调查者中有354人参加了选举，参与率为63.33%；女性被调查者中有888人参加了选举，参与率为57.55%。通过以上数据，是否可以认为在农村居民中，男性参与村委会选举的比例高于女性？

在这个例子中，备择假设是男性投票率高于女性，而与之对应的零假设则为男性投票率等于或低于女性。因为投票率计算的是被调查者参与投票的比例，我们需要比较的是两个

群体的比例之间的差异,所以我们可以使用双比例检验来分析这个问题。如果我们用 $\pi_男$ 表示所有农村男性居民的投票比例,$\pi_女$ 表示所有农村女性居民的投票比例,则零假设和备择假设分别为

$$H_0: \pi_男 \leqslant \pi_女 \text{ 或 } \pi_男 - \pi_女 \leqslant 0$$
$$H_1: \pi_男 > \pi_女 \text{ 或 } \pi_男 - \pi_女 > 0$$

同单比例检验一样,如果两个样本的规模足够大,我们可以假设样本比例间的差异的重复抽样服从正态分布,可以用 z 检验的方法对其差异进行检验。规模足够大的最低要求是 $n_1 \times p_1, n_1 \times (1-p_1), n_2 \times p_2$ 和 $n_2 \times (1-p_2)$ 均大于 10,本例的数据显然符合这个要求。我们用 p_1 和 p_2 分别表示样本中男性和女性调查对象的投票比例,n_1 和 n_2 分别表示男性和女性的样本量,则统计公式为

$$z = \frac{(p_1 - p_2) - (\pi_男 - \pi_女)}{\sigma_{p_1 - p_2}} \tag{7.15}$$

这里 $\sigma_{p_1-p_2}$ 为比例差异的总体标准误差,一般而言 $\sigma_{p_1-p_2}$ 是未知的,但是我们可以用样本的标准误差($s_{p_1-p_2}$)来对其进行估计,计算公式为

$$s_{p_1-p_2} = \sqrt{PQ\left(\frac{1}{n_1} + \frac{1}{n_2}\right)} \tag{7.16}$$

这里 P 和 Q 是样本间的加权比例,计算公式为

$$P = \frac{n_1 p_1 + n_2 p_2}{n_1 + n_2} \tag{7.17}$$

$$Q = 1 - P \tag{7.18}$$

在本例中,n_1 为 559,p_1 为 0.633 3,n_2 为 1 543,p_2 为 0.575 5,从而可以算得

$$P = \frac{n_1 p_1 + n_2 p_2}{n_1 + n_2} = \frac{559 \times 0.633\ 3 + 1\ 543 \times 0.575\ 5}{559 + 1\ 543}$$
$$= \frac{354.01 + 887.99}{2\ 102} = \frac{1\ 242}{2\ 102} = 0.59$$

P 为 0.59,则 Q 为 0.41,据此可以算出 $s_{p_1-p_2}$:

$$s_{p_1-p_2} = \sqrt{PQ\left(\frac{1}{n_1} + \frac{1}{n_2}\right)} = \sqrt{0.59 \times 0.41 \times \left(\frac{1}{559} + \frac{1}{1\ 543}\right)}$$
$$= \sqrt{0.241\ 9 \times 0.001\ 5} = 0.02$$

因为零假设 $\pi_男 - \pi_女 \leqslant 0$,我们可以假定 $\pi_男 - \pi_女$ 为 0(如果比 0 小,z 值算出来会更大),则有

$$z = \frac{(p_1 - p_2) - (\pi_男 - \pi_女)}{\sigma_{p_1-p_2}} = \frac{0.633\ 3 - 0.575\ 5 - 0}{0.02} = \frac{0.057\ 8}{0.02} = 2.89$$

前面我们已经知道,在 0.05 的显著性水平下,单侧 z 检验的临界值是 1.64,我们算出来的 z 值为 2.89,大于 1.64,因此我们可以拒绝零假设,从而可以接受备择假设,即农村居民中男性参加村委会投票的比例高于女性。

本章小结

在本章中,我们介绍了数据分析需要了解的几对基本概念,包括总体和样本、变量和常量、离散变量和连续变量、描述统计和推论统计等,也介绍了 4 种测量标尺,这 4 种标尺对应数据。根据市场调查目的、调查数据的性质以及数据的分布形态,我们可以选用相关的数据分析方法。

本章的第二节主要介绍了集中趋势和离散趋势的分析方法。数据集中趋势的度量可以使用平均数、中数和众数，而离散趋势可以使用全距、方差和标准差。第二节也介绍了如何描述两个变量之间的联系，可以通过计算皮尔逊积差相关系数和斯皮尔曼等级相关系数来实现。

第三节主要介绍了假设检验的原理，这是数据分析的一个难点，是需要去仔细理解的地方。另外，本节也介绍了几种常见的假设检验的方法，包括卡方检验、单均值检验、独立样本双均值检验、非独立样本双均值检验、方差分析、比例的检验等，了解这些内容，可以有助于我们使用调查获得的数据，做出更为准确的决策。

◆ **关键词**

平均数　标准差　相关系数　零假设　备择假设　方差分析

◆ **思考题**

1. 4种测量标尺的数据，分别可以使用哪些统计分析方法？
2. 平均数、中数和众数有怎样的区别和联系？分别在哪些情况下使用？
3. 为什么要度量调查数据的离散趋势？
4. 相关分析有哪些运用？
5. 假设检验的逻辑是怎样的？
6. 方差分析和 t 检验的联系和区别在哪里？分别运用在什么地方？

思考案例

1. 看过某部电影之后，有10名观众给出了他们的评分（最高分为10分，最低分为0分）：9,7,8,9,6,10,9,5,8,7，使用哪些指标可以反映这组数据的集中趋势和离散趋势？

2. 根据薛倚明和韩琳（2011年）对157名消费者的调查，消费者对中华牙膏的重复购买意愿平均分为6.38，标准差为2.10；对两面针牙膏的重复购买意愿平均分为5.08，标准差为2.16。根据该数据，我们是否可以认为消费者更愿意重复购买中华牙膏呢？

应用训练

1. 某餐厅的经理调查了15名消费者的服务满意度（最低1分，最高5分）和重复消费意愿（最低1分，最高10分）（见表7-11），请计算服务满意度与重复消费意愿的相关系数。

表7-11　服务情况调查表

消费者编号	服务满意度	重复消费意愿
1	3	7
2	4	8
3	2	5
4	3	7
5	4	8
6	5	10
7	3	6
8	4	8
9	2	5

续表

消费者编号	服务满意度	重复消费意愿
10	4	8
11	4	7
12	3	7
13	4	8
14	4	6
15	3	5

2. 某研究者对某校的 270 位学生最喜欢的体育运动进行调查(见表 7-12),请问男生和女生的体育爱好是否相同?

表 7-12 某校学生的体育爱好调查表

性别	篮球	足球	羽毛球	乒乓球
女性	30	10	50	40
男性	50	40	20	30

3. 某大学生研究团队对一所大学 4 个学院学生的阅读时间进行了调查,随机在每个学院选取了 10 位同学,调查这些同学每周的阅读时间(见表 7-13),请问这 4 个学院学生的阅读时间是否有差异?

表 7-13 某校 4 个学院学生的阅读时间

(单位:小时)

经济学院	历史学院	管理学院	法学院
5	8	6	7
4	9	4	5
8	6	3	8
1	9	7	9
4	10	5	3
6	4	8	3
4	6	5	6
3	12	8	4
5	7	6	8
7	8	5	9

第八章 文化市场调查数据的定量分析(下)

本章结构图

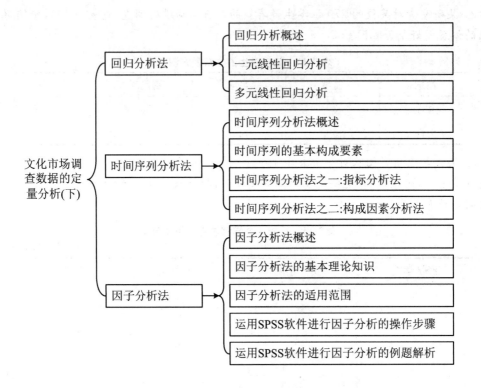

学习目标

了解一元线性回归、多元线性回归、时间序列、水平指标、速度指标、长期趋势、季节变动分析、因子分析等基本概念;掌握一元线性回归分析法、多元线性回归分析法、长期趋势测定法、季节变动分析法和因子分析法等基本分析方法;运用所学分析法分析、预测我国文化市场的发展状态,如电影市场、文化消费状况等,建立评估文化市场发展状况的指标体系等。

【导入案例】

在现实的社会经济文化生活中,人们为了掌握社会经济文化现象的发展规律,经常会按照一定的方法去记录观测对象的数据,如国内生产总值(GDP)、电影票房等。表8-1是2011~2017年我国电影总票房的相关数据。

表 8-1　2011～2017 年我国电影总票房

年份	2011	2012	2013	2014	2015	2016	2017
总票房(亿元)	131.2	170.7	217.7	296.4	438.8	455.2	559.1

数据来源：根据公开资料整理而得．

数据的分析与展示应该让人一目了然，让读者在最短的时间内获取尽量多的信息，因此，在文化市场调查与分析报告中，数据的展示与分析尤其重要。针对上表的内容，你能看出我国这 7 年来电影票房呈现出什么趋势吗？发展变化的速度如何？该如何用这 7 年的数据来预测 3 年后我国的电影票房情况？要回答这些问题，解读数据背后所蕴含的重要信息，需要掌握各种较为深入的分析方法。为此，本章将介绍 3 种文化市场调查与分析常用的深入分析方法，即回归分析法、时间序列分析法和因子分析法。

第一节　回归分析法

一、回归分析概述

(一) 含义

回归分析是一种因果分析，它是根据两变量之间关系的具体形态，选择一个合适的数学模型，用来近似地表达变量间的平均变化关系，这个数学模型就是回归模型。目前，回归分析法已经发展成统计学的一个分支，随着电子计算机的迅速发展，这一分析方法已成为应用极其广泛的数据分析方法，自然也是文化市场调查中不可或缺的一种分析方法。

资料链接 8-1

回　归

"回归"一词，最先是由高尔顿在研究身高与遗传问题时提出的。1855 年，他发表了一篇《遗传的身高向平均数方向的回归》的文章，分析儿童的身高与父母身高之间的关系，发现通过父母的身高可以预测子女的身高，即父母越高，子女的身高会比一般儿童高；反之，父母越矮，子女的身高会比一般儿童矮。他将子女与父母身高的这种现象拟合出一种线性关系。但是有趣的是，通过现象他注意到，尽管是一种拟合较好的线性关系，当中仍然存在例外现象：身材较矮的父母所生子女的身高要比其父母高，身材较高的父母所生子女的身高要比其父母矮。换句话说，当父母的身高走向极端时，其子女的身高不会像父母的身高那样极端化，而是要比父母的身高更接近人类平均身高。高尔顿选用"回归"一词，把这一现象叫作"向平均数方向的回归"。虽然这是一种特殊情况，与线性关系拟合的一般规则无关，但"线性回归"的术语仍被沿用下来用作根据一种变量预测另一种变量的一般名称，后被引用到对多种变量关系的描述。

资料来源：张厚粲，徐建平．现代心理与教育统计学[M]．北京：北京大学出版社，2009：361．

回归分析按照涉及的自变量的多少,可分为一元回归分析和多元回归分析;按照自变量和因变量之间的关系类型,可分为线性回归分析和非线性回归分析。线性回归是回归分析中最常见的分析方法,本节也将重点介绍该方法。而线性回归按照因变量数量的不同,又可分为一元线性回归和多元线性回归。

如果在线性回归分析中,只包括一个自变量和一个因变量,且两者的关系可用一条直线近似表示,这种回归分析称为一元线性回归分析。如果回归分析中包括两个或两个以上的自变量,且因变量和自变量之间是线性关系,则称为多元线性回归分析。

(二) 基本理念

回归分析的基本理念就是通过规定因变量和自变量来确定变量之间的因果关系,建立回归模型,并根据实测数据来求解模型的各个参数,然后评价回归模型是否能够很好地拟合实测数据;如果能够很好地拟合,则可以根据自变量作进一步预测。

(三) 主要问题

回归分析研究的主要问题是:
(1) 确定因变量与自变量间的定量关系表达式,即确定变量间的回归方程。
(2) 对求得的回归方程的可信度进行检验。
(3) 判断自变量对因变量有无影响。
(4) 利用所求得的回归方程进行预测和控制。

二、一元线性回归分析

(一) 一元线性回归分析的判别方法

通常在分析研究两个变量之间的关系时,首先要对其是否存在线性相关,是否适合运用回归分析法进行判别,常见的判别一元回归分析的方法有两种:一是通过散点图判别;二是通过相关检验判别。

1. 通过散点图判别

当我们通过资料收集得到一组数据时,为了研究这些数据中蕴藏的规律性,可以把自变量作为横坐标,把因变量作为纵坐标,描出各点(如图 8-1 所示)。

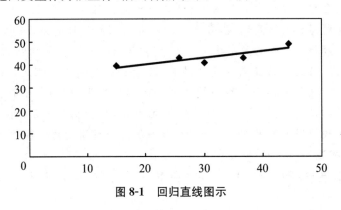

图 8-1　回归直线图示

如果发现这些点大致落在一条直线附近,那就是说,这两个变量之间的关系可以基本上看作线性关系,这些点与直线的偏离是由收集过程中其他一些随机因素的影响而形成的。当然,如果这些散点图没有呈现出明显的直线关系,也不应该放弃回归分析,因为许多关系是通过检验判定的,而不是通过"看图"判别的。

2. 通过相关检验判别

运用之前所学的交叉列联表作相关分析,可以找出两个因素之间是否存在较强的线性相关关系,但要注意检验值 p 是否小于 0.05,否则即使按照相关性检验的计算公式算出两者的相关系数,也是不成立的。因为相关程度的大小,仍然需要通过验证来确定其是否有效。

(二) 一元线性回归分析模型的建立

一元线性回归分析方程最常用的分析方法是最小平方法,通常是拟合一个方程 $\hat{y}=a+bx$,使通过该方程计算出的预测值 $\hat{y}$ 与实际值 y 之间的离差平方和最小,使通过该方程计算出来的观测值 $\hat{y}$ 与实际值 y 之间的离差和为零。

设 x 为自变量,y 为因变量,y 与 x 的一元线性回归方程表示为

$$y = a + bx \tag{8.1}$$

式中,a、b 为两个特定的参数,其中 a 为回归直线在 y 轴的截距,b 是回归系数,也是回归直线的斜率,它是一个边际量,表示每当增加一个单位的 x 值时,y 的变化有多大。当 b 为正值时,表示 y 与 x 同方向变化;当 b 为负值时,表示 y 与 x 反方向变化,因此 b 值具有描述自变量对因变量的影响的大小和方向的作用。

a、b 两个参数估计的公式分别为

$$b = \frac{n\sum xy - \sum x \sum y}{n\sum x^2 - (\sum x)^2}$$

$$a = \frac{1}{n}\left(\sum y - b\sum x\right) = \bar{y} - b\bar{x} \tag{8.2}$$

根据所收集到的资料求出 a、b 值,将其代入式(8.1)就可求出一元线性回归方程。

(三) 一元线性回归分析模型的显著性检验

通过上述方法建立的回归方程是否基本上符合变量 y 与 x 之间的客观规律呢?这就需要对变量 y 与 x 之间是否存在线性关系进行统计检验。检验一元线性回归方程的显著性包含两个部分,即方程总体的显著性检验和方程参数的显著性检验。以上检验的常用方法主要有回归方程方差分析 F 检验、决定系数 R^2 检验和回归系数的显著性检验。

1. 回归方程方差分析 F 检验

现象观察值 $y_1, y_2, \cdots, y_n$ 之间的差异是由两方面原因引起的,一是自变量 x 取值的不同;二是其他因素(包括实验误差)的影响。为了检验这两方面影响因素中哪一个是主要的,首先就必须把由它们引起的差异从 y 的总体差异中分解出来。根据统计学知识有

回归离差平方和: $SSR = \sum (\hat{y} - \bar{y})^2$

残差离差平方和: $SSE = \sum (y - \hat{y})^2$

总离差平方和: $SST = SSR + SSE = \sum (y - \bar{y})^2 \tag{8.3}$

其中，SSR 表示由回归直线表示的线性关系解释的那部分离差平方和，SSE 是用回归直线无法解释的那部分离差平方和，即偏离回归直线的平方和，也称为误差平方和，SST 为所有 y 值的总离差平方和，这样就把对 N 个观察值的两种影响从数量上基本区分开来了。

现在回到统计检验问题。如果变量之间无线性关系，那么 $y=a+bx$ 方程中一次项系数 $b=0$；反之，$b\neq 0$。所以，要检验两个变量之间是否有线性关系，归根结底就是要检验 b 是否为零。而这一点可以通过比较 SSR 与 SSE 来实现。

在假设"$b=0$"成立的条件下，统计量

$$F = \frac{SSR}{SSE/(N-2)} \tag{8.4}$$

服从自由度为 $(1, N-2)$ 的 F 分布。

上述结论是在假设"$b=0$"成立的条件下推得的，因此，在给定的显著性水平 α 下，通过查 F 值表查出 $F_{\alpha(1,N-2)}$ 的值，如果 $F_{\alpha(1,N-2)} < F$，则拒绝原假设，认为该线性回归方程是显著的。反之，则认为是不显著的。如果是用 SPSS 软件进行回归分析，在 SPSS 输出结果中，可以从表上直接看出 P 值，只要显著性 P 值小于 0.05，则表示方程通过显著性检验，无需查表。

2. 决定系数 R^2 检验

经过回归方程的方差分析，解决了回归方程是否显著（或者说 x 与 y 是否有显著线性关系）的问题，但在回归分析中还经常关心回归效果问题（或者说 x 与 y 的线性关系的程度问题）。通过对回归方程的方差分析可以看出，回归离差平方和对总离差平方和的贡献越大，说明回归方程越显著，因而回归离差平方和在总离差平方和中所占的比例也是评价回归效果的一个指标。这个指标就是决定系数 R^2，它是相关系数的平方，是评价两个变量之间线性相关关系强弱的一个重要指标。其计算公式为

$$R^2 = \frac{\sum(\hat{y}-\bar{y})^2}{\sum(y-\bar{y})^2} = \frac{SSR}{SST} \tag{8.5}$$

从前面的分析可知，这个比例越大，回归效果越好，但回归离差平方和一般都小于总离差平方和，至多等于总离差平方和，所以 $0 \leq R^2 \leq 1$。当 R^2 的值等于 1 时，表明此时 y 的变异完全由 x 的变异来解释，没有误差；而 R^2 的值等于 0，说明 y 的变异与 x 无关，回归方程无效。在这之间，R^2 的值越接近于 1，则表明两个变量之间的线性关系越强；反之，R^2 的值越接近于 0，表明两个变量之间的线性关系越弱。

3. 回归系数的显著性检验

对回归系数 b 进行显著性检验以后，如果 b 是显著性的，同样也表明所建回归方程是有效的，或者说 x 与 y 之间存在显著的线性关系。

设总体回归系数为 β，则所谓回归系数 b 的显著性检验，是对 $H_0: \beta=0$ 而言的，一般都用 t 检验。

计算公式为

$$t = \frac{b-\beta}{SE_b}(H_0: \beta = 0)$$

$$SE_b = \sqrt{\frac{s_{yx}^2}{\sum(x-\bar{x}^2)}}$$

$$S_{YX}^2 = \frac{SSE}{N-2} = \frac{\sum(y-\hat{y}^2)}{N-2} \qquad (8.6)$$

求出 t 值后，查 t 分布表，若 $t > t_{\alpha/2}$，说明回归系数是显著的、反之则认为回归系数是不显著的。

由于回归系数显著性检验计算比较麻烦，现通常用统计软件尤其是 SPSS 对其进行计算，从输出的结果中可以直接看到显著性检验 p 值，若 p 值小于 0.05，则认为回归系数是显著的。不仅如此，还可以看到另一个参数 a 的显著性检验 p 值，同样，若其 p 值小于 0.05，则认为参数 a 也通过了显著性检验。由于这种检验方式可以同时检测参数 a、b 的显著性，所以也称参数性显著检验。

（四）一元线性回归分析模型的例题解析

随着我国经济的发展，人民的生活水平不断提高，中国电影市场也获得了飞速发展，新一轮影院建设出现高潮，国产电影整体的商业品质不断提升，3D 电影、IMAX 等特种影片形成市场冲击，大众文化娱乐消费需求更加强烈，"供求两旺"创造了中国电影产业的爆发式增长，中国电影票房进入一片繁荣时代（见表 8-2）。

表 8-2　2010～2016 年我国电影发展数据

年度	年人均文化教育消费（元）	电影票房（亿元）
2010	975.41	101.7
2011	1 132.95	131.2
2012	1 270.01	170.7
2013	1 446.91	217.7
2014	1 555.44	296.4
2015	1 752.92	438.8
2016	1 959.40	455.2

数据来源：中国产业信息网.2017 年中国电影票房情况分析，http://www.chyxx.com/industry/201803/614927.html. 张晓明，祁述裕，向勇.2017 中国文化产供需协调检测报告[M]. 北京：社会科学文献出版社，2017：5；张晓明，祁述裕，向勇.2018 中国文化产供需协调检测报告[M]. 北京：社会科学文献出版社，2018：21.

请分析电影票房收入与人均文化教育消费之间是否存在着相关性？它们之间的拟合方程式是什么？如果 2019 年电影票房想达到 700 亿元，人均文化教育消费应做怎样的变化？

由于回归分析计算复杂，可以用统计软件如 EXCEL、SPSS 等来实现，所以在了解基本原理的基础上，我们选择运用 IBM_SPSS20.0_32bit 简体中文版来分析（以下涉及 SPSS 分析时均采用该款软件）。

1. 运用 SPSS 软件进行一元线性回归分析的步骤

第一步，将表 8-2 的数据录入 SPSS，形成"电影发展.sav"数据，并运行 SPSS 进入数据界面。

第二步，点击界面上方的"分析"界面，在下拉菜单中选择"回归/线性"，进入回归分析窗口。

第三步,进入直线回归界面后,选择左边对话框中的电影票房作为因变量,然后点击对应的小箭头,让其进入因变量框框内。接着用同样的方法将"人均文化教育消费"选入其中,作为自变量(如图 8-2 所示)。

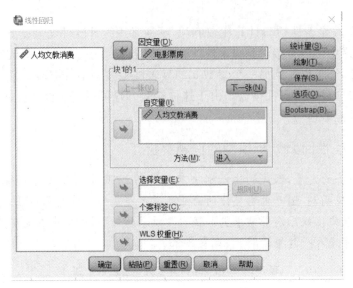

图 8-2　一元线性回归分析示范图

第四步,以默认的方式就可以进行直线回归分析,点击"确定"按钮,输出分析结果。在"方法"中,"进入"是强行进入法选项,即所有选择的自变量全部进入回归模型。这是系统默认的选项。当使用一元线性回归时这个选项作用不大,因此采用默认的方式即可。

2. 结果说明

(1) 从表 8-3 可以看出,"电影票房"与"人均文教消费"的相关系数 R 为 0.974,模型的决定系数 R^2 为 0.948,由于 R^2 受个案数的影响较大,根据个案数对其进行调整后的值为调整 R 方,它能更好地说明模型的拟合优度。该模型中的调整 R 方为 0.938,说明自变量对因变量的影响很大,因变量的变化中有 93.8% 都是由自变量引起的。

表 8-3　单变量回归分析回归方程模型检验表

模型汇总

模型	R	R 方	调整 R 方	标准估计的误差
1	0.974[a]	0.948	0.938	35.718 85

注:a. 预测变量:(常量),人均文教消费。

(2) 表 8-4 的内容是对模型的方差分析与 F 检验结果。从表中可以看出,平均的回归离差平方和为 116 420.636,平均的残差平方和为 6 379.073。F 值为 91.252,显著性水平为 0.000,小于 0.05,说明拟合回归直线是有意义的。

表 8-4 单变量回归分析回归方程模型方差分析表
ANOVA[a]

模型		平方和	自由度	均方	F	Sig.
1	回归	116 420.636	1	116 420.636	91.252	0.000[b]
	残差	6 379.073	5	1 275.815		
	总计	122 799.709	6			

注:a. 预测变量:(常量),人均文教消费;
  b. 因变量:电影票房。

(3) 表 8-5 的内容是回归方程的参数及检验结果。从表中可以看出,回归方程的常数项截距即 a 值为 -320.952,截距的标准误差为 62.175,t 的检验值为 -5.162,显著性水平为 0.004。回归方程的斜率即回归系数为 0.402,也就是说人均文教消费每上升一个单位,电影票房上升 0.402 个单位,回归系数的标准误差为 0.042,t 检验值为 9.553,显著性水平为 0.000。可以在 0.05 的水平上说明 a、b 值对总体是有意义的。由该表可以得出回归方程为

$$y = -320.952 + 0.402x$$

其中,y 是电影票房,x 是人均文教消费。

表 8-5 单变量回归分析回归系数检验表
Coefficients[a]

模型	非标准化系数		标准系数	t	Sig.
	B	标准误差	试用版		
(常量)	-320.952	62.175		-5.162	0.004
人均文教消费	0.402	0.042	0.974	9.553	0.000

注:a. 因变量:电影票房。

3. 综合分析

由此得出,电影票房与人均文教消费存在着较高的正相关性,即随着人均文教消费的增加,电影票房收入有较大增长趋势,它们之间可以用线性回归方程 $y=-320.952+0.402x$ 来拟合。当 $y=700$ 时,代入

$$y = -320.952 + 0.402x$$

解方程得 $x \approx 2539.68$(元)

所以如果想要 2019 年票房达到 700 亿元,人均文教消费必须增加 580.28 元,达到 2539.68 元的水平。

三、多元线性回归分析

与一元线性回归相比,多元回归方程更为实用,因为一个对象常常被多个因素影响,而不是一个因素影响。在多元线性回归分析中,有一个是因变量,其他变量都是自变量。自变量的个数应该在两个或两个以上,但每个自变量与因变量之间的关系都是线性的。

（一）多元线性回归分析理论介绍

1. 多元线性回归模型的一般形式

多元线性回归模型由一个因变量 y 和若干个自变量 x 组成，方程模型为

$$y = a + b_1x_1 + b_2x_2 + \cdots + b_px_p \tag{8.7}$$

与一元线性回归相同，式中 a 为回归直线在 y 轴的截距，$b_1, b_2, \cdots, b_n$ 是回归系数，共同决定回归直线的斜率，它们同样也是边际量，表示每当增加一个单位的 x_i 值时，y 的变化有多大。当 b_i 为正值时，表示 y 与 x_i 同方向变化；当 b_i 为负值时，表示 y 与 x_i 反方向变化，因此 b_i 值具有描述自变量对因变量的影响大小和方向的作用。

2. 多元线性回归方程的参数估计

同一元线性回归方程的参数估计一样，多元线性回归方程的参数估计通常也采用最小二乘法，由于回归模型参数估计计算公式极其复杂，计算量非常大，准确性又难以把握，建议研究人员用 SPSS 软件实现多元线性回归方程的参数估计，在此不再详细介绍，有兴趣的读者可参考相关的统计学书籍。

3. 多重线性回归模型的显著性检验

与一元线性回归方程一样，多元线性回归方程也需要通过显著性检验，其常用检测方式同样也有 R 检验、方差检验和 t 检验。这些都可以通过 SPSS 软件实现。

（二）多元线性回归分析模型的例题解析

表 8-6 是截取的一次贫困调查中关于住房使用面积、年龄、月支出、月平均低保等变量的相关数据资料，请用多元线性回归分析方法研究年龄、住房使用面积、月平均低保金额等关于月支出的回归方程。

表 8-6　贫困调查中相关变量数据表

序号	年龄（岁）	住房使用面积(m^2)	月支出（元）	月平均低保金额（元）	序号	年龄（岁）	住房使用面积(m^2)	月支出（元）	月平均低保金额（元）
1	46	38	560	14	76	65	21	566	50
2	30	40	1 000	140	77	77	32	130	40
3	54	34	200	85	78	49	24	450	100
4	54	32	400	200	79	68	24	200	160
5	36	32	550	158	80	33	25	450	120
6	60	33	180	100	81	44	58	1 100	200
7	73	32	150	50	82	42	24	200	200
8	52	17	200	30	83	43	36	850	140
9	79	24	150	95	84	36	38	620	320
10	45	20	200	220	85	35	25	560	120
11	59	20	300	220	86	39	24	300	100
12	47	60	1 000	100	87	46	21	200	100
13	43	25	350	220	88	41	26	300	100

续表

序号	年龄（岁）	住房使用面积(m²)	月支出（元）	月平均低保金额(元)	序号	年龄（岁）	住房使用面积(m²)	月支出（元）	月平均低保金额(元)
14	69	20	200	186	89	46	38	560	14
15	43	26	360	220	90	30	40	1 000	140
16	39	24	300	120	91	74	39	500	
17	51	20	300	136	92	54	34	200	85
18	46	38	560	200	93	54	32	400	200
19	49	31	500	50	94	36	32	550	158
20	79	22	240	80	95	60	33	180	100
21	75	40	450	69	96	73	32	150	50
22	45	25	200	100	97	52	17	200	30
23	69	28	300	69	98	79	24	150	95
24	43	21	200	200	99	45	20	200	220
25	41	24	370	70	100	59	20	300	220
26	42	10	300	80	101	47	60	1 000	100
27	69	30	350	400	102	43	25	350	220
28	34	21	460	120	103	69	20	200	186
29	62	40	620	150	104	43	26	360	220
30	48	25	340	300	105	39	24	300	120
31	55	35	700	300	106	51	20	300	136
32	19	20	250	150	107	46	38	560	200
33	60	40	600	200	108	49	31	500	50
34	68	20	260	100	109	79	22	240	80
35	62	30	400	80	110	75	40	450	69
36	40	42	900	200	111	45	25	200	100
37	32	33	400	420	112	69	28	300	69
38	75	46	500	180	113	43	21	200	200
39	48	30	650	300	114	41	24	370	70
40	45	32	650	120	115	42	10	300	80
41	62	30	360	320	116	69	30	350	400
42	68	30	240	145	117	34	21	460	120
43	70	30	500	200	118	62	40	620	150
44	42	34	780	300	119	48	25	340	300
45	43	28	300	80	120	55	35	700	300

续表

序号	年龄（岁）	住房使用面积(m²)	月支出（元）	月平均低保金额(元)	序号	年龄（岁）	住房使用面积(m²)	月支出（元）	月平均低保金额(元)
46	44	27	550	200	121	19	20	250	150
47	60	38	420	140	122	60	40	600	200
48	50	22	130	200	123	68	20	260	100
49	43	21	600	380	124	62	30	400	80
50	73	31	550	50	125	40	42	900	200
51	52	35	780	140	126	32	33	400	420
52	32	35	1 100	60	127	75	46	500	180
53	67	32	300	80	128	48	30	650	300
54	37	18	600	400	129	45	32	650	120
55	73	28	450	50	130	62	30	360	320
56	42	28	200	220	131	68	30	240	145
57	39	23	700		132	70	30	500	200
58	17	35	500	175	133	42	34	780	300
59	46	29	500	146	134	43	28	300	80
60	68	32	450	294	135	44	27	550	200
61	34	23	400	120	136	60	38	420	140
62	72	38	350	100	137	50	22	130	200
63	42	32	600	200	138	43	21	600	380
64	38	32	700	200	139	73	31	550	50
65	46	40	1 200	70	140	52	35	780	140
66	67	32	400	60	141	32	35	1 100	60
67	48	21	1 800	200	142	67	32	300	80
68	64	24	440	80	143	37	18	600	400
69	47	32	600	50	144	73	28	450	50
70	76	32	135	35	145	42	28	200	220
71	48	20	400	120	146	17	35	500	175
72	37	32	400	50	147	46	29	500	146
73	75	38	600	40	148	68	32	450	294
74	50	20	700	120	149	34	23	400	120
75	68	32	400	120	150	72	38	350	100

1. 运用SPSS软件进行分析的步骤

第一步，运行SPSS并录入数据。

第二步，点击界面上方的"分析"，在下拉菜单中选择"回归"/"线性"，进入回归分析窗口。

第三步,进入直线回归界面后,选择左边对话框中的"月支出"变量作为因变量,然后点击对应的小箭头,让其进入因变量框框内。然后用同样的方法将"年龄""住房使用面积"和"低保金"选中,作为自变量。在"方法"下拉选项中选中"向后"(如图8-3所示)。

图 8-3　多元回归模型分析示意图

向后剔除法选项,先将全部所选变量进入模型,每次剔除一个使方差分析F值最小且t检验达不到显著性水平的变量,直到回归模型中不再含有达不到显著性水平的自变量为止,从而使模型最优化。

第四步,点击"确定"按钮就可以进行直线回归分析,输出分析结果。

2. 结果说明

(1) 从表8-7可以看出参与分析的变量是"年龄""住房使用面积"和"月平均低保金",回归方法是"向后";要剔除的变量是"低保金"。

表 8-7　变量进入与剔除表
输入/移去的变量[a]

模型	输入的变量	移去的变量	方法
1	月平均低保金:住房使用面积、年龄[b]		输入
2		月平均低保金	向后(准则:F－to－remove>=0.100 的概率)

注:a. 因变量:月支出;
　　b. 已输入所有请求的变量。

(2) 从表8-8可以看出,包含了"年龄""住房使用面积"和"月平均低保金"3个自变量的第1个模型的调整决定系数"调整R方"为0.358。剔除了"月平均低保金"这个变量后,包含剩余两个自变量的第2个模型的调整决定系数"调整R方"为0.358,决定系数几乎没有发生变化,可见这个变量对因变量没有影响。而"年龄"和"住房使用面积"与"月支出"的相关性比较大,可以解释"月支出"变化的35.8%。

表 8-8　单变量回归分析回归方程模型检验表

模型汇总

模型	R	R方	调整R方	标准估计的误差
1	0.609[a]	0.371	0.358	204.162
2	0.606[b]	0.367	0.358	204.093

注：a. 预测变量：(常量)，月平均低保金、住房使用面积、年龄；
　　b. 预测变量：(常量)，住房使用面积、年龄。

(3) 表 8-9 的内容是对模型的方差分析与 F 检验结果。从表中可以看出，显著性水平均为 0.000，小于 0.05，说明拟合回归直线是有意义的。且剔除无效变量"月平均低保金"后，F 值增大。这说明只包含"年龄"与"住房使用面积"两个变量的模型的拟合优度是最好的。

表 8-9　回归分析回归方程模型方差分析表

Anova[a]

模型		平方和	df	均方	F	Sig.
1	回归	3 536 786.416	3	1 178 928.805	28.284	0.000[b]
	残差	6 002 251.064	144	41 682.299		
	总计	9 539 037.480	147			
2	回归	3 499 226.362	2	1 749 613.181	42.004	0.000[c]
	残差	6 039 811.118	145	41 653.870		
	总计	9 539 037.480	147			

注：a. 因变量：月支出；
　　b. 预测变量：(常量)，月平均低保金、住房使用面积、年龄；
　　c. 预测变量：(常量)，住房使用面积、年龄。

(4) 表 8-10 的内容是回归方程的参数及检验结果。从表中可以看出，剔除无效变量后，常数变量、剩下的两个回归系数均是有效的。由该表可以得出回归方程为

$$y = 3.358 - 5.167 x_1 + 8.069 x_2$$

其中，y 是月支出，x_1 是年龄，x_2 是住房使用面积。

表 8-10　回归分析回归系数检验表

系数[a]

模型		非标准化系数		标准系数	t	Sig.
		B	标准误差	试用版		
1	(常量)	236.659	93.224		2.539	0.012
	年龄	−5.740	1.188	−0.329	−4.831	0.000
	住房使用面积	16.627	2.058	0.537	8.080	0.000
	月平均低保金	0.174	0.183	0.064	0.949	0.344
2	(常量)	277.546	82.649		3.358	0.001
	年龄	−5.988	1.159	−0.343	−5.167	0.000
	住房使用面积	16.597	2.057	0.536	8.069	0.000

注：a. 因变量：月支出。

3. 综合分析

由此得出,月支出与年龄存在着相关性,并且是负相关,即随着年龄的增加,每月支出有下降的趋势;月支出与住房使用面积也存在着相关性,是正相关,即随着住房使用面积的增加,月开销有上升趋势。年龄和住房使用面积综合对月支出的影响也比较大,可以解释其变化的 35.8%。它们之间可以用线性回归方程 $y=3.358-5.167x_1+8.069x_2$ 来拟合。

> **课堂讨论 8-1**
>
> 每一种分析方法都有它适合运用的数据类型,你从案例 8-1 和案例 8-2 可以看出回归分析适用于什么类型的数据?为什么?

第二节 时间序列分析法

一、时间序列分析法概述

(一) 含义

时间序列分析法是一种历史资料延伸预测,也称历史引申预测法,该方法以时间序列为基础,研究客观事物在不同时间的发展状况,探索其随时间推移的演变趋势和规律,揭示其数量变化和时间的关系,并进行引申外推,预测客观事物在未来时间上可能达到的数量和规模的方法。所谓时间序列,也叫时间数列、历史复数或动态数列,它是我们把某一社会经济文化现象的统计指标在不同时间的数据值按时间的先后顺序加以排列形成的序列。表 8-11 就是一个时间序列。

表 8-11　2012—2016 年中国文化产业相关数据表

年份	文化及相关产业增加值(亿元)	全国艺术表演团体机构数(个)	人均收入城乡比	城镇居民人均收入(元)
2012	18 071	7 372	3.10	24 565.0
2013	21 870	8 180	2.81	26 467.0
2014	24 538	8 769	2.75	28 843.9
2015	27 235	10 787	2.73	31 194.8
2016	30 254	12 301	2.72	33 616.2

数据来源:江畅,孙伟平,戴茂堂.中国文化产业发展报告(2018)[M].北京:社会科学文献出版社,2018:23. 2017 年文化发展统计公报.2017 年国家统计年鉴.

(二) 基本理念

时间序列分析法的基本理念很简单,就是首先收集、整理某种社会文化现象的历史资料;然后对这些资料进行检查鉴别,排成数列;接着分析时间数列,从中寻找该社会现象随时间而变化的规律,得出一定的模式;最后以此模式去预测该社会现象将来的情况。

(三) 编制原则

编制时间序列的目的,是进行时间序列分析,因而保证序列中各项观察值具有可比性,是编制时间序列的基本原则。

(1) 指标所属时间具有可比性,即要求各项观察值所属时间的一致性。比如说如果研究者想编制时间为1～3月,那么所有的观察值所属时间都应是1～3月,而不能出现其他时间段的观察值。

(2) 指标数值总体范围具有可比性,即指标所属总体范围、空间范围要相同,如地区范围、分组范围、隶属范围等。如果研究者想以省为基本单位来编制时间序列,那么所有的观察值都应该是隶属于省这一级别的,而不能比省的级别小,也不能比省的级别大。

(3) 指标数值经济内容的可比性,即务必要使各时间观察值的内涵一致,否则也不具有可比性。例如如果研究者想研究月平均文化消费,那么观察值就必须是月平均文化消费,而不能出现月平均收入或是其他不具有可比性的值。

(4) 指标数值的计算方法、计算价格和计量单位要具有可比性,即在同一时间序列中,各时间上的观察值应采用统一的计算方法、统一的计算价格、统一的计量单位,否则不具有可比性。

二、时间序列的基本构成要素

时间序列由两个基本要素构成:一是被研究现象所属的时间;二是现象在不同时间上的观察值。

(一) 被研究现象所属的时间

现象所属的时间可以是年份、季度、月份、日期、时刻或其他任何形式,具体采用哪种形式必须根据具体的研究来确定,但一定要注意各个观察值所属的时间长短应该一致,也就是指标数值所属时间必须具有可比性。

(二) 被研究现象在不同时间上的观察值

现象在不同时间上的观察值根据表现形式不同可分为绝对数时间序列、相对数序列和平均数序列3种。

1. 绝对数时间序列

绝对数时间序列又称总量指标时间序列,是指将反映现象总规模、总水平的某一总量指标在各个时间上的观察数值,按时间先后顺序排列而成的序列。它是时间序列中最基本的表现形式,用于反映社会经济文化现象总量在各个时期或时点上的总量水平及其发展变化过程,是计算和分析相对数和平均数的基础。

绝对数时间序列按其指标所反映时间状况的不同,又可分为时期序列和时点序列两种类型。

(1) 时期序列。它包含的指标数值反映社会经济文化现象在一段时间内发展过程的总量。表8-11中第2栏"文化及相关产业增加值"所示就是一个时期序列。时期序列具有以下特点:① 时期序列中的各观察值可以相加,用以表现社会经济文化现象在更长一段时间内的活动总量;② 每一观察值的大小与时间长短有关,一般来说,时间越长,观察值就越大,反之就越小;③ 时期序列中的每一个观察值都是通过连续不断地登记取得的。

(2) 时点序列。它的观察值反映现象在某一时点上的总量,它是在某一时点上统计得到的。表 8-11 中第 3 栏"全国艺术表演团体机构数"所示就是一个时点序列。时点序列具有以下特点:① 序列中的观察值通常不能相加,相加没有实际意义;② 序列中的数值大小与间隔长短没有直接的关系;③ 序列中的每个观察值通常是通过一定时期登记一次取得的。

2. 相对数序列

相对数序列又称相对指标时间序列,是指将反映经济文化现象发展变化的一系列同类相对指标数值,按照时间先后顺序排列而成的时间序列。它是由绝对数序列派生出来,用以反映社会经济文化现象之间数量对比关系或相互联系的发展变化过程及其规律。例如把各个时期的城市与乡村人均收入联系起来对比求得比例,或把各个时期的劳动生产率排列起来等。表 8-11 中第 4 栏"人均收入城乡比"就是一个相对数序列。

3. 平均数序列

平均数序列又称平均指标时间序列,是指将反映经济文化现象发展变化的一系列同类平均指标数值,按时间先后顺序排列而形成的序列。它反映经济文化现象一般水平的发展趋势。例如,各个时期职工的平均工资、各个时期的人均收入等都是平均数时间序列。表 8-11 中的第 5 栏"城镇居民人均收入"就是一个平均数序列。

课堂讨论 8-2

如表 8-12 所示是 2012~2017 年中国内地电影、游戏市场的几个基本指标的发展情况,通过学习,你能指出哪个是时期序列?哪个是时点序列吗?为什么?

表 8-12　2012—2017 年中国内地电影、游戏市场的几个基本指标

年份	2012	2013	2014	2015	2016	2017
电影院线(条)	333	340	351	359	365	367
游戏市场实际销售收入(亿元)	602.8	831.7	1 144.8	1 407.0	1 655.7	2 016.7

数据来源:电影院线数据根据智研咨询数据整理。游戏市场实际销售收入根据 2017 中国游戏产业报告整理而得。

三、时间序列分析法之一:指标分析法

对时间序列进行分析最常用的方法有指标分析法与构成因素分析法两种。所谓时间序列指标分析法,是指计算一系列时间序列分析指标,可分为时间序列的水平指标和速度指标两类。

(一) 时间序列的水平指标

时间序列的水平指标包括发展水平、平均发展水平、增长量、平均增长量等。

1. 发展水平

在时间序列中,每个观察值叫作发展水平,既可以是绝对指标,也可以是相对指标

或平均指标,它是时间序列分析的基础,用 a_i 表示,表示社会经济文化现象在某一时间上达到的一种数量状态。若时间的观察范围为 $1,2,3,\cdots,n$,相应的观察值就表示为 $a_1,a_2,a_3\cdots a_n$。

在 $(a_1,a_2,a_3,\cdots,a_n)$ 这些观察值中,a_1 为最初水平,a_n 为最末水平,其余的各指标叫中间水平;所要计算研究的那个时期的指标数值称为报告期水平,用作对比基础时期的指标数值叫作基期水平。报告期水平和基期水平并不是固定不变的,它根据研究目的的不同和时间的变更而改变,现在的报告期水平可能是将来的基期水平。

从表 8-13 可以看出,2017 年 1 月份电影票房为最初水平,12 月电影票房为最末水平,中间 2 月、3 月、……、11 月的电影票房为中间水平。如果我们要研究 2018 年 1 月的电影票房相对于 2017 年 1 月的电影票房有什么变化,那么 2018 年 1 月的电影票房就是报告期水平,而 2017 年 1 月的电影票房就是基期水平。

表 8-13 2017 年和 2018 年 1 月我国每月电影票房数额

月份	2017 年												2018 年
	1	2	3	4	5	6	7	8	9	10	11	12	1
收入(亿元)	48.95	61.86	33.75	48.91	35.81	39.23	50.34	73.63	29.77	51.39	28.82	56.65	49.51

数据来源:1905 独家策划:2017 年电影票房大数据报告.

2. 平均发展水平

平均发展水平又称序时平均数或动态平均数,它描述的是现象在一段时间内所达到的一般水平,是把时间序列中各个不同时期或时点上的发展水平加以平均而得到的平均数。由于在不同时间序列中观察值的表现形式不同,计算序时平均数的方法也就不一样。

(1) 由绝对数时间序列计算序时平均数。由于绝对数时间序列分为时期序列和时点序列,且两种指标的性质不一样,在计算序时平均数时,所采用的计算方法也有所不同。

① 时期序列序时平均数。由于时期序列具有可加性,因此时期序列序时平均数的计算公式为

$$\bar{a} = \frac{\sum a_i}{n} \tag{8.8}$$

式中,$\bar{a}$ 为序时平均数;a_i 为第 i 时期的观察值;n 为观察值的个数。

【例 8.1】 根据表 8-13,求 2017 年我国电影各月平均票房。

解 由式(8.8)得出全年月平均电影票房为

$$\bar{a} = (48.95 + 61.86 + 33.75 + \cdots + 28.82 + 56.65)/12 = 46.59(亿元)$$

② 时点序列的序时平均数。时点序列中各个观察值是某个瞬时上取得的,由于各观察点的时间间隔长度不同,且时点序列有连续时点序列和间断时点序列之分,而间断时点又有间隔相等与间隔不相等之别,因此序时平均数通常采用不同的计算方法。

第一种,连续时点序列计算序时平均数。对于间隔相等且完整的连续时点序列,序时平均数可按简单的算术平均法计算,即按照式(8.7)计算。

【例 8.2】 若收集到我国内地 2009~2017 年影院数量(见表 8-14),请计算我国这 9 年里内地年平均拥有影院数量。

表 8-14 2009～2017 年中国内地影院数量

年份	2009～2011	2012～2014	2015～2017
影院(家)	2 803	5 785	9 340

解 根据式(8.8)得 $\bar{a} = \dfrac{\sum a_i}{n} = (2\,803 + 5\,785 + 9\,340)/3 = 5\,976$(家)

间隔不等的连续时点序列。序时平均数计算时可将用每一指标值的持续天数为权数，对其时点水平加权，采用加权算术平均数的方法计算序时平均数。计算公式如下：

$$\bar{a} = \dfrac{\sum a_i f_i}{\sum f_i} \tag{8.9}$$

式中，$\bar{a}$ 为序时平均数；a_i 为第 i 时期的观察值；f_i 为第 a_i 观察值所持续的时间。

【**例 8.3**】 若收集到我国内地 2009～2017 年影院数量(见表 8-15)，计算我国内地这 9 年间里年平均拥有影院数量。

表 8-15 2009～2017 年中国内地影院数量

年份	2009～2010	2011～2013	2014	2015～2016	2017
影院(家)	2 000	4 583	5 785	8 817	9 340

解 根据式(8.9)得

$$\bar{a} = \dfrac{\sum a_i f_i}{\sum f_i}$$
$$= (2\,000 \times 2 + 4\,583 \times 3 + 5\,785 \times 1 + 8\,817 \times 2 + 9\,340 \times 1)/(2+3+1+2+1)$$
$$= 5\,612(家)$$

课堂讨论 8-3

例 8.2 与例 8.3 都是计算 2009～2017 年中国内地影院的数量，为什么会出现前后两种不同的结果？

第二种：间断时点序列计算序时平均数。对于间隔相等的间断时点序列，序时平均数则需要先计算各相邻两个观察值的平均数，然后再对这些平均数用简单算术平均法求得。计算公式为

$$\bar{a} = \dfrac{\dfrac{a_1+a_2}{2} + \dfrac{a_2+a_3}{2} + \cdots \dfrac{a_{n-1}+a_n}{2}}{n-1} = \dfrac{\dfrac{1}{2}a_1 + a_2 + \cdots a_{n-1} + \dfrac{1}{2}a_n}{n-1} \tag{8.10}$$

该式形式上为首末两项观察值折半，因此又称首末折半法。

【**例 8.4**】 某文化企业 2017 年 6～9 月某种商品的库存量如表 8-16 所示，试求该商品 7～9 月月平均库存量。

表 8-16 某文化企业 2017 年 6～9 月某商品库存量

日期	6 月末	7 月末	8 月末	9 月末
库存量/百件	110	125	98	100

解 根据式(8.10)得该文化企业商品 6~9 月月平均库存量为

$$\bar{a} = \frac{\frac{110}{2} + 125 + 98 + \frac{100}{2}}{3} = 109.33(百件)$$

对于间隔不等的间断时点序列,序时平均数的计算也可先将相邻两个时期的观察值进行平均,由于间隔不相等,所以可用各间隔时间为权数,再进行加权算术平均法计算。其计算公式如下:

$$\bar{a} = \frac{\frac{(a_1+a_2)}{2}f_1 + \frac{(a_2+a_3)}{2}f_2 + \cdots \frac{(a_{n-1}+a_n)}{2}f_{n-1}}{f_1 + f_2 + \cdots + f_{n-1}} \quad (8.11)$$

【例 8.5】 某文化公司 10 年员工人数统计如表 8-17 所示,试求该文化公司年平均员工数。

表 8-17 某文化公司年末员工总数统计

年份	2007	2012	2014	2017
年末员工人数(人)	30	90	104	120

解 根据式(8.11)得该文化公司平均每年人数为

$$\bar{a} = \frac{\frac{30+90}{2} \times 5 + \frac{90+104}{2} \times 2 + \frac{104+120}{2} \times 3}{10} = 83(人)$$

(2) 由相对数时间序列或平均数时间序列计算序时平均数。由于相对数或平均数是由两个有联系的绝对数对比求得,所以,只需分别计算分子、分母两个绝对数时间序列的序时平均数,再将这两个序时平均数对比求得。其基本计算公式为

$$\bar{c} = \frac{\bar{a}}{\bar{b}} \quad (8.12)$$

其中,$\bar{a},\bar{b}$ 可按绝对数时间序列序时平均数的计算方法求得。

【例 8.6】 某文化企业第二季度商品周转情况如表 8-18 所示,试求该文化企业第二季度商品平均周转次数。

表 8-18 某文化企业第二季度商品周转情况

月份	4	5	6
商品周转额(万元)	300	350	480
平均商品库存额(万元)	100	140	200

解 设商品周转额为 a,平均商品库存额为 b,根据式(8.12)得该文化企业第二季度商品周平均周转次数为

$$\bar{a} = \sum a_i / n = (300 + 350 + 480)/3 = 376.67(万元)$$

$$\bar{b} = \sum b_i / n = (100 + 140 + 200)/3 = 146.67(万元)$$

$$\bar{c} = \bar{a}/\bar{b} = 376.67/146.67 = 2.57(次)$$

3. 增长量与平均增长量

(1) 增长量。增长量是报告期水平与基期水平之差,用以说明现象在一定时期内增减

的绝对数量。按照所选择基期的不同,增长量又可分为逐期增长、累积增长量和同比增长量。设时间序列的观察值为 $a_i(i=0,1,2,\cdots,n)$,Δ 为增长量,则:

① 逐期增长量。逐期增长量是报告期水平与前一期水平之差,也就是后一个观察值与前一个观察值之差,说明本期较上期增长的绝对数量,公式为

$$\text{逐期增长量 } \Delta = a_i - a_{i-1} \quad (i=0,1,2,\cdots,n) \tag{8.13}$$

② 累积增长量。累积增长量是报告期水平与某一固定基期水平之差,说明报告期水平与某一固定时期相比增减的绝对数量,公式为

$$\text{累积增长量 } \Delta = a_i - a_0 \quad (a_0 \text{ 为基期水平}, i=0,1,2,\cdots,n) \tag{8.14}$$

不难看出,整个观察期内各逐期增长量之和等于最末期的累积增长量,即

$$\sum_{i=1}^{n}(a_i - a_{i-1}) = (a_n - a_0) \tag{8.15}$$

③ 同比增长量。同比增长量是报告期水平与去年同期发展水平的增减量,其计算公式为

$$\text{同比增长量 } \Delta = \text{报告期发展水平} - \text{上一年同期发展水平} \tag{8.16}$$

(2) 平均增长量。平均增长量是观察期各逐期增长量的平均数,用于描述现象在观察期内平均增长的数量。它既可以根据逐期增长量求得,也可以根据累积增长量求得,计算公式为

$$\text{平均增长量} = \frac{\text{逐期增长量之和}}{\text{逐期增长量个数}} = \frac{\text{累积增长量}}{\text{观察值个数}-1} \tag{8.17}$$

【例 8.7】 以表 8-29 为例,请运用公式求出 2017 年和 2018 年我国电影市场发展的各项水平指标。

表 8-29 2017 年和 2018 年我国电影市场各项水平指标数据

月份	电影票房(亿元)	逐期增长量(亿元)	累计增长量(亿元)
1	48.59	——	——
2	61.86	13.27	13.27
3	33.75	−28.11	−14.84
4	48.91	15.16	0.32
5	35.81	−13.1	−12.78
6	39.23	3.42	−9.36
7	50.34	11.11	1.75
8	73.63	23.29	25.04
9	29.77	−43.86	−18.82
10	51.39	21.62	2.8
11	28.82	−22.57	−19.77
12	56.65	27.83	8.06

平均增长量	2017 年全国电影月平均增长量为 0.73 亿元
同期增长量	2018 年 1 月全国电影票房为 49.51 亿元,同期增长 0.92 亿元

(二) 时间序列的速度指标

时间序列的速度指标包括发展速度、增长速度、平均发展速度、平均增长速度4类。

1. 发展速度

发展速度是指反映社会经济文化现象发展变化程度的动态相对指标,是报告期水平与基期水平之比,计算结果一般用倍数或百分数表示。若计算结果大于百分之百(或大于1),则表示为上升速度;若计算结果小于百分之百(或小于1),则表示为下降速度。

由于采用的基期不同,发展速度可以分为环比发展速度、定基发展速度和同比发展速度。设时间序列的观察值为 $a_i(i=0,1,2,\cdots,n)$,发展速度为 R,则有:

① 环比发展速度。环比发展速度是报告期水平与前一时期水平之比,说明现象逐期发展变化的程度。

$$环比发展速度 R_i = \frac{a_i}{a_{i-1}} \quad (i=0,1,2,\cdots,n),即 \frac{a_1}{a_0}, \frac{a_2}{a_1}, \cdots, \frac{a_n}{a_{n-1}} \tag{8.18}$$

② 定基发展速度。定基发展速度是报告期水平与某一固定时期水平之比,说明现象在整个观察期内总的发展变化程度。

$$定基发展速度 R_i = \frac{a_i}{a_0} \quad (i=0,1,2,\cdots,n),即 \frac{a_1}{a_0}, \frac{a_2}{a_0}, \cdots, \frac{a_n}{a_0} \tag{8.19}$$

环比发展速度与定基发展速度之间有着重要的数量关系:观察期内各个环比发展速度连乘积等于最末期的定基发展速度;两个相邻的定基发展速度,用后者除以前者,等于相应的环比发展速度,即

$$\frac{a_1}{a_0} \times \frac{a_2}{a_1} \times \frac{a_3}{a_2} \times \cdots \times \frac{a_n}{a_{n-1}} = \frac{a_n}{a_0}, \quad \frac{a_i}{a_0} \div \frac{a_{i-1}}{a_0} = \frac{a_i}{a_{i-1}}$$

利用上述关系,可以根据一种发展速度推算另一种发展速度。

③ 同比发展速度。同比发展速度是用本期发展水平与去年同期发展水平之比,消除季节因素影响,以反映现象本期的发展水平较去年同期发展水平变动的相对程度。其计算公式为

$$同比发展速度 = 本期发展水平 / 上一年度同期发展水平 \times 100\% \tag{8.20}$$

【例8.8】 我国电影2015年第一季度票房总额为94.04亿元,2016年第一季度票房为144.7亿元,第二季度票房为101.1亿元。2017年4个季度的票房分别为144.9亿元、127.3亿元、155.7亿元和131.2亿元。我国2017年第二季度电影票房的环比发展速度、同比发展速度、定基发展速度(以2015年为定基)分别是多少?

解 将数据分别代入式(8.18)、式(8.19)和式(8.20)得2017年第二季度电影票房的环比发展速度为

$$R_i = \frac{a_i}{a_{i-1}} \times 100\% = 127.3/144.9 \times 100\% = 87.85\%$$

同比发展速度为

本期发展水平/上一年度同期发展水平×100%=127.3/101.1×100%=125.91%

定基发展速度为

$$R_i = \frac{a_i}{a_0} \times 100\% = 127.3/94.04 \times 100\% = 135.37\%$$

2. 增长速度

增长速度又称增长率,可根据增长量与基期水平对比求得,也可用发展速度减1(或100%)求得,计算公式如下:

$$增长速度 = \frac{增长量}{基期水平} = \frac{报告期水平 - 基期水平}{基期水平}$$
$$= 发展速度 - 1(或100\%)$$

由于采用的基期不同,增长速度也可分为环比增长速度、定基增长速度和同比增长速度。设增长速度为 G,则有:

① 环比增长速度。环比增长速度是逐期增长量与前一时期水平之比,其计算公式为

$$环比增长速度\ G_i = \frac{a_i - a_{i-1}}{a_{i-1}} = \frac{a_i}{a_{i-1}} - 1 \quad (i = 0,1,2,\cdots,n) \tag{8.21}$$

② 定基增长速度。定基增长速度是报告期累积增长量与某一固定时期水平之比,其计算公式为

$$定基增长速度\ G_i = \frac{a_i - a_0}{a_0} = \frac{a_i}{a_0} - 1 \quad (i = 0,1,2,\cdots,n) \tag{8.22}$$

③ 同比增长速度。同比增长速度是同比增长量与去年同一时期水平之比,其计算公式为

$$同比增长速度 = 同比增长量 / 上一年同期发展水平 \times 100\% \tag{8.23}$$

需要注意的是,环比增长速度与定基增长速度之间没有直接的换算关系。由环比增长速度推算定基增长速度时,可先将各环比增长速度加1后连乘,再将结果减1,即得定基增长速度。

【例8.9】 我国电影2015年第一季度票房总额为94.04亿元,2016年第一季度票房为144.7亿元,第二季度票房为101.1亿元。2017年4个季度的票房分别为144.9亿元、127.3亿元、155.7亿元和131.2亿元。我国2017年第二季度电影票房的环比增长速度、同比增长速度、定基增长速度(以2015年为定基)分别是多少?

解 将数据分别代入式(8.21)、式(8.22)和式(8.23),得2017年第二季度电影票房的环比增长速度为

$$G_i = \frac{a_i - a_{i-1}}{a_{i-1}} \times 100\% = (127.3 - 144.9)/144.9 \times 100\% = -12.15\%$$

同比增长速度为

同比增长量 / 上一年同期发展水平 $\times 100\% = (127.3 - 101.1)/101.1 \times 100\% = 25.91\%$

定基增长速度为

$$G_i = \frac{a_i - a_0}{a_0} \times 100\% = (127.3 - 94.04)/94.04 \times 100\% = 35.37\%$$

3. 平均发展速度与平均增长速度

(1) 平均发展速度。平均发展速度是各个时期环比发展速度的平均数,用于描述经济文化现象在整个观察期内平均变化的程度。计算平均发展速度的常用方法是水平法,又称几何平均法,它是根据各期的环比发展速度采用几何平均法计算出来的,其计算公式为

$$\overline{R} = \sqrt[n]{\frac{a_1}{a_0} \times \frac{a_2}{a_1} \times \frac{a_3}{a_2} \cdots \times \frac{a_n}{a_{n-1}}} = \sqrt[n]{\frac{a_n}{a_0}} \quad (i = 0,1,2,\cdots,n) \tag{8.24}$$

(2) 平均增长速度。平均增长速度(平均增长率)是用于描述现象在整个观察期内平均增长变化的程度,它通常用平均发展速度减1来求得,其计算公式为

$$\bar{G} = \bar{R} - 1 (或 100\%) \tag{8.25}$$

【例 8.10】 我国电影 2017 年 4 个季度的票房分别为 144.9 亿元、127.3 亿元、155.7 亿元和 131.2 亿元。我国 2017 年电影票房的平均发展速度是多少？平均增长速度是多少？

解 将数据代入式(8.24)和式(8.25)得 2017 年电影票房的平均发展速度为

$$\bar{R} = \sqrt{\frac{a_n}{a_0}} \times 100\% = 95.13\%$$

平均增长速度为

$$\bar{G} = \bar{R} - 1 = -0.0487$$

案例分析 8-1

表 8-20 是以北京保利、中国嘉德、北京匡时、西泠拍卖、北京荣宝、广东崇正、北京翰海、北京诚轩、上海朵云轩、北京华辰 10 家拍卖公司为样本,对这些公司春秋两季大拍之公开数据进行统计收集到的 2016～2017 年中国艺术品拍卖市场的基本数据项,请用所学的时间序列分析法分析 2017 年我国艺术品拍卖市场的发展情况。

表 8-20　2016～2017 年我国艺术品拍卖市场基本数据项

数据项	2016 年春	2016 年秋	2017 年春	2017 年秋
总专场数量(场)	202	201	208	209
总上拍艺术品件数(件)	33 419	31 097	33 702	34 193
总成交艺术品件数(件)	24 219	22 952	24 367	25 078
总成交比率	72.44%	73.85%	72.30%	73.34%
总成交额(亿元)	98.83	96.82	100.23	120.03
100 万元以下(件/套)	22 401	21 653	22 945	23 535
100 万(含)～1 000 万元(件/套)	857	1 171	1 304	1 419
1 000 万(含)～5 000 万元(件/套)	81	114	102	104
5 000 万(含)～1 亿元(件/套)	44	8	10	9
1 亿元(含)以上(件/套)	5	6	6	11

数据来源:雅昌艺术市场监测中心.

案例解析

1. 求各项指标。首先运用时间序列分析法求出 2017 年春季艺术品拍卖市场各项指标的环比增量、环比增速和同比增量、同比增速,求出 2017 年秋季艺术品拍卖市场各项指标的环比增量、环比增速和同比增量、同比增速,结果见表 8-21。

表 8-21　2017 年我国艺术品拍卖市场各项环比、同比指标状况

数据项	2017年春季环比		2017年春季同比		2017年秋季环比		2017年秋季同比	
	增量	增速(%)	增量	增速(%)	增量	增速(%)	增量	增速(%)
总专场数量(场)	7	3.48	6	2.97	1	0.48	8	3.98
总上拍艺术品件数(件)	2 605	8.37	283	0.85	491	1.46	3 096	9.95
总成交艺术品件数(件)	1 415	6.16	148	0.61	711	2.91	2 126	9.26
总成交比率	−1.55	—	−0.14	—	1.04	—	−0.51	—
总成交金额(亿元)	3.41	3.52	1.4	1.41	19.8	19.75	23.21	23.97
100 万元以下(件)	1 292	5.96	544	2.42	587	24.09	1 882	8.69
100 万元(含)~1 000 万元(件)	133	11.36	−368	22.0	115	8.81	248	21.18
1 000 万元(含)~5 000 万元(件)	−12	−10.52	−24	19.05	2	1.96	−10	8.77
5 000 万元(含)~1 亿元(件)	2	25	2	25	−1	10	1	12.5
1 亿元(含)以上(件)	0	0	3	100	5	83.33	5	83.33

2. 结果分析

(1) 2017 年我国艺术品拍卖市场较 2016 年很多方面都有小幅度提升,呈现理性增长的状态。在 2017 年春季拍卖中,艺术品拍卖专场数量、艺术品上拍数量和成交数量等各方面数据都有提高。其中,拍卖专场达到 208 场,同比 2009 年春季增加了 6 场,增加了近 3.48%,同时作品上拍量和成交量也有增加,累计上拍作品 33 702 件,同比增长 0.85%。秋季拍卖中,拍卖专场数量迅速增加至 209 场,同比 2016 年秋增加了 3.98%。同时上拍数量继续增长,作品上拍件数为 34 193 件,环比上季度增加了 1.46%,从这些增长比例不难看出,2017 年艺术品拍卖市场规模在"稳中有进"的基础上有从"高速度"向"高质量"转型的趋势。

(2) 2017 年中国艺术品市场各高端价格区间的作品数量均增至历史最高。自 2005 年秋季跨入亿元大关之后,每年基本都有亿元拍品出现,2017 年春季拍卖中有 6 件过亿元的作品,同比增长了 100%,而秋拍一季就先后有 11 件作品突破亿元大关,上一季度增长了 83.33%。除过亿作品外,2017 年 5 000 万~1 亿元的作品共有 19 件,环比 2016 年增加了 3 件。1 000 万~5 000 万元的作品有 206 件,环比 2016 年减少了 34 件。100 万~1 000 万元的作品有 2 723 件,环比 2016 年减少了 120 件。100 万元以下的作品共有 46 480 件,环比 2009 年增加了 2 426 件。可以说,高价艺术精品成为本年艺术品拍卖市场的重要支撑,也成为成交总额的主力军。

(3) 2017 年中国艺术品拍卖市场在成交率、部分区域作品交易数上有所下滑,但总体上呈现出"稳中上升"的趋势,这是因为一方面是市场资金充裕,而房地产、股票等投资产品前景不明朗,艺术品中的极品、精品、真品具有更稳定的投资回报,同时市场逐渐接受将艺术品作为长线投资的观念,因此将其作为较为理想的投资产品;另一方面,前几年因西方艺术品在国际市场中风光无限,受到国内大批藏家和投资者的追捧,经过冷却后,市场关注度再次回归到具有中国传统文化价值的艺术品上,对其中的极品、精品、真品给予了高度的市场认可。特别强调的是,中国拍卖公司在经过 2012 年至今的调整后,无论从专场设置还是上拍

拍品品质方面，都进行了学术的梳理，去粗取精，大力"砍掉"不属于拍卖收藏级别的次品，体量缩小，品质提升，赢得了市场的信赖。

资料链接 8-2

雅昌艺术市场监测中心于 2008 年 7 月在中央美术学院美术馆成立。作为国内首家艺术监测机构，雅昌艺术市场监测中心长期致力于对市场情况进行观察、评估，利用海量数据及专业信息对艺术品市场做客观分析，为过去一直是理论、观点化分析的局面画上句号。

雅昌艺术市场监测中心依托于《雅昌中国艺术品数据库》，与中国拍卖行业一同成长，拥有近 15 年的海量艺术品拍卖数据。基于此研制开发的雅昌指数[AAMI]得到了来自艺术各界的认可，并作为各类机构及媒体研究引用的基础数据。同时，雅昌艺术网独家拥有中国艺术品拍卖市场从 1993 年首场拍卖会至今的 115 万件详细图文资料，并以每年近 700 个拍卖会、近 25 万件拍品的速度在增加；且拥有 2000 年至今几乎所有画廊的基本信息资料及展览举办资料库，并及时进行动态补充和统计记录。它已与国内 171 家大型艺术品专业拍卖公司建立了战略性合作伙伴关系，成为这些公司唯一指定的信息发布平台。它对国内举办的艺术品拍卖会的时间、地点、预展情况、拍品状况和成交情况进行全面翔实的记载，经技术和人工双重核对后导入"中国艺术品拍卖市场行情发布系统"。其中所有进入样本的艺术家，雅昌艺术网都对其数据进行了全面的重新审核和标准化工作，对其简历、著录、作品年表、市场分析等内容修订、校对后建立数据标准化基础库，保证了样本艺术家资料的完整性和准确性，为指数的计算提供了可靠依据。

四、时间序列分析法之二：构成因素分析法

社会经济文化现象随时间的变化所呈现出来的变动形态，是多种因素综合作用的结果。统计分析的任务就是对构成时间序列的各种因素加以分解和测定，用数学模型来对时间序列进行定性分析基础上的定量分析，以便对未来的状况做出判断和预测。一般情况下，时间序列的影响因素有长期趋势、季节变动、循环变动和不规则变动 4 种。本节重点介绍长期趋势和季节变动的分析和测定。

(一) 长期趋势的测定方法

长期趋势是指在相当长的时期内，社会文化现象的统计数值受某种根本性因素的作用而表现为持续不断地向上增长或向下降低的趋势。掌握事物发展的长期趋势，对社会经济文化现象进行科学研究，是十分必要的。长期趋势的描述，既可以揭示现象发展变化的某种规律性，也可以为经济预测提供依据。测定长期趋势的方法主要有时矩扩大法、序时平均法、移动平均法和趋势线配合法。

1. 时矩扩大法

时矩扩大法通常针对的是时期数列，具体方法是将原来的时间数列扩大时矩，消除偶然因素的影响，从而明显反映现象长期趋势。2017 年我国月电影票房收入统计如表 8-22 所示。

表 8-22　2017 年我国月电影票房收入统计

月份	1	2	3	4	5	6	7	8	9	10	11	12
收入（亿元）	48.95	61.86	33.75	48.91	35.81	39.23	50.34	73.63	29.77	51.39	28.82	56.65

数据来源：根据 1905 独家策划的 2017 年电影票房大数据报告整理而得.

时矩扩大后如图 8-23 所示。

表 8-23　2017 年我国电影票房收入统计

季度	第一季度	第二季度	第三季度	第四季度
收入（亿元）	144.56	123.95	153.74	136.86

当原始时间数据所显示的波动趋势不是很明显时，可以采用扩大时间间隔的方法形成能够明显表示波动趋势的新序列。但是时矩扩大法的缺点也很明显，使时间序列的项数减少，不利于进行长期趋势分析，同时，还可能掩盖现象在不同时期发展变化的差异。因此，时矩扩大法一般来说只能用于时间序列的修匀，不能用来预测。

2. 序时平均法

序时平均法主要用于时点数列，具体方法是将原来的时间序列用序时平均法消除偶然因素的影响，以明显反映现象发展趋势。某文化企业 2017 年各月末销售员人数如表 8-24 所示。

表 8-24　某文化企业 2017 年各月末销售员人数

月份	上年末	1	2	3	4	5	6	7	8	9	10	11	12
月末人数	85	75	81	101	87	93	99	85	105	99	97	103	107

序时平均以后如表 8-25 所示。

表 8-25　某文化企业 2017 年销售员人数统计指标

季度	第一季度	第二季度	第三季度	第四季度
平均每月商品销售员人数	83	93.3	96.3	101

3. 移动平均法

① 方法。移动平均法的基本思想是对时间数列的各项数值，按照一定的时间间隔进行逐期移动，计算出一系列的序时平均数，形成一个新的时间数列，以此削弱不规则变动的影响，显示出原数列的长期趋势。

② 步骤。具体步骤为：首先，确定移动时矩，一般应选择奇数项进行移动平均，若原数列呈周期变动，应选择现象的变动周期作为移动的时矩长度；其次，计算各移动平均值，并将其编制成时间数列。

③ 奇数项移动平均与偶数项移动平均。

奇数项移动平均数列：

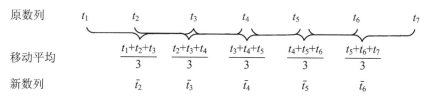

偶数项移动平均数列：

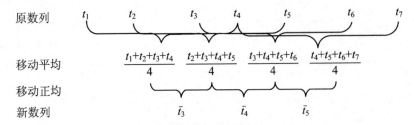

从图 8-4 可以看出，原始资料显示出该文化企业各月增加值有的月增加的多，有的月增加的少，并不能明示显示出该文化企业在这一年中增加值完成情况的整体趋势，而通过三项移动平均或四项移动平均后却能明显显示出该文化企业在这一年中增加值的完成情况整体呈上升趋势。

表 8-26　某文化企业某年各月增加值完成情况三项移动平均

月份	1	2	3	4	5	6	7	8	9	10	11	12
增加值(万元)	50.5	45	52	51.5	50.4	55.5	53	58.4	57	59.2	58	60.5
三项移动平均	—	49.2	49.5	51.3	52.5	53	55.6	55.8	58.2	58.1	59.2	—

表 8-27　某文化企业某年各月增加值完成情况四项移动平均

月份	1	2	3	4	5	6	7	8	9	10	11	12
增加值(万元)	50.5	45	52	51.5	50.4	55.5	53	58.4	57	59.2	58	60.5
四项移动平均	—	—	49.8	49.7	52.4	52.6	54.3	56.0	56.9	58.2	58.7	—
二项移正	—	—	49.8	51.1	52.5	53.5	55.2	56.5	57.6	58.5	—	—

将上面两个表整合到一个图中（如图 8-4 所示）。

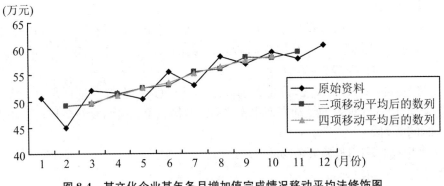

图 8-4　某文化企业某年各月增加值完成情况移动平均法修饰图

4. 趋势线配合法

趋势线配合法也称数学模型法，是通过数学方法对时间数列配合一条理想的趋势方程，使其与原数列曲线达到最优拟合。应用趋势线配合法的主要步骤如下。

第一步，判断长期趋势的形态。有两种判断方法：一种是散点图法，即在以时间为横轴，指标数值为纵轴的直角坐标系中作时间序列数值的散点图，根据散点的分布规律来确定时间序列的模型，以便选择合适的数学模型；另一种是指标法，即通过计算时间序列的动态分析指标来确定时间序列的类型，在判别条件上，若时间序列的逐期增减量大致相等，则可判定现象具有直线型的长期趋势，若时间序列的二级增减量大致相等，则现象具有抛物线型的长期趋势，若时间序列的各期环比发展速度大致相等，则现象具有指数曲线型的长期趋势。

第二步，建立方程，计算待定参数。依照相关回归分析法，把时间序列中的时间 t 和现象数值 y 看成是一对相关的变量，判断其相关的类型并建立合适的回归模型来判断其长期趋势。若是直线型长期趋势，则方程为 $\hat{y}_t = a + bt$；若是抛物线型趋势，则方程为 $\hat{y}_t = a + bt + ct^2$；若是指数曲线型长期趋势，则方程为 $\hat{y}_t = ab^t$。最常见的长期趋势是直线型趋势，本节主要介绍用最小平方法建立直线型趋势模型。直线型趋势方程为

$$\hat{y}_t = a + bt \tag{8.25}$$

式中，$\hat{y}_t$ 为时间序列中实际观察值的趋势值；t 为时间在横坐标轴上的标号（一般按自然数序号）；a 为趋势直线在 y 轴上的截距，经济意义为 $t=0$ 时 y 的初始值；b 为趋势直线的斜率，经济意义为边际量，表示 t 变动一个单位时趋势值 $\hat{y}_t$ 的平均变动数量。

求出 a、b 则模型建立。根据最小二乘法原理解得

$$\begin{cases} b = \dfrac{n\sum ty - \sum t \sum y}{n\sum t^2 - (\sum t)^2} \\ a = \dfrac{1}{n}\left(\sum y - b\sum t\right) = \bar{y} - b\bar{t} \end{cases} \tag{8.26}$$

第三步：根据求出的趋势拟合方程进行预测。

【例 8.11】 表 8-28 是 2010～2016 年我国人均文化教育消费情况，请建立模型预测 2017 年我国人均文化教育消费将达到多少？

表 8-28　2010～2016 年中国人均文化教育消费长期趋势预测初步结果

年份	时间 t	人均文化教育消费（y）	ty	t^2
2010	1	975.41	975.41	1
2011	2	1 132.95	2 265.9	4
2012	3	1 270.01	3 810.03	9
2013	4	1 446.91	5 787.64	16
2014	5	1 555.44	7 777.2	25
2015	6	1 752.92	10 517.52	36
2016	7	1 959.40	13 715.8	49
合计	$\sum t = 28$	$\sum y = 10\,093.04$	$\sum ty = 44\,849.5$	$\sum t^2 = 140$

数据来源：张晓明，祁述裕，向勇. 2017 中国文化产供需协调检测报告[M]. 北京：社会科学文献出版社，2017：5；张晓明，祁述裕，向勇. 2018 中国文化产供需协调检测报告[M]. 北京：社会科学文献出版社，2018：21.

解 根据公式计算初步结果如表 8-28 所示,进一步根据公式求得 $a=364.655\,7$,$b=269.301\,8$,则拟合的趋势方程模型为

$$\hat{y}_t = 364.655\,7 + 269.301\,8t$$

那么,根据长期趋势模型,可以预测在 2017 年我国人均文化教育消费将达到

$$\hat{y}_t = 364.655\,7 + 269.301\,8t = 364.655\,7 + 269.301\,8 \times 8 = 2\,519.070\,1(元)$$

(二)季节变动分析

指某种经济文化现象由于受自然因素和社会条件的影响,在一年内比较有规律的变动。分析季节变动的规律需要注意 3 个显著特点:季节变动每年重复进行;季节变动按照一定的周期进行;每个周期的变化强度大体相同。因此,测定季节变动的资料时间至少要有 3 个周期以上,如季节资料,至少要有 12 季,月度资料至少要有 36 个月等,才能避免因资料太少而产生偶然性。

季节变动的测定主要是计算季节比率,也称季节指数,它是现象各月(各季)发展水平与全期的平均发展水平对比得到的一种相对数。其测定方法为:根据已知的时间序列,若为月度资料就按月平均,若为季度资料则按季平均。其步骤如下:

第一步,列表,将各年同月(季)的数值列在同一栏内。

第二步,将各年同月(季)数值加总,并求出月(季)平均数。

第三步,将所有同月(季)数值加总,求出总月(季)平均数。

第四步,求季节比率(或季节指数),其计算公式为

$$季节指数 = \frac{各年同月(季)平均数}{全期各月(季)总平均数} \times 100\% \tag{8.27}$$

【例 8.12】 表 8-29 是我国 2015~2018 年电影季度票房情况,请运用季节变动分析法分析季节变化对电影票房的影响。

表 8-29 2015~2018 年我国电影季度票房情况数

(单位:亿元)

年份	第一季度	第二季度	第三季度	第四季度	平均
2015	94.04	106.15	125.24	110.49	108.98
2016	144.7	101.1	108.58	101.5	113.97
2017	144.9	127.3	155.7	131.2	139.78
2018	202.09	117.89	168.83	117.55	151.59
平均数	146.43	113.11	139.59	115.19	128.58
季节指数(%)	113.88	87.97	108.56	89.59	400.00

在表 8-29 中,计算 4 年 16 个季度的总平均数为 128.58 亿元,然后再用每个季度的平均数除以 128.58 就可以得到该季度的季节指数。很显然,从表 8-29 可以看出,电影市场的旺季是第一季度和第三季度,第二季度和第四季度则为淡季。

第三节　因子分析法

一、因子分析法概述

（一）因子分析法的含义

在进行一些研究时，我们往往必须同时考虑许多变量，这些变量可能由于某些特征分成几类，每一类均具有相同的本质。一个明显的例子是，如果一个学生的代数成绩较好，那么他的其他数学科目，如三角、几何等的成绩一般也较好，甚至他的物理、化学、生物成绩也相当不错。可见某些能力（或变量）之间往往存在着相关性。我们可以想象这种相互关联现象是由于这些变量后面隐含着一个或多个共同的因素所致。因子分析可以从为数众多的可观测变量中概括和综合出少数共同的因子，用较少的因子变量来最大限度地概括和解释原有的观测信息，从而建立起简洁的概念系统，揭示出事物之间的本质联系。

（二）因子分析法的基本理念

因子分析法是英国心理学家斯皮尔曼在考察"智力"结构时发展起来的统计方法，从上述定义可以看出因子分析的思想很简单，就是把多个变量转化为少数几个变量，起到简化变量的作用，其根本的原则是根据相关性大小把变量分组，使得同组内的变量间相关性较强，而不同组的变量间的相关性非常低，从而把每个组当作一个因子，并对各个因子做出合理的解析说明。

（三）因子分析法的特点

因子分析法的特点综合起来主要有以下几个方面：

第一，降维，即把众多变量之间重复交叉的部分作为公共因子提取出来，从而将众多变量转化成少数几个相互之间不相关的因子；

第二，既能充分利用到足够的信息，又能简化变量，从而方便研究者和管理者对研究对象进行更直观的认识和了解；

第三，通过因子分析，为研究者和管理者作进一步分析提供了前提条件。

二、因子分析法的基本理论知识

（一）构造变量相关矩阵

在文化市场调查中，我们常常需要围绕调查目的设计许多变量，通过对这些变量的测量和观察来了解个体对某一情境的反应或个体的某种特征。

假设有 n 个样本，每个样本测量了 p 项指标，即 p 个变量（均为连续变量）分别为 x_1，

$x_2, \cdots, x_p$。每个变量 x_i 可以分为两个部分,即

$$x_i = x_i^* + s_i \tag{8.29}$$

其中,s_i 为变量 x_i 与其他变量不同的独立部分,它是由独立因子 e_i 所引起的,可表示为

$$s_i = b_i e_i \tag{8.30}$$

x_i^* 为变量 x_i 与其他变量相同的共性部分,设一共有 m 个共同因素(公共因子):$f_1, f_2, \cdots, f_m$,则 x_i^* 可表示为

$$x_i^* = a_{i1} f_1 + a_{i2} f_2 + \cdots + a_{im} f_m \tag{8.31}$$

于是这 p 个变量与 m 个共同因素(公共因子)及独立因子的关系可表达为

$$x_1 = a_{11} f_1 + a_{12} f_2 + \cdots + a_{1m} f_m + b_1 e_1$$
$$x_2 = a_{21} f_1 + a_{22} f_2 + \cdots + a_{2m} f_m + b_2 e_2$$
$$\cdots$$
$$x_i = a_{i1} f_1 + a_{i2} f_2 + \cdots + a_{im} f_m + b_i e_i$$
$$\cdots$$
$$x_p = a_{p1} f_1 + a_{p2} f_2 + \cdots + a_{pm} f_m + b_p e_p \tag{8.32}$$

a_{ij} 为变量 x_i 在公共因子 f_j 上的负荷系数,又称因子系数(即变量 x_i 与公共因子 f_j 之间的相关系数)。矩阵

$$F = \begin{bmatrix} a_{11}, a_{12}, a_{13}, \cdots, a_{1m} \\ a_{21}, a_{22}, a_{23}, \cdots, a_{2m} \\ \cdots \\ a_{i1}, a_{i2}, a_{i3}, \cdots, a_{im} \\ \cdots \\ a_{p1}, a_{p2}, a_{p3}, \cdots, a_{pm} \end{bmatrix} \tag{8.33}$$

为因子负荷矩阵,也就是我们理论上要构造的变量相关矩阵,理论上来说我们可以求出第 1 因子、第 2 因子、……、第 p 因子。

(二) 因子提取

因子分析的一个重要内容就是由 p 个变量中抽取出 m 个公共因子,并确定每一变量在各个因子上的因子负荷系数。

1. 提取因子的方法

提取因子常常采用的方法是主成分分析法。所谓主成分分析法是以线性方程式将所有变量加以合并,计算所有变量共同解释的变异量,该线性组合称为主成分。第 1 次线性组合建立后,计算出的第 1 个主成分估计,可以解释全体变异量的最大一部分。其所解释的变异量即属第 1 个主成分所有,分离后剩余的变异量,经过第 2 个方程式线性合并,抽出第 2 个主成分因子,其所涵盖的变异量即属于第 2 个主成分的变异量。依此类推,I 个变量就有 I 个主成分,并且各个主成分之间不相关。主成分分析法适用单纯为简化大量变量为较少数的成分时,作为因子分析的预备工作[①]。经过主成分分析后,还必须根据该主成分所对应的特征值或贡献率来最后提取因子。

---

① 主成分分析与因子分析都是一种降维的方法,它们之间有区别,也有很多相似之处。感兴趣的读者可以参考马娟、杨益民的论文《主成分分析与因子分析之比较及实证分析》(《市场研究》,2007 年第 3 期)。

2. 确立因子数目的方法

抽取公共因子的基本原则是,取出的因子数目越少越好,但其对变量的解释力则越大越好。那么,究竟抽取的因子少到多少才合适?众说纷纭,很难统一。下面选择两个常用提取因子的指标来介绍。

(1) 特征值。特征值表示该因子所能解释的各变量方差的总和①。不同的因子具有不同的特征值。特征值越大,说明该因子对解释变量的贡献越大。在提取的过程中,一种观点认为应保留特征值大于0的因子。这是所谓的"哥特曼最强下限"标准。它保留全部特征值大于0的因子,而只放弃那些特征值为负的因子。这是一种较为保守的方法,可以防范把重要的因子遗漏。

另一种观点认为应保留特征值大于1的因子。这是凯塞所主张采用的标准,也是目前一般电子计算机程序中最流行、通常默认的一种。但是,这一标准存在着不可忽视的缺点,在少于20个变量的研究中,它取出的因子一般比较适宜;但在变量多于50个的研究中,它取出的因子则嫌太多。

(2) 贡献率。因子贡献率由因子的特征值除以所有变量的总方差求得,用以说明该因子综合所有指标信息的能力。计算时特征值通常是自大而小顺序出现,因而,因子贡献率也可自大而小解得。对于自大而小排列好的贡献率,可以采用两种方式提出因子:一种是保留贡献率大于5%的因子,如果贡献率小于或等于5%时,说明该因子综合所有指标信息的能力是微不足道的,弃之并不可惜。一种是根据贡献率的大小排位,计算累计贡献率,一般来说累积贡献率在70%~85%或以上所对应的前 m 个因子即可作为我们的主因子。

在具体的研究中,一般是以特征值和贡献率尤其是累积贡献率相结合的方法来确定最终提取的因子数目。

(三) 因子旋转

在因子分析中,除要找出变量间的公共因子外,还要对所找到的因子做出适当的解释。一般因素分析得到的结果往往是很难加以解释的,尤其当某些变量同时在几个公共因子上都有相当程度的负荷量(即某些变量同时与几个公共因子都具有相当程度的共性)时,因子的解释工作就更加困难,这就需要采用因子旋转使每一个变量仅在一个公共因子上有较大负荷,而在其他公共因子上的负荷比较小,但同时不改变原有因子负荷矩阵各横行的平方和(即共性方差 H_i^2),从而使因子或成分能够被清楚地区分。

因子旋转的方法有多种。其中一类是正交旋转法。正交旋转过程中因子之间的轴线夹角为90度,即因子之间是彼此独立、毫不相关的。利用正交旋转法所得的因子结构既简单又容易解释,因而许多研究者都对使用正交转轴法有较大偏好。然而也有人认为它不切实际,因为因子之间通常都存在某种关系,硬性规定它们之间的关系为直角,总不免有扭曲事实之嫌,这是正交旋转的弱点。另一类是斜交转轴法,允许因子轴之间形成锐角或钝角的旋转法,允许因子与因子之间具有一定的相关性,比较符合因子结构的实际情况。这也是许多研究者正在大力尝试的分析方法。

---

① 特征值通常以缩减式相关矩阵为资料,用迭代法求解获得;贡献率由因子的特征值除以所有变量的总方差求得。这种数学计算极其复杂,一般要依赖计算机来完成,因此这里就不详述如何求得特征值,后面将介绍用 SPSS 软件进行因子分析时阐明求特征值的操作程序及操作命令。

公共因子抽出来后,我们必须知道各因子所代表的意义是什么,也就是说对因子进行命名并做出解释。需要指出的是,因子的命名和解析带有主观的色彩,因人而异,主因子的命名也有所不同,但是事物的本质使得各变量间的联系一般来说具有某种稳定性。

(四) 因子得分

通过因子分析,我们找出了多个变量中所隐含的公共因子及各因子的意义。最后,我们还希望利用所找出的因子来衡量各样本单位的性质,这种性质可以用样本单位的因子得分来表示。因子得分是样本单位在测验中某因子上各变量得分的加权总和。由于高的因子权数总是与高的因子负荷量相对应,因此,人们往往用因子负荷量作为权数来计算因子得分,这样便于对样本作进一步的分析研究。

三、因子分析法的适用范围

进行因子分析,必须满足以下几个条件:

第一,因子分析以变量之间的共变关系作为分析的依据,因此,因子分析的变量都必须是连续变量,符合线性关系假设。顺序与类别变量不能使用因子分析简化结构。

第二,抽样过程必须随机。由于运用因子分析是为了进一步提取隐藏在现有指标后面的更具有特征的信息,是由表及里探索事物本质联系的方法,如果选取样本时采用非随机抽样则会在很大程度上影响因子分析结果的科学性。

第三,变量之间具有一定程度的相关性,对于一群相关太高或太低的变量,不太适合进行因子分析。太低的相关性难以抽取一组稳定的因子,通常相关系数绝对值低于0.3时,不建议进行因子分析。然而相关性太高的变量,多重共线性明显,区分效度不够,获得的因子结构价值也不高。是否适合用因子分析可以用以下3种方法进行检测:

(1) 巴特莱球形检验(Bartett's Test of Sphericity):如果巴特莱特球体检验的x^2统计值的显著性概率P值小于0.05时,问卷才有结构效度,才能进行因子分析。

(2) 使用KMO(Kaiser-Meyer-Olkin)检验统计量:KMO统计量的取值在0和1之间。KMO值越接近于1,意味着变量间的相关性越强,原有变量越适合作因子分析;KMO值越接近于0,意味着变量间的相关性越弱,原有变量越不适合作因子分析。Kaiser给出了常用的KMO度量标准:0.9以上表示非常适合;0.8表示适合;0.7表示一般;0.6表示不太适合;0.5以下表示极不适合。

(3) 共同性指数(Communality)。某一变量与其他所有变量的复相关系数的平方,得到的数值称为共同性。变量的共同性越高,因子分析的结果就越理想。SPSS统计软件系统默认的就是这种检验方法。

资料链接8-3

因子分析依赖于原始变量,也只能反映原始变量的信息。所以原始变量的选择很重要,一定要符合进行分析所要达到的目标,不能夹杂毫不相关的变量。另外,如果原始变量基本上相互独立,那么降维就可能失败,这是因为很难把很多独立变量用少数综合的变量概括。数据越相关,降维效果就越好。那些选出的因子代表了一些相关的信息(从相关性和线性组合的形式可以看出来);根据这些信息有助于给这些因子起合适的名字,但并不总是可以给出满意的名字。当得到分析的结果时,并不一定都会得到容易解释清楚的结果。这与问题的性质、选取的原始变量以及数据的质量等都有关系。没有一个方法是万能的,一个完美的世界就是由无数不完美的事物组成的。

资料来源:许以洪,熊艳.市场调查与预测[M].北京:机械工业出版社,2010.

四、运用 SPSS 软件进行因子分析的操作步骤

第一步,根据收集到的资料,运行 IBM_SPSS20.0_32bit 简体中文版,按照建立数据库的要求和方法,建立数据库。

第二步,调用因子分析模块进行分析,运行:分析/降维/因子分析,弹出因子分析对话框(如图 8-5 所示)。

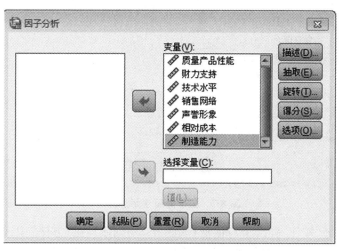

图 8-5 因子分析法示意图 1

把要分析的变量都通过箭头按钮移入"变量"列表中,然后按照要求修改各选项的参数:
(1) 先点击"描述"按钮,弹出"描述"子对话框(如图 8-6 所示)。

图 8-6 因子分析法示意图 2

(2)再点击"抽取"按钮,弹出子对话框(如图8-7所示)。在"方法"中选取"主成分",在"分析"和"输出"下选中"相关性矩阵"和"未旋转的因子解"选项,在"抽取"下的"特征值大于"(特征值在多少以上)后面输入因子提取标准(值越大,提取的主因子越少,但信息的损失也越多,系统默认为1),然后点击"继续"返回主对话框。

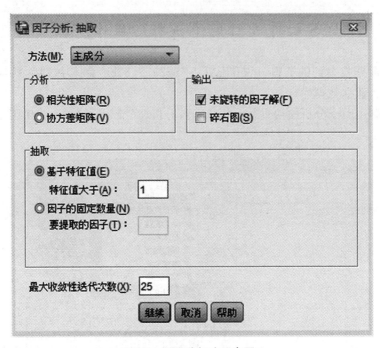

图8-7 因子分析法示意图3

(3)点击"旋转"按钮,弹出子对话框(如图8-8所示)。在"方法"中选中"最大方差法"(又叫最大变异法,是正交旋转中的一种),在"输出"选中"旋转解"选项,点击"继续"返回主对话框。

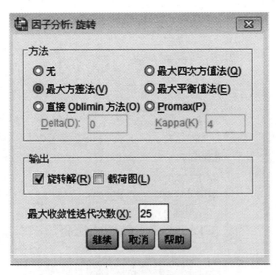

图8-8 因子分析法示意图4

（4）点击"得分"按钮，弹出子对话框（如图 8-9 所示）。选中"保存为变量"和"显示因子得分系数矩阵"选项，在"方法"中选取"回归"选项，点击"继续"返回主对话框。

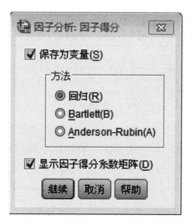

图 8-9　因子分析法示意图 5

（5）参数修改完成后，点击因子分析的主对话框中的"确定"按钮，就可以得到结果了。

第三步，根据 SPSS 分析输出的结果表，参照因子分析的基本理论与知识进行适当的解释说明即可。

五、运用 SPSS 软件进行因子分析的例题解析

文化产业成为国民经济支柱性产业，最直接的判断指标就是文化产业的增加值占到 GDP 的 5% 以上。但是，当文化产业成为当地的支柱产业，就一定更具有竞争力吗？如果文化产业尚未成为区域的支柱产业，是不是竞争力就相对较弱呢？这就需要对于竞争力进行重新思考。

本研究将从文化产业发展特性出发，构建了 10 个指标组成的文化产业竞争力评价指标体系：

x_1：文化事业从业人员数（人）；

x_2：文化馆、公共图书馆、群众文化馆、博物馆个数（个）；

x_3：人均公共图书馆藏书量（册/人）；

x_4：群众文化馆组织活动次数（次）；

x_5：人均文化消费（元）；

x_6：入境过夜游客数量（万人次）；

x_7：艺术表演团体国内演出观众人次（万人次）；

x_8：公共图书馆总流通人次（万人次）；

x_9：艺术表演团体演出收入（千元）；

x_{10}：文化事业费用占财政支出比例（%）。

然后以《中国统计年鉴 2017 年》《中国文化文物统计年鉴 2017 年》和《中国文化及相关产业统计年鉴 2017 年》的数据为基础整理出 2016 年全国 31 省市的相关数据（见表 8-30），用因子分析法来分析以下问题：

（1）能否从这 10 个指标中提出公共因子来重新建立文化产业竞争力评价指标？

(2) 这些公共因子中对提高文化产业竞争力最关键的因子是什么？次关键的因子是什么？

(3) 请对这些城市的文化竞争力进行排名。

表 8-30　2016 年 31 个省(自治区、直辖市)文化产业相关指标数据

序号	地区	x_1	x_2	x_3	x_4	x_5	x_6	x_7	x_8	x_9	x_{10}
1	北京	6 692	437	1.19	69 435	2 351.4	416.5	877.0	1 401.9	32 204	0.55
2	天津	3 576	325	1.16	27 678	1 173.0	82.4	397.5	851.5	5913	0.43
3	河北	18 798	2 866	0.31	68 004	555.6	83.8	5 418.6	1 622.2	35 498	0.31
4	山西	12 267	1 891	0.47	39 194	546.8	63.0	4 642.2	981.4	31 355	0.58
5	内蒙古	11 657	1 537	0.68	30 935	851.4	177.9	1 241.1	742.7	5 025	0.58
6	辽宁	13 693	1 853	0.90	63 533	980.9	273.7	565.2	2 313.1	9 506	0.42
7	吉林	14 696	1186	0.68	30 012	656.2	162.0	358.3	806.1	4 334	0.45
8	黑龙江	13 803	2 080	0.51	38 672	535.8	95.7	331.9	986.0	3 113	0.42
9	上海	13 046	383	3.17	135 097	2 638.2	690.4	1 034.4	4 170.4	41 314	0.61
10	江苏	20 954	1 925	0.95	94 911	1 311.8	329.8	4 051.1	6 488.6	57 925	0.47
11	浙江	19 796	1 933	1.25	147 065	1 209.2	525.6	18 040.1	9 788.5	454 278	0.78
12	安徽	14 569	1 958	0.35	65 064	511.7	313.4	32 968.5	1 994.4	99 902	0.32
13	福建	10 237	1 497	0.79	39 684	770.1	611.5	2 285.9	2 603.5	39 620	0.5
14	江西	15 015	2 224	0.47	37 223	538.0	164.8	1 625.0	1 374.5	18 798	0.28
15	山东	23 688	2 659	0.51	129 143	708.3	328.8	4 093.5	3 643.6	21 905	0.37
16	河南	28 201	3 161	0.28	87 703	537.1	149.9	11 994.8	2 538.7	48 606	0.3
17	湖北	13 446	1 807	0.56	61 313	589.7	337.6	3 051.8	2 082.0	16 405	0.45
18	湖南	19 327	3 058	0.42	53 240	915.2	240.8	2 443.1	1 955.4	42 244	0.38
19	广东	27 061	2 189	0.72	119 841	1 153.0	3 507.2	2 427.3	8 334.8	38 915	0.49
20	广西	13 089	1 640	0.56	49 392	441.7	482.5	848.4	2 067.0	30 885	0.45
21	海南	1 887	303	0.50	5 737	413.1	74.9	811.2	377.0	37 845	0.51
22	重庆	12 966	1 227	0.47	49 891	681.4	180.9	3 080.6	1 308.5	29 352	0.51
23	四川	28 498	5 408	0.43	114 235	625.9	308.8	2 303.7	2 358.0	61 109	0.5
24	贵州	14 205	1 926	0.35	37 594	519.5	72.2	817.4	604.4	10 621	0.35
25	云南	15 985	1 956	0.44	53 663	540.5	600.4	3 883.2	1 380.8	58 456	0.44
26	西藏	9 158	936	0.53	10 858	151.7	32.2	390.7	25.4	211	0.46
27	陕西	23 455	2 075	0.43	43 631	686.6	338.2	3 241.3	1 155.6	29 059	0.49
28	甘肃	16 055	1 799	0.53	29 520	485.8	7.2	2 774.9	724.3	11 714	0.28
29	青海	2 595	532	0.76	8 304	630.0	7.0	284.4	111.2	2 048	0.51
30	宁夏	2 910	329	1.02	16 276	652.4	5.1	359.9	318.6	1 009	0.54
31	新疆	13 578	1 588	0.59	82 762	527.7	58.2	1 190.2	529.4	2 105	0.4

案例解析

1. 运用 SPSS 软件分析该案例的相关步骤

第一步,根据收集到的资料,运行 SPSS,按照建立数据库的要求和方法,建立"2016 年全国 31 个省市文化产业相关指标数据.sav"。

第二步,调用因子分析模块,运行分析/降维/因子分析,弹出因子分析主对话框,把要分析的 17 个变量都通过箭头按键移入"变量"列表中。

第三步,下面开始修改各选项参数,先点击"描述"按钮,弹出子对话框,"原始分析结果""系数"和"显著性水平",点击"继续"返回主对话框;再点击"抽取"按钮,弹出子对话框,在"方法"中选取"主成分",在"分析"和"输出"下选中"相关性矩阵"和"未旋转的因子解"选项,在"抽取"下的"特征值大于"后面输入因子提取标准 1,然后点击"继续"返回主对话框。

第四步,点击"旋转"按钮,弹出子对话框,在"方法"中选中"最大方差法",在"输出"选中"旋转解"选项,点击"继续"返回主对话框。

第五步,点击"得分"按钮,弹出子对话框,选中"保存为变量"和"显示因子得分系数矩阵"选项,在"方法"中选取"回归"选项,点击"继续"返回主对话框。

第六步,参数修改完成后,点击因子分析的主对话框中的 OK 按钮,就可以得到结果了(见表 8-31)。

2. 结果说明

① 表 8-31 给出了参与因子分析的 10 个变量间的相关系数,并进行了相关性检验,结果表明部分变量之间存在着一定的相关性。

② 表 8-32 为共同指数检验法,从表中可以看出经过因子分析后,参与分析的变量被利用的信息的共同度均都在 0.5 以上,说明信息被利用得好,可以进行因子分析。

③ 从表 8-33 可以看出,利用主成分分析法抽取因子,依照特征值大于 1 的标准共抽取 3 个因子,分别为主因子 1(fac1_1)、主因子 2(fac2_1)和主因子 3(fac3_1);并且建立因子载荷矩阵,采用方差最大法进行旋转后,可以得到各主因子的特征值、贡献率和累计贡献率。从表 8-33 看出,前 3 个因子的累计方差贡献率达到 79.257%,说明这些因子的数值变化已经基本上可以代表指标体系中 10 个指标原始变量的绝大部分,已经能够解释和描述 31 个省市自治区文化产业竞争力状况。

④ 表 8-34、表 8-35 给出了旋转前和旋转后各主因子载荷量情况,从结果可以看出,旋转后因子载荷量均向两极分化,旋转后的载荷量表比旋转前效果要好。

⑤ 表 8-36 是因子得分系数矩阵表,各样本的得分可以根据因子的得分系数来计算,我们选中了保存各样本的因子得分,在 SPSS 软件数据界面上可以显示出来,图中的结果就是各样本的因子得分数据情况。

⑥ 表 8-37 是各因子的相关系数表,结果说明提出后的 3 个因子之间存在着明显的不相关性。

表 8-31　各指标相关分析矩阵表

		x_1	x_2	x_3	x_4	x_5	x_6	x_7	x_8	x_9	x_{10}
相关	x_1	1.000	0.832	−0.225	0.675	−0.041	0.387	0.271	0.530	0.250	−0.214
	x_2	0.832	1.000	−0.456	0.438	−0.289	0.097	0.216	0.225	0.145	−0.317
	x_3	−0.225	−0.456	1.000	0.377	0.837	0.149	−0.126	0.325	0.171	0.519
	x_4	0.675	0.438	0.377	1.000	0.494	0.453	0.325	0.800	0.527	0.231
	x_5	−0.041	−0.289	0.837	0.494	1.000	0.281	−0.074	0.417	0.179	0.448
	x_6	0.387	0.097	0.149	0.453	0.281	1.000	0.025	0.639	0.121	0.171
	x_7	0.271	0.216	−0.126	0.325	−0.074	0.025	1.000	0.336	0.573	−0.057
	x_8	0.530	0.225	0.325	0.800	0.417	0.639	0.336	1.000	0.697	0.394
	x_9	0.250	0.145	0.171	0.527	0.179	0.121	0.573	0.697	1.000	0.514
	x_{10}	−0.214	−0.317	0.519	0.231	0.448	0.171	−0.057	0.394	0.514	1.000
Sig. 单侧	x_1		0.000	0.112	0.000	0.414	0.016	0.070	0.001	0.088	0.123
	x_2	0.000		0.005	0.007	0.058	0.302	0.122	0.112	0.219	0.041
	x_3	0.112	0.018		0.002	0.000	0.212	0.249	0.037	0.179	0.001
	x_4	0.000	0.000	0.018		0.002	0.005	0.037	0.000	0.001	0.106
	x_5	0.414	0.212	0.000	0.005		0.063	0.347	0.010	0.168	0.006
	x_6	0.016	0.249	0.212	0.037	0.063		0.447	0.000	0.258	0.179
	x_7	0.070	0.037	0.249	0.000	0.347	0.447		0.032	0.000	0.381
	x_8	0.001	0.179	0.037	0.001	0.010	0.000	0.032		0.000	0.014
	x_9	0.088	0.001	0.179	0.106	0.168	0.258	0.000	0.000		0.002
	x_{10}	0.123	0.018	0.001	0.002	0.006	0.179	0.381	0.014	0.002	

表 8-32　指标的共同程度表

	初始	提取
文化事业从业人员数	1.000	0.920
文化馆、公共图书馆、群众文化馆、博物馆个数	1.000	0.816
人均公共图书馆藏书量	1.000	0.827
群众文化馆组织活动次数	1.000	0.870
人均文化消费	1.000	0.795
入境过夜游客数量	1.000	0.554
艺术表演团体国内演出观众人次	1.000	0.706
公共图书馆总流通人次	1.000	0.878
艺术表演团体演出收入	1.000	0.909
文化事业费用占财政支出比例	1.000	0.651

注：提取方法：主成分分析。

表 8-33 解释总方差表

成分	初始特征值			提取平方和载入			旋转平方和载入		
	合计	方差的%	累积%	合计	方差的%	累积%	合计	方差的%	累积%
1	3.836	38.363	38.363	3.836	38.363	38.363	2.975	29.753	29.753
2	2.760	27.600	65.964	2.760	27.600	65.964	2.949	29.487	59.240
3	1.329	13.293	79.257	1.329	13.293	79.257	2.002	20.017	79.257
4	0.786	7.862	87.119						
5	0.662	6.619	93.738						
6	0.230	2.296	96.034						
7	0.146	1.455	97.489						
8	0.100	0.996	98.485						
9	0.093	0.930	99.415						
10	0.059	0.585	100.000						

注:提取方法:主成分分析。

表 8-34 旋转前因子载荷量表
成分矩阵[a]

	成分		
	1	2	3
文化事业从业人员数	0.583	0.708	−0.282
文化馆、公共图书馆、群众文化馆、博物馆个数	0.296	0.838	−0.160
人均公共图书馆藏书量	0.435	−0.785	−0.150
群众文化馆组织活动次数	0.910	0.136	−0.154
人均文化消费	0.550	−0.649	−0.268
入境过夜游客数量	0.584	0.023	−0.461
艺术表演团体国内演出观众人次	0.400	0.351	0.651
公共图书馆总流通人次	0.936	0.027	0.002
艺术表演团体演出收入	0.714	0.015	0.632
文化事业费用占财政支出比例	0.450	−0.614	0.267

注:提取方法:主成分分析。a:已经提取了3个因子。

表 8-35 旋转后因子载荷量表

旋转成分矩阵^a

	成分		
	1	2	3
文化事业从业人员数	0.869	−0.368	0.173
文化馆、公共图书馆、群众文化馆、博物馆个数	0.642	−0.617	0.154
人均公共图书馆藏书量	0.092	0.904	−0.041
群众文化馆组织活动次数	0.819	0.277	0.349
人均文化消费	0.294	0.839	−0.060
入境过夜游客数量	0.690	0.263	−0.094
艺术表演团体国内演出观众人次	0.100	−0.193	0.812
公共图书馆总流通人次	0.714	0.376	0.477
艺术表演团体演出收入	0.211	0.245	0.897
文化事业费用占财政支出比例	−0.047	0.726	0.349

注：提取方法：主成分旋转法；具有 Kaiser 标准化的正交旋转法。a：旋转在 4 次迭代后收敛。

表 8-36 因子得分系数矩阵表

	成分		
	1	2	3
文化事业从业人员数	0.328	−0.150	−0.060
文化馆、公共图书馆、群众文化馆、博物馆个数	0.243	−0.232	−0.013
人均公共图书馆藏书量	0.031	0.313	−0.087
群众文化馆组织活动次数	0.259	0.065	0.029
人均文化消费	0.119	0.288	−0.138
入境过夜游客数量	0.300	0.083	−0.216
艺术表演团体国内演出观众人次	−0.128	−0.106	0.489
公共图书馆总流通人次	0.187	0.095	0.126
艺术表演团体演出收入	−0.107	0.039	0.497
文化事业费用占财政支出比例	−0.106	0.236	0.192

注：提取方法：主成分旋转法；具有 Kaiser 标准化的正交旋转法。

表 8-37 各主因子的相关系数表

成分	1	2	3
1	1.000	0.000	0.000
2	0.000	1.000	0.000
3	0.000	0.000	1.000

注：提取方法：主成分旋转法；具有 Kaiser 标准化的正交旋转法。

3. 综合分析

根据旋转后的方差矩阵，前 3 个主因子的累计方差贡献率达到 79.257%，说明这些因子的数值变化已经基本上可以代表指标体系中 10 个指标原始变量的绝大部分，已经能够解释和描述 31 个省市自治区的文化产业竞争力状况。下面开始给各因子命名、分析因子得分并排名，从而得出其文化竞争力强弱。

（1）各主因子命名。第 1 个主因子在文化事业从业人员、群众文化馆组织活动次数、公共图书馆总流通人次、入境过夜游客数量和总馆数（文化馆、公共图书馆、群众文化馆和博物馆数）等 5 个指标上有较大载荷，分别为 0.869、0.819、0.714、0.690 和 0.642，将其归为一类，称为产业实力因子；第 2 个主因子在人均公共图书馆藏书量、人均文化消费、文化事业费用占财政支出比例等 3 个指标上有较大的载荷，分别为 0.904、0.839 和 0.726，将其归为一类，称产业支撑因子；第 3 个主因子在艺术表演团体国内演出观众人次和艺术表演团体演出收入等 2 个指标上有较大载荷量，分别为 0.812 和 0.897，将其归为一类，称产业效率因子。

（2）因子重要性说明。综合上述输出结果我们发现，第 1 个主因子的方差贡献率为 29.753%，综合的原始指标信息较多，对原始指标的反映能力最强，说明产业实力是目前提高地区文化产业竞争力的最重要手段。第 2 个主因子的方差贡献率为 29.487%，说明产业支撑对于提高地区文化产业竞争力也比较重要。第 3 个主因子的方差贡献率为 20.017%，说明文化产业效率也是提高文化产业竞争力不可忽视的因素。

（3）因子综合得分。根据主因子与指标之间的数量关系，我们可以运用 SPSS 计算出各主因子的得分（如图 8-10 所示），然后运用各因子的方差贡献率占总方差贡献率的比重作为权重进行加权平均，就可以得出区域文化产业竞争力的综合评价模型：

$$f = 0.29753 f_1 + 0.29487 f_2 + 0.20017 f_3$$

最终结果见表 8-38。

FAC1_1	FAC2_1	FAC3_1
-0.27426	1.85234	-0.57165
-1.04357	0.86666	-0.58393
0.37799	1.09601	-0.02025
-0.64642	0.12737	-0.36965
-0.59292	0.29117	-0.21494
0.17774	0.17714	-0.53652
-0.44142	-0.07511	-0.47822
-0.23928	-0.47482	-0.44456
0.91814	3.46341	-0.74567
1.00798	0.53190	0.19026
0.55880	1.57660	4.39728
-0.54939	-1.15826	2.45289
-0.24639	0.32667	-0.09055
-0.00455	-0.85203	-0.50925
1.28605	-0.58209	-0.13782
9.97977	-1.43077	0.50498
-0.04421	-0.20190	-0.12795
0.51956	-0.67083	-0.24520
3.20097	-0.72873	-0.98170
-0.12153	-0.19750	-0.21933

图 8-10 因子分析后各个样本的因子得分情况

表 8-38 31 个省(自治区、直辖市)文化产业竞争力排名情况

城市	综合得分	排名	城市	综合得分	排名
浙江	1.51	1	内蒙古	−0.13	16
上海	1.15	2	广西	−0.14	18
广东	0.97	3	山西	−0.16	19
江苏	0.49	4	天津	−0.17	20
北京	0.35	5	新疆	−0.21	21
四川	0.21	6	河北	−0.21	21
山东	0.18	7	吉林	−0.25	23
福建	0.00	8	宁夏	−0.28	24
辽宁	0.00	8	黑龙江	−0.30	25
安徽	−0.01	10	江西	−0.35	26
河南	−0.03	11	青海	−0.38	27
湖南	−0.09	12	贵州	−0.39	28
陕西	−0.09	12	海南	−0.41	29
云南	−0.10	14	甘肃	−0.42	30
湖北	−0.10	14	西藏	−0.50	31
重庆	−0.13	16			

表 8-38 中分数采用的是标准分,值越大表示综合得分越高,0 分表示该个案位于样本的平均水平,0 分以上表示该个案位于样本的平均水平以上,0 分以下表示该个案位于样本的平均水平以下。从表 8-38 已经可以清楚地看出利用因子分析法可以确定各省市在全国的文化竞争力排名情况。

课堂讨论 8-4

从本节导入案例与例题分析可以看出因子分析最关键的是对研究对象进行操作化,即把抽象的研究对象操作成一些具体的可量化、可收集的指标,然后收集资料后再对这些指标因子分析,提取公共因子。现假如要对如何评价民族文化旅游产品的真实性进行研究,你应该如何将其操作化?

本章小结

本章分别介绍了回归分析法的概念、种类、基本理念、一元线性回归分析法和多元线性回归分析法;时间序列分析法的概念、种类;时间序列的水平指标、速度指标,以及影响时间序列的变动因素的分析;因子分析法的概念、基本理念以及具体分析步骤。在实际中,要注意在运用回归分析法时必须首先对变量之间的关系进行判别,同时要对回归模型进行显著性检验;在运用时间序列分析法时,要注意辨析时间指标的性质特点,用正确的方法处理不同的时间序列及其指标;在运用因子分析法时要注意把握因子提取的数目,保证在简化资料的同时最大限度地利用原始资料。

这 3 种分析方法是分析定量数据的深入分析方法,更能透过现象把握住内在的发展规律,并能对现象的未来做出可靠的预测。如能正确运用,将对社会经济文化现象的认识具有重要意义。

◆ **关键词**

回归分析法　一元线性回归　时间序列　速度指标趋势线配合法　因子分析法　主成分分析法

◆ **思考题**

1. 试解释为什么线性回归模型的有效性检验可以使用方差分析的思想和方法进行。
2. 表8-39是中国内地故事片产量X与电影票房Y的相关数据,你能否建立X与Y的一元线性回归方程。

表8-39　内地故事片产量与电影票房相关数据

年份	内地故事片产量(部)	电影票房(亿元)
2013	638	217.7
2014	618	296.4
2015	686	440.7
2016	772	457.1
2017	798	559.1
2018	902	609.8

数据来源:中商产业研究院整理。

3. 截至2016年年末,全国共有供读者使用的电子阅览终端13.49万台,较2015年同期增长6.5%;涨幅最高的是平均每万人公共图书馆建筑面积,2016年年末平均每万人公共图书馆建筑面积高达103平方米,比上年末多出了8.3平方米,涨幅8.8%,可见增速较快;值得注意的是,公共图书馆阅览室座席数增加到了98.6万个,涨幅为8.3%,比去年同期的涨幅高出接近2个百分点。

资料来源:江畅,孙伟平,戴茂堂.中国文化产业发展报告2018[M].北京:社会科学文献出版社,2018:173.

请问以上这段资料中的各个数据都属于什么指标?都是如何计算出来的?

4. 在例8.11中我们利用季节分析法得出电影市场的旺季是第3季度和第4季度,第1季度和第2季度则为淡季。请用平时所了解的文化产业知识解释原因。
5. 回归分析与因子分析有何区别?
6. 因子分析中因子旋转的基本思想是什么?

思考案例

表8-40　我国2013～2017年5年内国内生产总值与文化产业增加值

年份	国内生产总值(亿元)	文化产业增加值(亿元)
2013	595 244	21 351
2014	643 974	23 940
2015	689 052	27 235
2016	743 585	30 785
2017	827 122	34 722

请思考:

(1) 每年文化产业对经济增长的贡献率是多少?拉动率是多少?

(2) 你能用所学的方法预测 2018 年我国 GDP 以及文化产业增加值将分别达到多少吗?

(3) 你能用所学的方法模拟出文化产业增加值与国内生产总值之间的回归关系,并预测当我国文化产业增加值达到 15 000 亿元时,GDP 值将达到多少吗?

应用训练

训练一: 请用时间序列分析法预测 2020 年我国旅游外汇收入将达到多大规模(见表 8-41)。

表 8-41 2012~2018 年我国旅游外汇收入表

年份	旅游外汇收入(亿美元)
2012	500
2013	517
2014	569
2015	1 137
2016	1 200
2017	1 234
2018	1 271

数据来源:国家统计局统计年鉴.

训练二: 某市企业协会对该市企业进行一次企业竞争力的评估,以便对该市的企业进行了解,并对进一步分析提供参考条件。评估选取了"质量/产品性能""财力支持""技术水平""销售网络""声誉形象""相对成本"和"制造能力"7 个指标,初次评估选取了该市 20 个企业,评估采用十分制,即 1~10 分,分数越高代表该企业在这一方面越具有优势,评估资料详见表 8-42,试通过 SPSS 软件进行因子分析,找出能够代表企业竞争力的综合性指标,以便对该市的所有企业进行竞争力的整体评估。

表 8-42 企业竞争力评估

企业	质量/产品性能	财力支持	技术水平	销售网络	声誉/形象	相对成本	制造能力
1	6.6	7.3	5.5	4.1	3.4	8.7	5.0
2	8.8	9.3	6.6	5.2	5.2	8.4	5.5
3	5.9	7.3	9.7	3.9	2.9	7.6	5.0
4	6.8	9.5	7.6	4.1	3.9	8.7	5.5
5	7.3	7.7	9.7	4.8	4.8	5.2	5.1
6	7.3	7.7	9.4	4.1	4.4	7.8	5.0
7	7.6	7.7	8.7	6.3	4.4	8.2	5.3
8	3.4	6.2	5.5	9.1	8.9	8.7	9.1
9	9.3	6.7	7.6	9.0	7.0	4.3	7.5
10	9.3	6.2	8.6	8.9	8.3	4.1	8.8
11	8.1	6.7	9.6	5.2	7.0	5.5	6.0

续表

企业	质量/产品性能	财力支持	技术水平	销售网络	声誉/形象	相对成本	制造能力
12	2.7	6.9	7.3	6.9	6.8	7.6	6.3
13	2.4	6.4	5.5	6.7	7.5	7.0	6.3
14	3.4	6.5	7.9	8.2	7.8	8.5	7.7
15	7.1	6.7	9.6	6.0	7.0	5.0	5.8
16	5.9	6.5	8.6	3.4	2.6	6.1	5.0
17	8.8	7.5	9.4	9.3	8.6	5.2	9.4
18	4.6	8.5	6.2	9.5	8.8	6.6	9.6
19	5.4	9.5	6.3	6.9	8.0	7.6	7.2
20	4.4	8.5	5.6	7.4	5.5	8.5	6.7

第九章 文化市场调查数据的定性分析

本章结构图

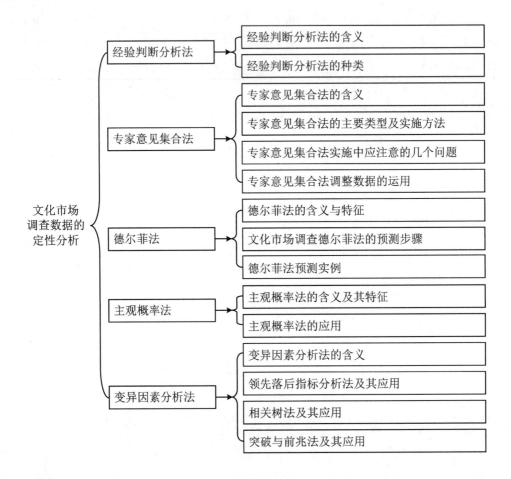

学习目标

理解经验判断分析法,掌握专家意见集合法、德尔菲法及其运用、主观概率法及其运用、变异因素分析法及其运用。

【导入案例】

书商销售量预测

某书刊经销商采用德尔菲法对某一专著销售量进行预测。该经销商首先选择若干书店经理、书评家、读者、编审、销售代表和海外公司经理组成专家小组。它将该专著和一些相应的背景材料分发给几位专家,要求大家给出该专著的最低销售量、最可能销售量和最高销售量的预测,同时说明自己做出判断的主要理由。该经销商将专家的意见收集起来,归纳整理后返回,然后要求后者参考他人的意见对自己的预测重新考虑。专家完成第一次预测并得到第一次预测的汇总结果以后,除书店经理外,其他专家在第二次预测中都作了不同程度的修正。重复进行,在第三次预测中,大多数专家又一次修改了自己的看法。第四次预测时,所有专家都不再修改自己的意见。因此,专家意见收集过程在第四次以后停止。最终预测结果为最低销售量26万册,最高销售量60万册,最可能销售量46万册,从而预测销量为46万册。

这是文化市场调查定性分析的德尔菲法,它是一种比较科学的预测方法,预测结果通常比较接近事实,对中长期趋势比较准确。除了德尔菲法外,在文化市场调查分析中还有其他定性分析法,如经验判断分析法、专家意见集合法、主观概率法和变异因素分析法等,本章将介绍这些定性分析方法。

第一节 经验判断分析法

一、经验判断分析法的含义

经验判断分析法又称经验判断法,是定性分析方法的一种。它是由熟悉业务且具有一定经验和综合分析能力的人员,根据已掌握的历史和现实资料,运用个人的知识、经验和分析判断能力或集体的智慧,对文化市场分析对象的未来发展变化进行判断和预测,得出有关结论的一种分析方法。这是一种传统的、易操作的方法,在文化市场调查和分析中占有很重要的地位,被广泛应用于文化市场调查实际工作。

经验判断分析法凭借的是个人或集体的经验、才识和智慧,具有一定的科学性,而且简单易行,直接可靠。对于实际资料掌握不足,或是客观情况较为复杂,尤其是在客观上不具备定量分析的条件下,这种分析方法更为有效,且费用较低。但由于这种方法主要依靠主观经验进行判断,不可避免地带有主观色彩,而且容易受到判断者个人知识、才能、经验的制约和影响,因此,易产生主观片面性和局限性。为消除片面性和局限性,可用多种判断方法进行预测,并在比较各种方法预测结果的基础上,得出合理的预测值。

二、经验判断分析法的种类

经验判断分析法的具体实施方法较多:按照个人的直观经验做出判断,分为相关推断法、对比类推法和比例分析法等;按照集体经验做出判断,分为意见交换法、意见测验法、意见汇总法和消费者意向调查法等。

(一) 个人经验判断分析法

个人经验判断分析法是由个人根据知识和经验对文化市场发展过程中的文化经济现象或文化经济指标单独进行的判断分析法。它是定性直观判断分析法中的一种,对事物未来发展状况的分析完全凭借预测者的主观判断能力,从而使分析结果带有浓重的个人色彩。

因此个人判断分析法对分析者本人要求较高,为了取得较准确的分析结果,一般推选由经验丰富、知识水平高的专家进行判断分析。

1. 相关推断法

相关推断法是以文化市场中某一文化事件的因果关系为原理,从已知的各种文化现象的发展变化趋势,推断未来发展趋势的一种方法。在文化市场分析中运用相关推断法,重点是要抓住同分析目标有直接关系的主要因素。相关推断法主要包括通过时间上先行、后行和平行关系进行推断,以及通过相关变动方向的顺向与逆向关系进行推断。

先行或后行关系是指某些文化经济现象在其他一些文化经济现象出现变化后,相隔若干时间才会随之发生相应的变化。例如原材料的上涨,先于制成品价格的上涨,或唱片价格的提高,先于化工材料价格的提高。原材料与制成品价格、唱片价格与化工材料价格之间就存在着先行与后行的关系。这种关系所反映的因果关系具有时间顺序性,原因在前,结果在后。平行关系是指某些文化现象之间的原因与结果,先后相继出现的时间间隙较短,几乎被看成是同时出现的。例如,文化旅游市场具有明显的季节性,文化旅游景点的收入直接与旅游人数的多少有关,随着旅游高峰的到来,文化旅游景点会根据新形势的需要,调整原先的经营策略。

顺向关系是指两个文化经济现象之间的相关变动方向同增或同减,反之,此消彼长的则称为逆向关系。例如某一品牌手机的销售量增加,该品牌手机饰品的销售量也会增加,反之,某一品牌手机的销量减少,该品牌手机饰品的销售量也会减少,这种情况就是顺向关系;除夕之夜,央视春晚的收视率提高,其他电视台的收视率就会降低,反之,其他电视台的收视率提高,央视春晚的收视率就会降低,这种情况就是逆向关系。根据文化现象之间的顺向或逆向关系,可以从一个已知相关的文化现象的变化方向来推断另一文化现象市场行情的变化趋势。

2. 对比类推法

对比类推法是指由分析人员把分析的文化经济现象或文化经济指标同其他相类似的现象或指标加以对比分析来推断未来发展变化趋势的一种方法。也就是说利用事物之间具有共性的特点,把已发生文化市场中文化产品的表现过程类推到后发生或将发生的文化产品上去,从而对后继文化产品的前景做出分析。比如,由音乐家比尔·惠伦(Bill Whelan)作曲、莫亚·多何第(Moya Doherty)制作的一部集合爱尔兰舞蹈、音乐与歌剧的音乐剧《大河之舞》,演出后席卷全球,在各个方面都取得了较好的成绩,中国著名舞蹈艺术家杨丽萍依据《大河之舞》的成功发展,自编自导自演了《云南印象》,使之成为中国民族舞走红国际市场的代表。对比类推法依据类推目标,可以分为产品类推法、地区类推法、行业类推法和局部总体类推法。产品类推法是在文化市场分析中,根据文化产品之间在功能、构造、原材料等方面的相似性,对文化产品的发展趋势进行的判断分析。地区类推法是依据文化产品在其他地区(或国家)同类产品的变动趋向相比较,找出相类似的变化规律,用来推测分析目标的未来变化趋向。行业类推法主要用于对新型文化产品的开发预测分析,以相近行业的相近产品的发展变化情况,来类推新型产品的发展方向和变化趋势。局部类推法是指以某一文化企业的普查资料或某一地区的抽样调查资料为基础,对整体的文化市场进行分析判断、预测和类推。

3. 比例分析法

比例分析法是利用文化市场中文化事物之间存在的比例关系,从一文化事物的已知情况推断分析另一文化事物的未来发展变化趋势。例如,图书市场的发展与读者的购买力之间存在着一定的内在关系，通过历史资料能够计算出两者之间的比例系数，当人们已经知道图书市场的发展速度时，就可以推算出读者购买力的趋势值。也就是说比例分析法的应用前提是，当已知的两种文化指标之间存在稳定的比例关系或者比例系数时，根据其中一个文化指标的已知未来值，通过稳定的比例关系，推算出另一文化指标的未来发展趋势。但是值得注意的是，由于实际情况中各种因素的变化，文化事物之间的比例系数会受到影响，在采用比例分析法时，应根据实际情况做必要调整。

（二）集体经验判断分析法

由于个人经验判断分析法主要是依靠分析者个人智慧和能力进行分析的，其结果难免会出现差错。对文化企业重大的市场分析目标来说，分析正确与否直接关系到文化企业的生死存亡。因此，文化企业为了克服个人判断分析中出现的问题，提高分析的准确性，就有必要征求更多人的意见并请他们在一起讨论分析目标所涉及的各种因素、各种问题，澄清各自观点，力求取得较为一致的结果，为文化企业正确决策提供良好的依据，从而便出现了相对于个人经验判断分析法的集体经验判断分析法。

集体经验判断分析法是指利用集体的经验、智慧，通过思考分析、判断综合，对文化市场中文化事物未来的发展变化趋势做出估计和判断的一种方法。集体经验判断分析法，相对于个人经验判断分析法有十分明显的优点，它利用了集体的经验和智慧，避免了个人掌握信息量有限和看问题片面的缺点。集体经验判断分析法中涉及的关键问题是这种方法的应用种类和分析预测结果的数值归纳问题。

1. 集体经验判断分析法的应用种类

（1）意见交换法。意见交换法是指参加分析预测的人员，根据分析预测的主持者提出的基本要求，以个人经验判断为基础，提出各自的分析预测意见，然后通过座谈讨论，相互交换意见，最后由分析预测主持者集中各方面的意见，综合形成一种或几种预测结果的过程。意见交换法主要运用于对文化产品生命周期、未来文化市场发展趋势、文化产品市场占有率的分析预测等。

（2）意见汇总法。意见汇总法是指预测主持者根据预测的目的、内容及要求，有针对性地汇总所属机构其他部门的分析预测意见，加上本身的预测资料的分析判断，来分析预测对象未来的发展趋向的一种集体判断法。在实际工作中，意见汇总法和意见交换法一般会结合着使用。

（3）意见测验法。意见测验法是通过随机抽样或者非随机抽样，对与文化市场中所分析预测的文化事物直接有关的人员进行预期调查，做出主观判断的一种方法。经常采用的方法有消费者或用户现场投票法、调查问卷征求意见法、文化商品试销或试用征求意见法，根据收集的资料意见，对文化产品的发展趋势进行综合性分析推断。采用意见预测法分析预测文化市场发展情况时，受文化企业垄断、竞争需要、消费者购买意图不确定性、政府政策的变化等方面的影响，预期调查的数字不一定准确。

（4）消费者意向调查法。消费者意向调查法又称购买者意向调查法，国外也称"买主意向调查法"，是指通过一定的调查方式（如抽样调查、典型调查等）选择一部分或全部的潜在购买者，直接向他们了解未来某一时期（即预测期）购买文化商品的意向，并在此基础上对文化商品需求或销售做出预测的方法。在缺乏历史统计数据的情况下，运用这种方法可以取得数据资料，做出文化市场预测。消费者意向调查法只有在购买者的购买意向明确清晰，这种意向会转化为顾客购买行为,并且购买者愿意把其意向告诉调查者的前提下,效果才会更加明显。

> **课堂讨论 9-1**

黄金周文化消费意向调查

2009年"十一"黄金周将要到来,人们在"十一"期间文化产品消费将会如何?消费者的差异化消费又会体现在哪里?记者在"十一"前夕,专门组织了"'十一'期间文化产品消费"问卷调查,分析黄金周中市民文化产品消费的差异。

从调查结果来看,男性与女性在文化产品消费内容上存在较大差异。50岁以下的女性"十一"期间首要消费的是图书,50岁以上的女性选择消费电影的最多。而20岁以下的男性选择最多的是电影,出乎意料的是,历史文化景点和博物馆40岁以上的男性选择最多。

同时可以看到,100元到500元是消费者计划消费的区间。文化产品消费占到总消费比重的20%~40%。

结合案例,讨论消费者意向调查法的特点与作用。

资料来源:http://finance.ifeng.com/roll/20090921/1260688.html。

2. 集体经验判断分析预测结果的数值归纳

(1) 三点估计法。三点估计是预测者将预测结果分为3种可能值来估计,即一是最低值,二是最高值,三是最可能值,其公式是

$$E = \frac{a + 4m + b}{6}$$

式中,a 表示最低估计值;b 表示最高估计值;m 表示最可能估计值,且 $a<m<b$;E 表示三点估计值。

例如,某演出市场经理对下一季度演出收入做出三点估计,最低值为1 200万元,最高值为1 800万元,最可能值为1 600万元。则其三点估计值为

$$E = \frac{1\,200 + 4 \times 1\,600 + 1\,800}{6} = 1\,567(万元)$$

(2) 相对重要度法。相对重要度法是将预测者按经验知识水平划分为不同的类型,确定各自的重要度,从而对不同预测者的结果加以推定平均的一种方法,其计算公式为

$$E = \frac{\sum_{i=1}^{n} a_i x_i}{\sum_{i=1}^{n} a_i} \quad (i = 1, 2, \cdots, n)$$

式中,a_i 为重要度;x_i 为预测结果;i 为预测者序数($i=1,2,3,\cdots,n$)。

当 $a_1 = a_2 = \cdots = a_n$ 时,上式即为等同重要度(即平均数)公式。

例如,某音像公司甲、乙、丙、丁4个销售人员,对明年第一季度音像市场上某歌星唱片的销售状况做出如下估计:甲有34 000盒,乙有28 000盒,丙有42 000盒,丁有39 000盒。甲、乙、丙、丁相对重要度比为1:1.5:2.5:1,则估计值为

$$E_p = \frac{1 \times 34\,000 + 1.5 \times 28\,000 + 2.5 \times 42\,000 + 1 \times 39\,000}{1 + 1.5 + 2.5 + 1} = 34\,333(盒)$$

案例分析 9-1

中国选秀及竞技类电视节目的竞相效仿

继肥皂剧、历史剧、情境喜剧、综艺晚会等节目相继盛极而衰,智能竞赛类和选秀类节目成为电视台的"新宠"。竞赛类节目以中央电视台《幸运52》《开心词典》两档强势节目的火爆成为龙头,一系列大大小小的竞赛类节目竞相涌现;而全国各大电视台更是借着湖南卫视的《超级女声》、中央电视台的《梦想中国》《星光大道》的红火,纷纷开展各类大大小小、五花八门的选秀节目,单是上海就有诸如《加油好男儿》《雪碧我型我秀》《真心话大冒险》等。一时间,打开电视,我们发现我们已无处可逃,到处都是火热的竞赛场面,到处都是观众群情激昂的呐喊助威,穿插于其中的,是主持人"插科打诨"式的搞笑本领以及参赛者高度紧张的比赛场面。而所有这一切都奔着一个明确的目标,即诱人的、丰富的名利回报。一切看起来都是如此完美:电视和受众在这里实现了真正的"双赢"。

实际上,这些年来,荧屏盲目追风现象一直没有断过。很多人都质疑我国的电视节目缺乏原创性,灵感大多都来自国外的一些电视节目。《开心辞典》效仿英国的《谁想成为百万富翁》;《天使爱美丽》的原版是美国的《改头换面》;《幸运52》模仿英国的《GO BINGO》等。有专家指出,中国的娱乐节目有抄袭恶习,许多节目竞相克隆国外或其他一些成功的案子。但是邓小平同志曾说过:"不管黑猫白猫,能抓住老鼠,就是好猫。"做电视也一样,不管是借鉴人家的,还是自己独创的,只要能抓住受众,获得高收视率,就可以用来相互效仿。

第二节 专家意见集合法

一、专家意见集合法的含义

在文化市场调查与分析中,能否使专家意见集合法发挥作用,首要的前提及重要因素就是专家的选择。因此,首先要了解何谓专家。

(1) 专家要有丰富经验和广博的知识。专家一般应具有较高学历,有丰富的与分析课题相关的工作经验,思维判断能力敏锐,语言表达能力较强。

(2) 专家要有代表性。要有各个方面的专家组成,如文化市场营销专家、文化产业管理专家、财务专家、生产技术专家等。

(3) 专家要有一定的文化市场调查、文化市场分析及相关方面的知识和经验。

专家意见集合法就是集合行业的专业人士,凭他们的经验和判断共同讨论市场趋势而进行分析的方法。近期或短期预测可采用这种方法。由于专家人士往往比较熟悉文化市场需求及其变化方向,他们的判断往往能反映文化市场的真实趋势。作为决策科学的一个重要领域,专家意见集合是一种群体决策,其目的是将多个专家的判断信息和价值取向通过一定的方法集合为群体决策的结果。因此,专家意见集合法是进行文化市场调查与分析的常用方法,其要点是选对专家,关键是让各个专家能充分发表意见和对文化市场的预期值。

二、专家意见集合法的主要类型及实施方法

(一) 专家会议法

专家会议法,是一种基于全体专家构造决策模型的方法,是指邀请有关方面的专家,通过会议的形式,对市场未来需求趋势或某个文化产品的发展前景做出判断,并在专家们分析判断的基础上,综合专家们的意见,进行市场分析的方法。如分析某地区某文化产品普及率,就可以由专家会议法来完成。

1. 专家会议法的实施步骤

(1) 邀请专家参加会议。邀请出席会议的专家人数不宜太多,也不能太少,一般8~12人为宜,要包括各个方面的有关专家,而且都能独立思考,不受一两个权威专家所左右。

(2) 会议主持人提出分析题目,要求大家充分发表意见,提出各种各样的方案。主持人不要谈自己有什么设想、看法或方案,以免影响与会专家的思路。对专家所提出的各种各样的方案和意见,不应持否定态度,应表示热情欢迎。

(3) 活跃会议气氛。强调会议上不要批评别人的方案,大家畅谈自己的方案,敞开思想,各谈各的方案,多多益善。会议气氛应民主、活跃,大家畅所欲言。

(4) 会议结束后,主持人再对各种方案进行比较、评价、归类,最后确定分析方案。

为了使专家会议法取得成效,会前也需要进行一定的调查研究,提供一定的资料,如文化市场动态资料,不同文化企业所生产的同类文化产品的质量、性能、成本、价格对比资料,以及同类文化产品的历史销售资料等等。

同时,会前也需要做一些组织准备工作。组织准备工作中要注意两个问题:一是如何选择专家,包括确定专家的数目。二是如何让专家充分发表意见。在专家会议上,会议主持人应让与会者畅所欲言,各抒己见,自由讨论;召集会议的分析者不发表可能影响会议的倾向性观点,只是广泛听取意见。在充分讨论的基础上,综合各专家的意见,形成有关市场未来变化发展的趋势或某一产品未来需求前景的分析结果。

2. 专家会议法的优点

与会专家能自由发表意见,各种观点能互相启发、互相借鉴,有利于集思广益,有利于各种意见得到修改、补充和完善。同时,专家会议法节省时间,节约费用,应用灵活方便。当然专家会议法也存在许多不可避免的问题。比如会议上与会人员易受个别权威专家所左右,形成意见一边倒;由于与会人员的个性和心理状态,如不愿发表与多数人不同的意见,出于自尊心不愿当场修改原来发表过的、即使是根据不充分的意见等。因此,会议的最后综合意见,可能并没有完全反映与会专家的全部正确意见。但是,在难以进行量化分析的情况下,专家会议法不失为很有实用价值的分析方法。

(二) 虚拟专家法

虚拟专家法,是一种基于群体一致性强度的专家意见逐步集结规划的方法,即将每次专家意见的集合结果预设为一个"虚拟专家"给出的意见,然后吸收下一个专家的意见成为新的虚拟专家,依此类推,直到最后一个专家参与决策。该方法将多专家的复杂群决策问题转化为低复杂度的多阶段二人决策问题,保证了专家意见集合中群决策的有效性和一致性。

在专家会议法中,有时会出现某些专家暂时缺席的情况,那就只能先集中部分专家决策,然后再吸收后来专家参与的情况,如果部分专家先决策,就需要考虑如何将后来专家的偏好信息有效集结的问题。此时就不能忽视群体的一致性要求和权重。这就需要在前期决策的基础上考虑后来专家的判断信息,没必要重新进行更为复杂的群体决策。此外,在对多专家意见集结的过程中,不仅要考虑专家的不同偏好,而且要考虑专家对最终评判结果与个人判断之间一致性的要求,我们称为一致性强度。特别当在部分专家决策结果的基础上吸引后来专家时,群体一致性要求更为强烈。虽然引入专家的偏好强度约束专家一致性的要求,但偏好强度是专家随意给定的,并不合理,而且在某个专家给定约束条件很苛刻的情况下,个人偏好容易左右群体的结果。因此,基于群体一致性强度实行一种虚拟专家意见集合法就成为一种必要。

该方法以集成专家意见偏差最小化为目标,逐步吸收专家信息,将前期集结的结果看作一个新的虚拟专家给出的判断信息,并且基于决策中少数服从多数的原则,考虑每个虚拟专家的群体一致性强度和权重。在逐步集结的各个阶段,群体一致性强度和权重随着虚拟专家中吸引的实际个体的增加不断增大,每个虚拟专家依次体现了群体偏好趋向一致的过程。

引入虚拟专家的群体一致性强度保证群体结果趋向一致,其中一致性强度和虚拟专家的权重依赖于所包含的个体专家的人数。个体人数越多,一致性强度和权重就越大,从而体现了少数服从多数的原则。该方法同样适应于多个虚拟专家意见集结的群决策问题,只是此时的决策问题包含了多个虚拟专家,其群体一致性强度和权重同样依赖于个体专家的数量。

(三) 头脑风暴法

头脑风暴法与我们前面所讲的专家意见中的生成性知识紧密相连,它是专家们在相互交流的过程中,产生智慧的碰撞和思想的火花,优化集成原有的知识体系,生成新的思维和观点,使得专家意见的集合达到最优化。它是专家们积极创新思维的一个方法。

头脑风暴法出自"头脑风暴"一词。所谓头脑风暴最早是精神病理学上的用语,指精神病患者的精神错乱状态,如今转为无限制的自由联想和讨论,其目的在于产生新观念或激发创新设想。在群体决策中,为克服过于僵化的"群体思维",保证群体决策的创造性,提高决策质量,人们发展了一系列改善群体决策的方法,头脑风暴法是较为典型的一个。

头脑风暴法又可分为直接头脑风暴法(通常简称为头脑风暴法)和质疑头脑风暴法(也称反头脑风暴法)。前者是依据一定的原则,在专家群体决策尽可能激发创造性,产生尽可能多的设想的方法;后者则是对前者提出的设想、方案逐一质疑,分析其现实可行性的方法,一般是同时召开两个会议,前一组专家按直接头脑风暴法的方式提出意见和分析,后一组专家则对前一组专家的各类意见和分析进行质疑并评估,层层推进,使得专家集合意见完善。采用头脑风暴法组织群体决策时,要集中有关专家召开专题会议,主持者以明确的方式向所有参与者阐明问题,说明会议的规则,尽力创造轻松融洽的会议气氛。主持者一般不发表意见,以免影响会议的自由气氛,由专家们"自由"提出尽可能多的方案。

资料链接9-1

头脑风暴法传入德国后,荷立根根据德意志民族习惯于沉思的性格,进行了改良,创造了默写式头脑风暴法,也称为"635法"。该法规定:每次会议6个人,每个人在5分钟内在卡片上写出 3 个设想,故又称为"635 法"。会议之始,由主持人宣布议题,即创意设想的目标,并对与会者的疑问做出解释。然后发给每人几张卡片,在每张设想卡片上标有编号,在两个设想之间要留有一定的空隙,可让其他人填写新的设想,字迹必须清楚。在第一个 5 分钟内,每人针对议题在卡片上写上 3 个设想,然后传给右邻者。这样,半小时内可以传 6 次,一共可以产生 108 个设想。

三、专家意见集合法实施中应注意的几个问题

(一)注意专家的选择及操作技巧

专家意见集合法属于群体决策的范畴,与普通的意见交换不同,参与其中的都是相关问题有关的专家。它的优点很明显,即专家拥有丰富经验和广博知识,思维判断能力敏锐,语言表达能力较强,他们对文化市场的判断和分析有较高的准确性,同时这种方法自身也赋予了专家们畅所欲言、集思广益的平台,能有效提高文化市场调查与分析的准确性。但是,专家意见集合法的短板同样明显,每个专家有不同的个性、不同的心理,他们受他人影响的程度也会呈现不同,而参加人数和时间也有一定限制,这都可能会影响此方法最后结果的有效程度。因此,在专家意见集合法的实施过程中,要特别注意专家的选择和整个流程的操作技巧,这是此方法实施成功与否的前提。

(二)应允许分歧专家的存在

专家意见集合是一种智慧碰撞和智慧激发,由于群体中成员有不同的认知,这往往导致思维的分散,若硬性地对分散的专家意见进行综合集成,将会淹没个性思维,形成没有代表性的"一锅烩"。由此,专家意见一致性检验成为重点。然而,在群体意见的处理中,仅仅检验一致性,并达到群体思维收敛往往是不够的,因为群体思维本身存在着从众思想、从权威思想、从领袖思想等的制约,有较"先明"认识的个体仅是少数的,但这个"少数人"的思维在群体思维中处于分歧的位置,若追求思维收敛的结果,分歧专家的"先明认识"可能要被淹没于群体意见中。为了避免这一不利于创新的弊端,并鼓励个性独创思维的存在,对分歧专家的确定及分歧专家意见的特殊处理显得特别关键。在分歧专家确定中,通过分析专家评价与界限的关系确定分歧专家,最后通过扩大分歧专家在群体意见集成中的权重增强分歧意见的重要程度。从而,既重视了专家群体思维中的收敛意义,又重视了分歧专家的个性意见,也加强了群体思维的人性化过程。

(三)建立专家意见集成的有效机制

专家意见集合不是简单的拼凑,而应该是一种有效的集成和整合,需要有分歧意见的存在,更需要一种使得专家意见能优化集合的有效机制。

专家意见集合中"预设—统计—反馈"过程的潜在暗示作用,可能会使专家将自己的意见向有利于统计结果的方向调整,从而削弱了专家原有见解的独立性。这就需要建立可靠和有效的专家意见集成机制。在专家意见形成过程中,专家给出的评价值代表了专家认为的最可能的值,由于客观问题的复杂性、专家主观判断的偏差,以及专家知识和能力的限制等不同因素的影响,专家给出的判断值均有一定程度的可调性,亦可以在集成过程中,为满

足整体意见收敛性的要求而进行适当调整,而这种调整以降低专家意见的可信程度为代价,对专家意见的调整距离越大,置信程度越低;专家意见所能够允许的最大调整距离受到严格限制,限制范围可以由各个专家自己设定,或者由数据处理者根据各专家以往的工作成绩来评估。

建立专家意见集成机制,整合集成专家意见,寻求形成一致性意见的方法,以便找到群体的最优解或满意解。根据专家意见特点,构建层次化的专家意见模型,并在层次化专家意见模型的基础上,利用专家意见集成机制有效整合基于任务知识相似性的专家意见,形成专家意见集合成果。在各类方案中,希望将个体的意见与群体的一致意见尽可能地接近,基于此建立个体与群体一致意见偏差的最小化模型,得到群体的一致意见。这不仅理论上可行,而且在使用方面可以减少专家意见反复调整的次数,以专家的原始意见为基础,通过数据分析获得集成优化结果,保证专家意见的独立性,使专家对所分析问题的判断和看法的原始信息得以保留,每位专家的意见都得到了最大程度的尊重;建立有效集成机制也能保证专家意见集成结论的一致性和协调性,提高文化市场调查与分析的精度,结果可信度得到量化提高;也可引入计算机技术对集成意见数据化处理,根据不同问题的客观需求对约束条件进行改变,便于针对具体问题进行应用处理,适应能力强。专家意见集成机制的建立,对于群体决策、综合评价以及各类专家知识库构建和专家系统开发应用等方面都具有重要的理论和应用价值。

(四)注重多学科理论和方法的交叉运用

专家意见的集合是由多个专家参与的决策过程,也可以认为是一个专家群体如何进行一项联合行动的抉择。在这个过程中可结合多门学科的优势,比如引入管理科学、决策理论、系统工程、运筹学、数据学、控制论等领域的方式,使集合专家意见的过程数据化、直观化。20 世纪 80 年代才逐渐兴起的一种模糊群体决策模式,受到了极大的关注并迅速得到发展。模糊决策综合起来看,主要侧重下列 3 个方面:一是用模糊集合来表示群的偏好,即研究群体偏好的隶属函数;二是采用公理系统来研究合乎理性的群决策,把个人的偏好定义为模糊集合,在一定的集结准则下得出个人偏好的集结;三是信息的结构与作用。

比如,设有 n 个决策方案 $A_1,A_2,\cdots,A_n$,组成方案集 $A=\{A_1,A_2,\cdots,A_n\}$;每个方案都有 m 个属性来评价其优劣,记属性的集合为 $C=\{C_1,C_2,\cdots,C_m\}$;由 s 位专家组成决策群体 $E=\{E_1,E_2,\cdots,E_s\}$ 对方案 A 进行评价。用 $w=\{w_1,w_2,\cdots,w_m\}$ 表示各个属性的客观重要程度,用 $x=\{x_1,x_2,\cdots,x_s\}$ 表示专家评价的相对重要性,$y=\{y_1,y_2,\cdots,y_n\}$ 表示方案的优先序。不同的专家选择的属性和采用的权重可以相同,也可以不相同,关于属性指标值和权重的大小表现形式可以是精确的,也可以是不精确的。

四、专家意见集合法调查数据的运用

(一)数据化理论和方法的运用

运用数据化理论和方法对专家的意见进行集成,从而得到群体的一致意见。多属性群体意见集成主要有两种方式,分别称为前置集成和后置集成。

(1) 前置集成是指先整体综合,再加权,后决策。这种集成思路是先把多属性的专家意见集成为单属性的专家意见,得到专家意见的综合属性,然后再结合专家意见的权重,对单属性的意见集成就得到了方案的最终综合一致意见。

(2) 后置集成是先个别决策,再综合后加权。这种集成思路是先求出每个方案专家的综合属性值,由专家对方案进行优先排序,然后再结合专家的权重把所有专家的排序结果综合,最后得到专家群体关于方案的一致优先序。不少的集成方法用端点距离测度来衡量专家模糊意见的相似程度,以此为基础确定专家的权重,再集成专家的意见为群体一致意见。

(二) L-R 模糊数型的 α 隶属集和特殊结构的运用

L-R 模糊数型群体多属性决策,也存在两种类型:一种是前置集成,一种是后置集成。由于 L-R 模糊数的特殊结构不能像实数那样集成,先在 α 隶属集下,集成群体的意见,然后再综合所有的 α 取值。L-R 模糊数型专家意见由专家悲观意见和乐观意见组成。L-R 模糊数的 α 隶属集就是在隶属度为 α 时专家的悲观意见和乐观意见,同时还知道专家的悲观意见和乐观意见的变化并不是一致的,也就是说,专家悲观意见比较接近时,专家的乐观意见偏差可能非常大。多属性群体决策中,不仅需要知道专家群体的权重,还要知道属性的权重,属性权重也分主观权重和客观权重,主观权重指决策者给定的属性权重,客观权重指的是专家意见来计算属性的权重。专家的重要性也称专家权重,同样分为主观权重和客观权重,主观权重由专家的权威性来确定,客观权重由专家之间意见的相似程度来确定,考虑了专家悲观意见和乐观意见变化的相似程度,利用动态的权重集成专家群体的意见。一种是先把多属性的专家意见集成为综合属性的专家意见,另一种是先由每位专家的多属性意见直接结合属性权重,得到综合属性值,然后再和其他专家的集成。

(三) TOPSIS 法的运用

对于多属性问题,利用 TOPSIS 法可以直接利用专家权重来集成群体一致意见,而不需要求属性的权重。TOPSIS 法的主要思想是对任意的方案均假设有两个方案:最好的方案(又称正理想方案,可能是不存在的)和最差的方案(又称负理想方案),如果一个方案离正理想方案越近,而离开负理想方案越远,那么该方案就越优。

资料链接 9-2

TOPSIS(Technique for Order Preference by Similarity to an Ideal Solution)法是 C. L. Hwang 和 K. Yoon 于 1981 年首次提出的,TOPSIS 法根据有限个评价对象与理想化目标的接近程度进行排序的方法,是在现有的对象中进行相对优劣的评价。TOPSIS 法是一种逼近于理想解的排序法,该方法只要求各效用函数具有单调递增(或递减)性就行。TOPSIS 法是多目标决策分析中一种常用的有效方法,又称为优劣解距离法。

其基本原理是,通过检测评价对象与最优解、最劣解的距离来进行排序,若评价对象最靠近最优解同时又最远离最劣解,则为最好;否则为最差。其中最优解的各指标值都达到各评价指标的最优值。最劣解的各指标值都达到各评价指标的最差值。

第三节 德尔菲法

一、德尔菲法的含义与特征

(一) 德尔菲法的含义

1. 德尔菲法

德尔菲法是定性调查方法的一种。德尔菲法也称专家小组法或专家调查法,是一种采用匿名方式分别将所需预测的问题单独送到各位专家手中,征询意见,然后回收汇总全部专家意见,再利用中位数法等方法整理出综合意见。随后将该综合意见和预测问题再分别反馈给各位专家,然后再次征询意见,专家根据综合意见修改或坚持原来的意见,然后再次汇总,经过多次反复,直到取得比较一致预测结果的决策方法。

2. 文化市场调查的德尔菲法

文化市场调查德尔菲法与德尔菲法的区别仅在于专家的不同。文化市场调查的德尔菲法的专家主要是文化市场管理和文化市场营销方面的专家,他们对文化市场的经营管理具有较强的理论研究和深入的实证研究。文化市场调查的德尔菲法主要用来对文化市场进行调查和预测。

(二) 德尔菲法的特征

1. 匿名性

在整个文化市场专家预测过程中,文化市场专家相互之间往往是互不见面,不发生任何实质性的横向联系,文化市场调查项目的主持人与文化市场专家之间采用书信方式进行联系,背靠背地分别征询意见。文化市场专家的预测意见也以匿名的形式传达给文化市场调查项目的主持人。这样做可以使文化市场专家的个人意见得到充分的表达,从而有利于预测质量的实现,同时能够避免文化市场专家会议法的不足。通过匿名的方式可以营造独立、平等的气氛,鼓励文化市场专家进行独立思考,打消他们的顾虑与心理包袱,同时各位文化市场专家还可以根据预测结果的变化保留或者不断地修正自己的意见而不担心情面,减少了对预测的固执和无谓的纷争。

2. 反馈性

文化市场调查的专家咨询不是一次性完成的,而是要经过逐轮多次的意见征询,每一次征询之后,文化市场调查项目的主持人都要将该轮预测情况通过相应的数理方法进行整理、汇总,作为反馈意见传达给每一位文化市场专家。通过信息反馈,文化市场专家们在背靠背的情况下,了解到其他文化市场专家的见解,以及持不同见解者的理由,有利于相互启发,拓宽视角,充分发挥文化市场专家的作用,从而进一步提高文化市场调查预测的准确性和可靠性。

3. 量化性

文化市场调查的德尔菲法在经过多轮的文化市场专家意见征集后,对最后一轮的文化市场专家意见运用相应的统计方法进行数量化处理。一般采用平均数和中位数法求其平均值,以平均值作为预测的估计值。这种定性预测和一定的定量分析相结合,提高了预测的科学性与可靠性。

二、文化市场调查德尔菲法的预测步骤

(一)组成文化市场专家小组

按照文化市场调查项目所需要的知识范围,确定相应的文化市场专家。文化市场专家人数的多少,可根据文化市场调查项目的大小和涉及面的宽窄而定,一般来说不超过20人。其重要构成既应该包括文化市场经营方面的专家,也应该包括文化市场管理方面的专家。在条件允许的情况下,还需要项目提供者方面委派相应的文化市场销售人员的配合。

(二)提出问题

文化市场调查项目的主持人向所有文化市场专家提出所要预测的问题及相关要求,并附上有关这个问题的所有背景资料,同时请文化市场专家提出是否还需要其他材料。然后,由文化市场专家做出书面确切的答复。

(三)专家意见

各个文化市场专家根据他们所收到的材料,提出自己的预测意见,并说明自己是怎样利用这些材料提出预测估计值的。

(四)意见反馈

将各位文化市场专家第一次判断意见汇总,列成图表,进行对比,再分发给各位文化市场专家,让文化市场专家比较自己同他人的不同意见,修改自己的意见和判断。也可以把各位文化市场专家的意见加以整理,或请身份更高的其他专家加以评论,然后把这些意见再分送给各位文化市场专家,以便他们参考后修改自己的意见。

(五)逐轮多次反馈

将所有文化市场专家的修改意见收集起来,汇总后再次分发给各位文化市场专家,以便做第二次修改。逐轮收集意见并为文化市场专家反馈信息是德尔菲法的主要环节。收集意见和信息反馈一般要经过三到四轮,或者更多。在向文化市场专家进行反馈的时候,只给出各种意见,但并不说明发表各种意见的文化市场专家的具体姓名。这一过程重复进行,直到每一位文化市场专家不再改变自己的意见为止。

(六)意见处理

对文化市场专家的意见进行综合处理。常用的平均值和中位数计算法如下。

1. 平均值计算法

(1) 算术平均法。公式为

$$\bar{x} = \sum x / n$$

式中,$\bar{x}$ 为预测值;n 为专家人数(或数据个数);$\sum x$ 为专家意见判断数据的总数。

(2) 加权平均法。公式为

$$\bar{x} = \sum x / \sum f$$

式中,f 为权数或概率;$\sum f$ 为权数之和或概率之和。

2. 中位数计算公式

中间项的计算公式为

(1) $(n+1)/2$,n 为奇数。

(2) $n/2$,$n/2+1$,n 为偶数。

式中,n 为文化市场专家人数(或数据个数)。

在最后一轮数据处理时,对文化市场专家意见预测数据要按数值的大小升序排列,再根据中间项确定中位数。中位数可以反映专家意见的集成程度。

课堂讨论 9-2

文化市场调查中的德尔菲实施注意事项。

三、德尔菲法预测实例

某玩具公司对某款玩具 2014 年的销售预测难以确定,因而聘请 10 位专家采用德尔菲法进行预测。具体见表 9-1(数字是根据以往市场销量假设的)。

表 9-1 德尔菲法预测

(单位:万个/年)

专家编号 预测次数	1	2	3	4	5	6	7	8	9	10
1	20	26	24	19	25	16	23	22	28	26
2	20	25	23	17	26	18	23	22	26	26
3	20	25	25	18	26	18	24	23	26	26
4	20	24	25	18	26	20	24	23	26	26

从预测结果可以看出,大多数专家修改了自己的意见,向中位数靠拢,极差变小。这说明第一轮反馈意见起了作用。到第 4 轮修改意见的专家减少了,而且数字的变动幅度不太大。

具体的计算如下:

1. 第 1 轮专家意见的中位数和极差数

首先,顺序排列第 1 轮专家的排列为:16,19,20,22,23,24,25,26,26,28。

其次,根据中位数的计算公式计算中位数:中位项=$(n+1)/2=(10+1)/2=5.5$。

即数列中的第 5 位与第 6 位专家意见(23 万个和 24 万个)的平均数 23.5 万个为第 1 轮专家意见的中位数。

最后,计算极差数:28－16＝12(万个)。

2. 第 2 轮专家意见的中位数和极差数

首先,顺序排列第 2 轮专家的排列为:17,18,20,22,23,23,25,26,26,26。

其次,根据中位数的计算公式计算中位数:中位项＝(n+1)/2＝(10+1)/2＝5.5,即数列中的第 5 位与第 6 位专家意见(23 万个和 23 万个)的平均数 23 万个为第 2 轮专家意见的中位数。

最后,计算极差数:26－17＝9(万个)。

3. 第 3 轮专家意见的中位数和极差数

首先,顺序排列第 3 轮专家的排列为:18,18,20,23,24,25,25,26,26,26。

其次,根据中位数的计算公式计算中位数:中位项＝(n+1)/2＝(10+1)/2＝5.5,即数列中的第 5 位与第 6 位专家意见(24 万个和 25 万个)的平均数 24.5 万个为第 3 轮专家意见的中位数。

最后,计算极差数:26－18＝8(万个)。

4. 第 4 轮专家意见的中位数和极差数

首先,顺序排列第 4 轮专家的排列为:18,20,20,23,24,24,25,26,26,26。

其次,根据中位数的计算公式计算中位数:中位项＝(n+1)/2＝(10+1)/2＝5.5。

即数列中的第 5 位与第 6 位专家意见(24 万个和 24 万个)的平均数 24 万个为第 4 轮专家意见的中位数。

最后,计算极差数:26－18＝8(万个)。

预测结果:该玩具公司 2014 年的销售量为 24 万个,但是偏差还较大,其极差数为 8 万个,说明专家还存在比较大的分歧意见,应继续进行分析和研究。

案例分析 9-2

某产品的销售预测

某公司研制出一种新兴产品,现在市场上还没有相似产品出现,因此没有历史数据可以获得。公司需要对可能的销售量做出预测,以决定产量。于是该公司成立专家小组,并聘请业务经理、市场专家和销售人员等 8 位专家,预测全年可能的销售量。8 位专家提出个人判断,经过 3 次反馈后得到结果见表 9-2。

表 9-2 8 位专家对某产品销售观测情况

专家编号	第 1 次判断			第 2 次判断			第 3 次判断		
	最低销售量	最可能销售量	最高销售量	最低销售量	最可能销售量	最高销售量	最低销售量	最可能销售量	最高销售量
1	150	750	900	600	750	900	550	750	900
2	200	450	600	300	500	650	400	500	650
3	400	600	800	500	700	800	500	700	800
4	750	900	1 500	600	750	1 500	500	600	1 250
5	100	200	350	220	400	500	300	500	600

专家编号	第1次判断			第2次判断			第3次判断		
	最低销售量	最可能销售量	最高销售量	最低销售量	最可能销售量	最高销售量	最低销售量	最可能销售量	最高销售量
6	300	500	750	300	500	750	300	600	750
7	250	300	400	250	400	500	400	500	600
8	260	300	500	350	400	600	370	410	610
平均数	345	500	725	390	550	775	415	570	770

1. 平均值预测

在预测时，最终一次判断是综合前几次的反馈做出的，因此在预测时一般以最后一次判断为主。则如果按照8位专家第3次判断的平均值计算，则预测这个新产品的平均销售量为(415+570+770)/3=585。

2. 加权平均预测

将最可能销售量、最低销售量和最高销售量分别按0.50,0.20和0.30的概率加权平均，则预测平均销售量为：570×0.5+415×0.2+770×0.3=599。

3. 中位数预测

用中位数计算，可将第3次判断按预测值高低排列如下：

最低销售量：300　370　400　500　550

最可能销售量：410　500　600　700　750

最高销售量：600　610　650　750　800　900　1250

最高销售量的中位数为第4项的数字，即750。

将最可能销售量、最低销售量和最高销售量分别按0.50,0.20和0.30的概率加权平均，则预测平均销售量为600×0.5+400×0.2+750×0.3=695。

第四节　主观概率法

一、主观概率法的含义及其特征

(一) 主观概率的含义

主观概率是预测者根据自己的主观经验，对某个事件是否发生的可能性的大小给出的度量，反映预测者个人对某事件的信念程度，即他相信(认为)事件将会发生的可能性大小的程度。显然，主观概率作为一种信念，是主观的，同时又是根据经验对客观情况进行了解、分析、推理、综合判断后得出的，所以它与主观臆测又是不同的。

主观概率也必须符合概率论的基本定理，即

$$0 \leqslant P(E_j) \leqslant 1$$

$$\sum P(E_j) = 1 \quad (j = 1, 2, 3, \cdots)$$

式中，E 为实验样本的一次事件。

基本定理的含义是：第一，所确定的概率必须大于或等于 0，而小于或等于 1；第二，经验判断所需全部事件中各个事件概率之和必须等于 1。

在文化市场预测中，对一些无法重复的试验，确定其结果的概率只能根据以往的经验，人为确定这个事件的概率；或者由于缺乏历史数据，难以按照大数定律来确定预测事件出现的客观概率，只能凭经验来判断事物的可能性；或者专家意见很不一致，难以协调，也可结合主观概率法进行推断。

(二) 主观概率的特征

主观概率是一种心理评价，判断中具有明显的主观性。对同一事件，不同的人对其发生的概率判断是不同的，主观概率的测定因人而异，受心理影响较大。哪种判断更为合理，主要取决于预测者的经验、知识水平和对预测对象把握的程度。

在实际操作中，主观概率与客观概率的区别是相对的，一方面，由于任何主观概率总带有客观性，预测者的经验和其他信息是市场客观情况的具体反映，因此，不能把主观概率看成纯主观的东西。另一方面，任何客观概率在测定过程中也难以避免一些主观因素，因为实际工作中所取得的数据资料很难达到大数定律的要求。所以，在现实中，可以说，既无纯客观概率，又无纯主观概率。

(三) 文化市场调查主观概率法的含义

文化市场调查主观概率法是文化市场预测者对预测事件发生的概率做出主观估计，或者说对事件变化动态的一种心理评价，然后计算它的平均值，以此作为预测事件结论的一种定性预测方法。

二、主观概率法的应用

例如，某文化广告公司根据本公司市场广告的历史与现状，对预测期内经营情况及可能出现的状态，分别给出估计值和概率（见表 9-3）。

表 9-3　主观概率预测法

（单位：个）

参加预测者	估计值						期望值
	最大值	概率	中间值	概率	最小值	概率	
1	300	0.2	210	0.6	120	0.2	210
2	280	0.3	190	0.5	100	0.2	199
3	290	0.2	200	0.5	110	0.3	191
4	320	0.1	210	0.7	100	0.2	199
5	300	0.3	200	0.6	100	0.1	220
6	330	0.1	230	0.8	130	0.1	227

期望值的计算法为：最大值×概率＋中间值×概率＋最小值×概率。

如 1 号预测者的期望值为：300×0.2＋210×0.6＋120×0.2＝210(个)。

从表 9-3 中可以看出每个人每次预测的概率均是大于 0 且小于 1 的,所有时间概率之和等于 1。

先用算术平均法求出平均预测值为(210＋199＋191＋199＋220＋227)÷6≈208(个),以平均预测值 208 个作为广告公司的预测结果。

然后再用加权平均法求出加权平均值作为调整的方案。考虑到各位预测者在广告公司的分工和地位,其预测的权威性存在差别,分别赋予 1 号和 2 号人员较小的权数为 1,分别赋予 3 号和 4 号人员的权数为 2,分别赋予 5 号和 6 号人员较大的权数 3,则综合预测值为(210×1＋199×1＋191×2＋199×2＋220×3＋227×3)÷(1＋1＋2＋2＋3＋3)≈211(个)。

上述不同方法的计算结果不同,需要根据实际情况进行调整,或以某一个预测值作为预测的最终结果,或以某一区间估计值作为预测结果。

案例分析 9-3

主观概率法预测广告需求量

1. 相关背景和数据

某跨国广告公司预测该公司 2013 年的广告投放量,选取了 10 位调查人员进行主观概率法预测,要求预测误差不超过±67 条。调查汇总数据见表 9-4。

表 9-4 某跨国广告公司预测该公司 2013 年的广告投放量情况

被调查人编号	累计概率								
	0.010 (1)	0.125 (2)	0.250 (3)	0.375 (4)	0.500 (5)	0.625 (6)	0.750 (7)	0.875 (8)	0.990 (9)
	广告业务量(条)								
1	2 111	2 144	2 156	2 200	2 222	2 244	2 267	2 278	2 311
2	1 978	2 100	2 133	2 156	2 200	2 222	2 267	2 278	2 500
3	2 044	2 100	2 133	2 144	2 244	2 267	2 289	2 311	2 444
4	2 156	2 167	2 178	2 189	2 200	2 211	2 222	2 233	2 244
5	2 200	2 211	2 222	2 244	2 278	2 311	2 333	2 356	2 400
6	1 867	1 989	2 000	2 044	2 111	2 133	2 156	2 178	2 200
7	2 156	2 200	2 222	2 289	2 311	2 356	2 400	2 433	2 489
8	2 000	2 056	2 067	2 100	2 133	2 167	2 200	2 222	2 278
9	2 089	2 100	2 111	2 122	2 133	2 144	2 156	2 167	2 178
10	2 222	2 244	2 244	2 278	2 300	2 322	2 356	2 367	2 444
平均数	2 082.3	2 131.1	2 146.6	2 176.6	2 213.2	2 237.7	2 264.6	2 282.3	2 348.8

2. 分析过程与预测结果

(1) 综合考虑每一个调查人的预测,在每个累计概率上取平均值,得到在此累计概率下的预测需求量。由表 9-4 可以得出该广告公司对 2013 年投放量预测最低可达到 2 083 条,小于这个数值的可能性只有1%。

(2) 该广告公司2013年的广告最高需求可达到2 349条,大于这个数值的可能性只有1%。

(3) 可以用2 213条作为2013年该广告公司对该公司广告投放量的预测值。这是最大值与最小值之间的中间值。其累计概率为50%,是需求量期望值的估计数。

(4) 取预测误差为67条,则预测区间为(2 213－67)～(2 213＋67),即广告销售额的预测值在2 146～2 280条之间。

(5) 当预测需求量在2 146条和2 280条之间时,在第(3)栏到第(8)栏的范围之内,其发生概率相当于0.875－0.250＝0.625。也就是说,需求量在2 146～2 280条之间的可能性为62.5%。

课堂讨论 9-3

讨论:主观概率法的科学性与可行性。

第五节　变异因素分析法

一、变异因素分析法的含义

变异因素分析法是对同类事物之间或不同个体之间的性质、状态的差异进行分析,首先找出影响预测目标变动的各个因素,就各个因素发生作用的程度和方向进行分析,然后凭经验判断哪些因素将会促使预测变量上升,哪些因素会促使预测变量下降,再结合有关资料,做出综合分析,推算出预测目标变动趋势的一种方法。变异因素分析法的具体做法包括领先落后指标分析法、相关树法、突破与前兆法等。

二、领先落后指标分析法及其应用

(一) 领先落后指标分析法的含义

领先落后指标分析法是将经济指标按时间顺序分为3种类型,即领先指标型、同步指标型、滞后指标型。根据这种分类,首先计算出领先指标,再用领先指标预测同步指标或滞后指标。

领先指标指那些可以预测总的经济形势发生转变的指标。例如,人均国民收入是商品零售总额的领先指标;农副产品价格是基本消费品价格的领先指标等。利用领先指标法进行预测,首先是要正确选择领先指标,其次是领先指标要具有观测性,最后领先指标要有历史数据进行实证考察。

（二）常用的领先指标预测方法及其应用

1. 平均概率法

根据领先指标与预测对象之间的平均超前时间 a，领先指标的最新波峰距现在的时间 b，即可计算预测对象达到波峰（即出现衰退）的概率 P：

$$P = b/a \times 100\%$$

2. 综合指标法

把 3 种类型的指标组合成综合指标，总个数为 y。如领先指标有 22 个，同步指标有 14 个，滞后指标有 16 个，则 $y=52$ 个。然后根据现阶段诸指标中属于上升阶段的指标个数 x，计算上升指标所占比率：

$$S = x/y \times 100\%$$

若 $S>50\%$，则表示经济形势趋向好转；否则表示经济形势不理想。这种方法又称扩散指标法，是根据一批领先指标在预测期的升降变化情况，计算出上升指标的扩散系数，并据此判断市场未来的情况。市场变化受各种因素的影响，通过一批相关指标的变化，综合地对市场变动趋势进行分析，可以得到比较正确的结果，提高预测的准确性。

3. 5 种指标曲线预测法

这是根据 5 种指标的时间序列曲线图进行预测。这 5 种指标分别是最初指标、领先指标综合指数、预测对象、滞后指标综合指数、最终指标。其中最初指标是影响预测对象的根本原因，领先指标首先要受到这种影响。预测对象的变化将导致滞后指标的变化，最后导致最终指标的变化。根据这 5 个指标所绘制的曲线图，其变化趋势大致相同，只是波峰和波谷自左向右移动。因此，通过分析最初指标曲线和领先指标综合指数曲线的变化趋势及转折点来进行预测，并通过滞后指标综合指数曲线及最终指标曲线的变化趋势进行检验。

资料链接 9-3

什么是领先指标法？

社会各种经济现象之间的内在联系是十分紧密的，表现在经济指标上则反映为时间序列上的先后关系。例如，原材料价格的变动，先于制成品价格的变动；教育事业的发展，先于科学技术的发展；科学技术的发展又先于生产建设的发展等。

领先指标法就是利用经济指标之间时间上的差异，将各种经济时间序列分为 3 种类型：领先指标型、同步指标型、滞后指标型。根据这种分类，可以通过领先指标以预测同步指标或滞后指标。运用领先指标法，不但可以预测经济发展趋势，而且可以预测转折点。领先指标法既可用于微观经济预测，也可用于宏观经济预测。

三、相关树法及其应用

相关树法是在决策树方法的基础上，加上矩阵理论发展起来的一种定性预测方法。其工作步骤和内容如下：

第一步，建立相关树。确定一个总目标后，对有关因素进行分析、归纳、整理，按树形分枝把因素连接起来。

第二步,建立准则和确定准则权数。准则权数是根据准则的重要性,由专家经验判断主观确定的相对应准则的权数。

第三步,建立有效权数。每一因素的准则重要性是不同的,要确定不同的有效权数,这种有效权数也是由专家主观确定的。

第四步,计算相关数。各准则的项目不同,计算的相关数也不同,但必须符合所有项目之和等于1的要求。

第五步,计算树顶相关数。它用与该项有直接纵向关系的上面各级的相关数连乘,可以反映所有因素对实现总体的重要程度。

课堂讨论 9-4

讨论:相关树法的优缺点。

四、突破与前兆法及其应用

突破与前兆法是指根据事物由量变到质变的发展规律性,通过前兆分析,估计突破的预测方法。质变是事物发展的飞跃,就是一次突破。质变发生前的量变过程就是突破的前兆,所以突破是可以推断的。

突破与前兆法预测首先要预先观察前兆,即监测环境。监测的步骤是:① 搜集信息;② 精选信息;③ 过滤和估计信息;④ 确定标准。根据监测所收集的信息,可以预计突破的时间、程度等。

能否适时预测事物的突破,不仅受到对现有信息的认识,还会受表面现象所迷惑,所以在监测时要善于发现潜在的信息,还要进行追踪调查,以便正确地做出判断。

本章小结

本章主要介绍了经验判断分析法、专家意见集合法、德尔菲法、主观概率法、变异因素分析法等文化市场调查数据的定性分析方法。经验判断分析法是由熟悉业务且具有一定经验和综合分析能力的人员,根据已掌握的历史和现实资料,运用个人的知识、经验和分析判断能力或集体的智慧,对文化市场分析对象的未来发展变化进行判断和预测,得出有关结论的一种分析方法。专家意见集合法就是集合行业的专业人士,凭他们的经验和判断共同讨论市场趋势而进行分析的方法。专家集合意见法首先是选对专家,关键是让各个专家能充分发表意见和对文化市场的预期值。德尔菲法的专家主要是文化市场管理和文化市场营销方面的专家,他们对文化市场的经营管理具有较强的理论研究和深刻的实证研究。主观概率法是文化市场预测者对预测事件发生的概率做出主观估计,或者说对事件变化动态的一种心理评价,然后计算它的平均值,以此作为预测事件结论的一种定性预测方法。变异因素分析法是对同类事物之间或不同个体之间的性质、状态的差异进行分析,首先找出影响预测目标变动的各个因素,分析各个因素发生作用的程度和方向,然后凭经验进行判断哪些因素将会促使预测变量上升,哪些因素会促使预测变量下降,再结合有关资料,做出综合分析,推算出预测目标变动趋势的一种方法。

◆ **关键词**

文化市场调查定性分析　经验判断分析法　专家意见集合法　德尔菲法　主观概率法

变异因素分析法

◆ **思考题**

1. 文化市场调查的定性分析法主要有哪些类型?
2. 文化市场调查的定性分析法有何功能?
3. 经验判断分析法的程序与特点分别是怎样的?
4. 专家意见集合法的程序与特点分别是怎样的?
5. 文化市场调查德尔菲法的程序与特点分别是怎样的?
6. 文化市场调查主观概率法的程序与特点分别是怎样的?
7. 变异因素分析法的程序与特点分别是怎样的?
8. 结合案例,阐述文化市场调查定性分析的可行性。

思考案例

机构预测:一季度GDP增速7.9%

2013年4月3日,东方财富网从9家机构数据中获悉,对一季度GDP同比增长的最高预测为方正证券的8.1%,最低预测为上海证券的7.5%。

招商证券在其研究报告中指出,预计一季度GDP同比增长7.9%。两会后政策背景复杂多变,信息交替,经济主体需要重新梳理和检验政策逻辑与调控方向。受此影响,在预期不稳定的情况下,需求层面的改善有限,而生产层面的行为则趋于谨慎。考虑到以美国为主导的外围需求在明确改善,而国内从经济层面而言制约政策进一步收紧的因素,比如通胀问题暂时还未全面呈现,因此短期内自去年三季度以来的弱复苏趋势仍将延续。未来则需要进一步观察政策的主导方向。

上海证券认为,2013年一季度GDP同比增速可能比去年四季度小幅放缓,同比增长在7.5%左右。日信证券、华泰证券、瑞银证券和申银万国则一致预计GDP同比增速8%。

国家信息中心首席经济师范剑平表示,2013年我国经济有望保持平稳开局,先行指数表明今年上半年我国经济仍将保持平稳回升的态势。"在外需、政策、库存以及基数等因素作用下,全年经济增长将呈现出'先升后稳'的走势,预计一季度GDP增长8%左右,二、三季度继续小幅回升,四季度略有回调。"范剑平预计。

广发证券宏观研究员苏畅认为,一季度经济增速可能短暂回落。"与市场多数投资者认识不同,我们认为一季度GDP同比增速将比2012年四季度小幅回落。一个可以观察的证据是,国家统计局发布的中国经济领先指标在经历了2012年8月至10月3个月的反弹后,11月起出现小幅回落。"苏畅说。

9家机构包括招商证券、日信证券、联讯证券、申银万国、方正证券、上海证券、华泰证券、瑞银证券、东莞银行,东方财富网预测数据为在9机构提供的数据基础上经过加权平均所得。

请思考:

1. GDP指标的类型是什么?
2. 从GDP的增速谈谈对我国2013年宏观经济的预测。

应用训练

1. 运用德尔菲法对当地影院将上映的某部国产电影的上座率进行预测。
2. 运用德尔菲法对当地新华书店当年的营业额及营业利润进行预测。
3. 运用变异因素分析法对某电视台的广告营业额进行预测。
4. 运用变异因素分析法对当地某大型超市的利润进行预测。
5. 以小组为单位,走访文化市场调查与分析机构,了解该机构是如何运用文化市场调查的定性方法进行调查研究的,要求提交一份详细报告。

第十章　文化市场调查与分析报告

本章结构图

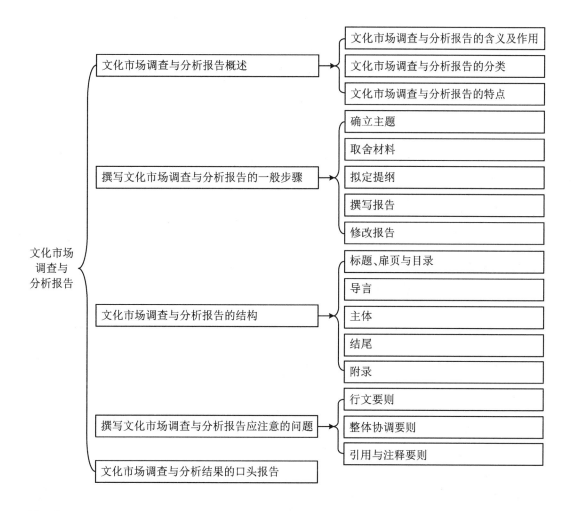

学习目标

了解文化市场调查与分析报告的含义、类型和特点,熟悉文化市场调查与分析报告的撰写步骤,掌握文化市场调查与分析报告的结构和写作方法,掌握文化市场调查与分析报告写作中应该注意的问题。

【导入案例】

2017年年初,湖南卫视独家播放由最高人民检察院影视中心组织创作的当代检察题材反腐电视剧《人民的名义》(下称"该剧"),引发观看热潮。4月28日,根据央视-索福瑞公布的数据,该剧大结局单集收视率破8,创下近10年来国产电视剧的收视最高纪录。该剧获得各界民众的积极反响,甚至波及国外。尤其值得研究的是,该剧得到了广大大学生的积极关注。大学生向来思想活跃,代表国家的未来和希望,研究大学生观看该剧的情况,可以进一步推进反腐剧的制作,实现批判反思与宣扬正义的有机结合,大力弘扬社会正能量,促进社会发展。因此,文章作者设计了相关调查问卷,并通过问卷网对外发布,邀请大学生在线答题并自动统计,共收到有效问卷183份[①]。

当完成资料收集、掌握分析软件和分析方法后,文化市场调查与分析进入最后一个阶段,即撰写调查分析报告阶段。那么,什么是文化市场调查分析报告?该如何撰写?这是所有文化项目调查组面临的问题,也是本章将主要介绍的内容。

第一节 文化市场调查与分析报告概述

一、文化市场调查与分析报告的含义及作用

文化市场调查与分析报告是调查者在系统、客观、科学地收集与文化市场问题的有关市场信息,并对其进行判断、整理、分析之后以文字、图表等形式将市场调查分析过程、方法和结果表示出来的书面报告。调查分析报告的目的是反映实际情况,是经过深加工的准确信息,它为解决文化市场问题提供书面依据。它有着重要作用,具体表现如下:

1. 对文化相关主体具有参考作用

为文化相关主体如政府部门、文化企业、文化消费者、文化问题研究者等提供参考,辅助其决策是市场调查与分析报告最主要的功能。作为文化主体,需要的不是市场调查采集的大量信息资料,而是这些市场信息资料所蕴含的内在信息(文化市场特征、需求规律、发展趋势、文化消费者特征等)。作为内部参考资料,市场调查分析报告可以在文化单位与部门之间沟通情况、交流经验;作为研究成果公开发表时,调查分析报告中具有普遍意义的经验、教训及所提示的问题和规律将会更有力地作用于有关单位和部门,并将由于社会性的传播而在更大范围内发挥作用。而对于决策者,市场调查与分析报告能在对信息资料分析的基础上形成对决策者需要的结论和建议,辅助决策者决策。

2. 可衡量调研活动的质量

市场调查与分析报告是将市场调查背景信息、调研方法、调研结果、调研结论和建议等内容以文字、表格和形象化的方式来展示,是对整个市场调研与分析项目最终的成果展示,因而通过查看市场调查与分析报告可以对市场调研活动的质量进行评估。

3. 具有一定的历史价值

当一项文化市场调查与分析活动完成之后,最终的市场调查与分析报告就成为该项目

---

① 陈宵,陈启新.大学生观看电视剧《人民的名义》情况调查报告[J].吉首大学学报(社会科学版),2017(12):74-78.

的历史记录和证据。作为历史资料,它有可能被重复使用,从而实现其使用效果的扩大。

二、文化市场调查与分析报告的分类

文化市场调查与分析报告依据不同标准可划分为多种类型。依据调查对象的范围不同可分为综合性调查报告与专题性调查报告;依据调查的目的不同,可分为学术性调查报告与应用性调查报告;依据调查方法的不同,可分为定量调查报告与定性调查报告。

(一) 按内容分类

根据文化市场调查与分析内容的不同,可以分为综合性文化市场调查与分析报告和专题性文化市场调查与分析报告。综合性文化市场调查与分析报告通常也叫全面性市场调查与分析报告,是指文化市场调查者为全面了解文化市场的营销状况而对其进行全方位的综合性调查与分析,然后在此基础之上形成的报告。综合性文化市场调查与分析报告着重于对文化市场调查对象进行系统、全面的描述,其表达的信息能反映文化市场的全貌,有助于文化市场调查者更为准确地把握文化市场的整体状况。如每年的《中国文化产业发展总报告》即是综合性报告。

专题性文化市场调查与分析报告是文化市场调查者为解决某个具体的文化市场问题所进行的专题性深入调查与分析,然后在此基础上所形成的报告。专题性文化市场调查与分析报告着重于对调查对象进行深入、透彻的调查与分析,且材料翔实,有较强说服力,主题鲜明,针对性强,观点有明显的倾向性,力图使读者对这一具体问题有质的理解。如《大学生观看电视剧〈人民的名义〉情况调查报告》即是专题调查报告。

资料链接 10-1

《中国文化产业年度发展报告》是北京大学文化产业研究院,依托由中宣部指导、文化部与北京大学共建的国家文化产业创新与发展研究基地,整合了国内文化产业领域内众多知名学者和企业家,在文化产业相关行政主管部门如文化部、新闻出版广电总局等部委的支持下所撰写的文化产业发展的年度报告,自 2003 年发起,至 2019 年已连续出版 16 册。

该报告以每年中国文化产业发展的实践主题为线索,以相对固定的研究框架结构(包括总论、行业发展、区域发展、专题研究和附录等内容),对每一年文化产业的发展实践进行盘点分析、提炼,分析重点领域、重点企业和重点产品的发展模式,对下一年度的发展预测展开跟踪研究和趋势展望。其研究成果得到相关部门的重视,也成为行业发展的重要指导和学术研究的主要参考。尤其是每年度研究专题的选取,充分体现了当年度我国文化产业发展实践的热点、难点和重点,集中分析这些专题,为有关部门的决策提供了理论依据。

(二) 按使用对象不同分类

按照报告的使用对象不同,可分为应用性文化市场调查与分析报告和学术性文化市场调查与分析报告。

1. 应用性文化市场调查与分析报告

应用性文化市场调查与分析报告是以解决文化市场中的现实问题为主要目的而撰写的调查报告,这类报告对于研究的过程要求相对简单,根据研究成果会提出相应的政策建议,研究结果一般采用统计图等直观的形式表现出来。这类调查报告又可分为以下几种：

（1）社会文化情况调查分析报告。这类调查报告是针对某一地区某一时间段的某种社会文化现象和文化产品所作的市场调查与分析活动的总结，通常会比较全面、系统地反映这个地区、系统或部门的基本情况，或是该产品所反映出来的某种动态和倾向。这类报告不一定直接反映政治、经济等重大问题，但和社会息息相关，如一些地区对旅游开发之后所作的文化传承及发展情况的调查与分析等。

（2）文化政策研究调查报告。这类调查报告主要是为文化政策的制定和执行服务的。

（3）总结经验的文化市场调查与分析报告。这类报告主要是通过对文化市场中具有参考价值和借鉴作用的典型区域、典型事例、典型产品或典型企业的相关做法进行调查与分析，总结其成功经验，为其他文化企业提供参考。

（4）揭示问题的文化市场调查与分析报告。这类调查分析报告是针对某一文化行业或企业存在的矛盾和问题而展开，力图揭示这一问题和矛盾的种种现象和深层原因，指出其危害性，并提出解决问题的思路和办法，从而能引起相关部门的重视，促进问题的解决。

（5）介绍新生事物的文化市场调查与分析报告。这类调查报告主要是针对现实生活中涌现出来的某种新生文化事物而展开的。因此这类型的报告就需要多在"新"字上下功夫，反映新生文化事物的文体功能，重点在于使得该文化市场调查与分析报告能在一定程度上对新生事物发展起到参考、扶持甚至促进的作用。撰写该类调查分析报告时需要在总结的过程中全面地介绍某一新生事物的背景、市场发展状况、消费者市场状况和特点，分析它的兴起和意义，力图能揭示它的发展规律和前景。

2. 学术性文化市场调查与分析报告

学术性市场调查与分析报告主要是在用语专业的学术期刊上发表和专业学术会议上发表的调查报告，主要的阅读和使用对象是各学科的专业研究人员，包括大学教师、科研人员、在读研究生或本科生等具有社会研究专业知识的研究者。因此撰写这种类型的市场调查分析报告就要比普通报告更加严格，一般有比较固定的格式，并且特别强调对以往研究的梳理和分析，理解或诠释，注重研究方法及研究报告结果的科学性。所以，在写作中，必须对研究方法和研究结果需要作详细的介绍，包括各种具体的操作步骤及推论、论证过程等。论证结构相求严谨，论证语言要求严密。

（三）按调查方法不同分类

按照文化市场调查与分析的方法不同可分为定量调查分析报告和定性调查分析报告。定量调查分析报告主要以对数据资料的统计分析结果及其讨论为主要内容，数量化、表格化、逻辑性是其表达结果的主要特征，报告的格式十分规范且相对固定，报告的各个部分相互之间界限十分分明。与此相反，定性调查分析报告则主要以对文字材料的描述和定性分析为主要特征。在报告的结构上，既无严格的规范，也无十分固定的格式。在内容上，描述和分析、资料与解释之间的界限也不十分明显。而且一般来说，定性调查分析报告所体现的主观色彩比较浓厚。基于此，本书不对定性调查与分析报告作专门的介绍，只介绍定量调查与分析报告的撰写及相关事宜①。

---

① 如果读者想详细了解定性调查报告的相关情况可以参考：风笑天. 社会研究方法[M]. 北京：中国人民大学出版社，2018.

课堂讨论 10-1

除了本节介绍的分类方法外,文化市场调查与分析报告还有没有其他分类标准?

三、文化市场调查与分析报告的特点

尽管文化市场调查与分析报告的类别和形式多种多样,但任何种类和形式的文化调查分析报告都具有如下的基本特点:

(一) 科学性

科学性是文化市场调查与分析报告首要的、最大的特点。市场调查与分析报告不仅报告文化市场的客观情况,还要通过对现象进行分析研究,寻找文化市场发展变化的特点、规律和趋势。这就需要撰写者掌握文化市场的基本理论和分析方法,以得出科学的结论。同时,文化市场调查与分析报告的科学性还体现在报告必须真实可信,要尊重客观事实,靠事实说话,反映事实,忠于事实,不带有调查者的主观随意性,不能对客观事实随意引申,或不切实际的渲染。只有在真实的基础上采用科学的分析方法得出的市场调查分析报告才有指导意义和实用价值。

(二) 针对性

文化市场调查与分析报告应针对不同的调研目的和不同的阅读者安排报告的内容和模式。首先,文化市场调查与分析报告要有明确的目的,并针对目的做到有的放矢。任何调查分析都以解决一定问题为目的,作为调查分析结果呈现形式的调查报告,必须紧紧围绕这个中心,不能泛泛而谈,要针对调查目的回答所要解决的问题。目的针对性越强,调查分析报告的质量越高,发挥的作用也就越大。其次,文化市场调查与分析报告要根据不同的阅读者安排不同的整体结构、表现手法、写作风格等。如果针对的是专业研究人员,则调查分析报告需要具有较高的学术性,且结构要严谨,内容要有所创新。如果针对的是各级政府、企业等决策部门,则调查分析报告要有明确的应用性。如果针对的是一般群众,则调查分析报告要求具有可读性,通俗易懂,对于一些学术专业名词可能还要进行必要的解释。

(三) 及时性

调查分析报告中所反映的通常都是现实生活中迫切需要解决的问题,这就决定了调查分析报告必须讲究时效性。与普通调查分析报告相比,文化市场调查与分析报告的时效性表现得更为突出,更为苛刻。这主要是由文化消费的不确定性决定的。首先文化产品主要满足消费者的精神需求,属于符号效用满足型产品,文化消费具有主观性、易变动性、不稳定性等特点,在快速变动的社会中,对文化产品的认知价值随时可能会改变。其次,政府文化政策的不稳定性也会造成文化需求被动的不确定性,这种由于政府政策造成的需求变动对于文化相关主体而言具有更大的不可预见性和风险性,对文化市场需求影响更大。最后,文化产品不仅生命周期短,而且文化产品的重复利用的价值较低。所以,针对文化市场问题开展的调查必须具备很强的时效性,调查要及时,报告要及时,要突出"快""新"二字。

(四)兼具经济功能和文化功能

兼具经济功能和文化功能是文化市场调查与分析报告区别普通调查分析报告的主要特征。这是由文化产业特征决定的。一方面,文化生产不仅受市场价值规律的制约,导致高雅艺术和高品位的文化市场出现生产的萎缩和销售的萎缩;同时也受文艺发展规律的制约,即一些虽然具有商业价值但不符合意识形态、不利于社会教化的文化产品不能进入市场。另一方面,文化消费不仅是消费产品的物理形式,而且是消费产品中蕴含的精神价值。简单地说文化产业不但要注重追求经济价值,还要注重其对社会大众的意识教化功能。因此,在分析和预测一些文化产品发展前景、总结文化企业发展经验或研究文化政策时,不仅要注意其中的经济价值,还要重视文化价值。撰写的文化市场调查与分析报告,其中心思想和核心理念不能仅仅是追求经济价值、商业利益,还必须重视对社会的教化和引导作用。

第二节 撰写文化市场调查与分析报告的一般步骤

撰写文化市场调查与分析报告是把调查分析的结果用文字表达出来。无论是哪一种调查分析报告,撰写的一般程序都是确立主题、取舍材料、拟订提纲、撰写报告和修改报告等5个步骤。

一、确立主题

文化市场调查分析报告的主题就是其要表达的中心问题,它是整个研究报告中的灵魂。主题的确立,是整个调查分析报告撰写过程顺利开展的前提,主题是否明确和有价值,是否能引起人们的重视,对调查分析报告具有决定性的意义。

(一)确立主题的原则

1. 正确

文化市场调查分析报告的主题一方面必须真实、客观、准确地反映调查对象的现状、特点、本质和规律;另一方面必须明确,不能含含糊糊,模棱两可,更不能出现歧义。此外,主题的正确性还表现在必须能统帅全篇,达到前后一致,整体与部分一致,全文一致,不能出现多主题杂糅现象。

2. 集中,不宜过大

文化市场调查分析报告内容要精练,突出主题,要小而实,不要大而空,要精而深。一般主题越小越集中,报告越短,同时也容易写。专题报告一般比较短小精悍,初学者应该从小题目的专题报告练起。不断摸索、锻炼,在撰写过程中勤于思考,提高分析问题和综合概括能力。

3. 新颖

文化市场调查与分析报告应该用真实可靠的事实,说明新的观点,形成新的结论,而不是叙述人们已了解的事实,提出陈旧落后的观点,形成众所周知的结论。因此,报告的作者要善于观察新事物,研究、分析新问题,并且选择比较新的角度去说明问题。

(二) 确立主题的方法

(1) 根据文化市场调查的主题确立调查分析报告的主题。一般来讲,每一项文化市场调查分析在调查实施之前,都已经确立了明确的主题,而整个资料收集也是紧紧围绕这一主题展开的,因此在此项调查分析的基础上写出的报告主题,就应该与调查前确定的整个调查研究的主题保持一致。所以,可以根据文化市场调查与分析的主题确立该报告的主题。例如,导入案例中的调查最终的主题即为"大学生观看电视剧《人民的名义》情况调查报告"。

(2) 根据调查资料和调查分析结果确立文化市场调查与分析报告的主题。尽管大多数时候文化市场调查分析报告的主题就是调查的主题,但不排除在以下 3 种情况出现时需要根据调查资料和调查分析结果来重新确立。第一,文化市场调查与分析面宽或问题较多,一篇报告不宜完全表述明白,需要分写几篇报告,每一篇报告的问题较少,因而要重新确立主题以缩小原题的范围。第二,在文化市场调查与分析主题的范围内有些情况和问题因材料比较充分,容易分析透彻,可以确定观点。而有些情况和问题则可能材料不充分,或不太容易透彻分析,没有把握,因而需要重新确立主题。第三,在资料分析时发现有些问题材料充分,且实用价值大,或正赶上热点,而有些则一般化,缺乏新意和价值,此时就应该根据实际应用价值来重新确立报告的主题。

值得注意的是,根据调查的主题来确定分析报告的主题,这是文化市场调查与分析确立主题最常用的方法。而且一般来讲,这两者也应该一致。可当出现了以上 3 种特殊情况需要重新确立主题时一定要慎重考虑,如果该项文化市场调查与分析是属于委托项目,那么重新确立主题应该经过委托方的同意,以免因擅自变动合同或协议而造成不必要的麻烦。当然,如果调查者不受任何个人或组织的委托,则可以灵活变更主题,但也需慎重。

二、取舍材料

文化市场调查与分析报告的特点是用大量的调查材料来说明观点。确定主题后,就要围绕着调查分析报告选择材料来说明观点、表现主题。

(一) 取舍材料的原则

1. 针对性

要围绕文化市场调查与分析的主题从调查材料中寻找与主题有相关因素的材料。尤其在调查资料很多时,只应选取其中最能反映事物本质规律的材料,将那些与主题无关的、次要的、非本质的、琐碎的材料剔除掉。留下来的材料要能真实、准确地反映文化市场调查与分析的主题。

2. 多样性和新颖性

尽量选用能表现时代气息的材料,尤其是一些新鲜的、一手的、别人没有使用过的材料。切忌使用别人已经使用过的材料。如非使用不可,一定要注意改换角度,或者巧妙地与现实结合,赋予材料以新意。另外,在使用材料时要注意材料的真实性和权威性,尤其是一手资料,不能为了追求新颖、追求一手而放松客观、中肯和实事求是的态度。

3. 材料要充分、完整,具有逻辑性

如果材料不足、事实交代不清楚,结论就会很牵强而站不住脚。如果只是胡乱堆砌材料而没有逻辑性,或者材料本身违反常识、毫无逻辑可言,读后令人困惑而不易信服,那么调查分析报告就不足以作为解决问题的依据,甚至没有多大参考价值。

(二) 取舍材料的步骤

首先,按照确立的文化市场调查与分析的主题,对材料进行一次初步的筛选,将与调查分析主题无关的材料舍弃。

其次,将留下来的材料按形式进行分类,将更加有助于表达报告主题的材料挑选出来。这些材料包括以下几种类型:① 典型材料。典型材料具有代表性,往往具有深刻的含义和较大的说服力,是能表现调查对象本质和发展趋势的材料。② 综合材料。综合材料能说明事物总体的概貌和发展趋势,有助于认识整体、掌握全局,使问题更具有广度。③ 对比材料。通过历史与现实、成与败、新与旧、先进与落后等对比形成的材料可以使调查分析报告的主题更加突出,给人以深刻的印象。④ 统计材料。真实、准确、权威的数字往往更具有概括力和说服力,运用得当可以大大增加报告的科学性和准确性。⑤ 排比材料。用若干不同的材料,从不同角度、不同侧面多方面说明观点,可以使报告观点更深刻有力。当然,其他不符合这些特征但与主题相关的材料也不能轻易舍弃。

最后,将按形式进行分类的材料再按内容相似性进行归类。将有助于表达或佐证一个观点或相似观点的材料归在一起,并标上号,方便写作时随时选用。

值得注意的是,在整个材料取舍中要始终坚持精练、典型、全面的原则,做到既不漏掉一些重要的材料,又使所用的材料具有最大的代表性和最强的说服力。另外,对定性材料和定量材料要区别谨慎使用。

资料链接 10-2

主题统帅材料,材料表现主题。在写作时,选择什么样的材料要根据主题的需要。材料从属于主题,受主题制约,为主题服务。但材料一旦进入文章,主题就寄寓在材料当中,有赖于材料的表现。没有主题就没办法选择材料,没有材料就无从提炼主题,也没办法表现主题。两者既有从属关系,也有依赖关系。另外,在一篇文章或作品中,两者必须是高度统一的。

三、拟定提纲

从写作过程来看,确立文化市场调查与分析主题后,不宜马上动笔,而是应该根据自己对资料的分析拟定初步的写作提纲。写作提纲最为关键的是考虑如何把自己所要研究的核心问题和分析线索贯穿在自己的提纲之中。提纲的拟定,确定了调查报告的大致轮廓和框架,使报告内容避免重复、凌乱和结构失衡,从而使报告结构严谨、层次清晰。

一般来讲,拟定的提纲应该与文化市场调查分析开始实施前对调查主题的操作化提纲相一致。因为我们在做正式的文化市场调查前一定会对调查主题进行操作化,将抽象的调查主题分解成具体、简单、可操作的提纲,整个资料收集也都是围绕该操作化提纲进行的,所以在写最后的调查分析报告提纲时,理应与刚开始的操作化提纲一致。但是,当遇到必须根据调查资料和调查结果重新确立文化市场调查主题时,报告提纲也应该重新确立。

四、撰写报告

提纲拟定之后,便进入了报告的具体写作阶段,此时,需认真提炼观点,选择例证,做到观点与材料的有机统一;同时要精心安排结构,使之重点突出,层次井然;还要讲究语言的运用,做到准确、简洁、核实、生动。具体该如何撰写将在第三节详细介绍。

五、修改报告

文化市场调查与分析报告写完后还要注意修改,在修改时必须注意以下几个问题:一是当同类材料太多或材料的运用不准确、不全面,或一时找不到恰当的材料表现主题和观点,以致出现材料淹没观点或观点游离材料的情况,这时就需要对材料进行增删,力求达到观点与材料的统一。二是由于主题表达的需要,或主题、观点材料的调整影响到结构,这时就需要对结构进行调整。一般是调整报告的层次、段落、开头、结尾等各部分的详略、衔接等,以符合主题、观点表达的需要。三是由于认识上及客观上的原因,写作中难免出现片面甚至错误的提法,有时随着写作过程的继续和作者对调查研究材料进行再研究,使作者对调查事物的本质和规律的认识加深,这时亦需要修正观点和调整报告主题。不过一般来说撰写提纲时就要慎重,报告写出来后不要轻易调整、改变主题。

最后,还要看报告中心是否明确,主题是否突出;运用的材料是否丰富、说服力是否强;结构是否紧密恰当;事物逻辑和文法是否逻辑合理;格式文面是否规范、美观。如果这几方面都较满意,则只需对报告语言进行修饰润色就行了。

课堂讨论 10-2

在撰写文化市场调查与分析的 5 个步骤中,你认为最重要的是哪个步骤,为什么?

第三节 文化市场调查与分析报告的结构

文化市场调查与分析报告没有固定不变的格式,但一般来说,各种市场调查报告在结构上都可以分为标题(标题、扉页和目录)、导言、主体、结尾和附录几个部分。

一、标题、扉页与目录

(一) 标题

标题即文化市场调查报告的题目,它是调查报告内容的浓缩点,既是关于该项调查简明扼要的总结,也是调查分析报告的开始。一般通过标题可以明确了解到调查对象、问题和调查内容。

标题可以有两种写法:一种是规范化的标题格式,即"发文主题"加"文种",基本格式为"××关于××××的调查报告""关于××××的调查报告""××××调查分析"等。如《关于九华山游客客源组成的市场调查》《当代大学生的北京城市文化建设观念调查报告》等。另一种是自由式标题,既不限于规范化的格式,而是采用陈述式、结论式、问题式、抒情式、双标题式等灵活性的标题形式。

1. 陈述式标题

即直接在标题中陈述调查的对象及调查的问题。如《黑龙江城市青年思想道德文化调查报告》。

2. 主题式标题

即用某种结论式的语言或警句、格言、判断句或评价作标题,以表明观点、突出主题。如《和谐社会需要志愿服务的创新发展》《重视基础,加强实战,培养高素质应用型动漫人才——动画专业人才培养适应性调查报告》。这类标题的优点是既表明了作者的态度,也提示了主题,又富有吸引力。但有可能调查对象和所要研究的问题不易交代清楚,因此往往在主标题下面加上副标题,用以补充说明。

3. 问题式标题

既以一个问题作为标题,如《三九何以长久?——三九集团企业文化调查报告》,这类标题的突出特点是十分吸引人们的注意力,有利于激发人们进一步阅读的欲望。但同样也需要以副标题的形式来对调查对象和所要研究的问题作一补充说明。

4. 抒情、拟人等具有文学气息的标题

尽管文化市场调查报告比较讲究客观理性,但在拟定标题时却可以适当采用抒情、拟人等一些具有文学气息的标题,不仅生动,而且能令读者在看第一眼时就被吸引住,还能引起读者的联想,有助于理解调查报告的内容。如《象牙塔里的网络生活——2017大学生网络文化调查报告》《一片未被开发的双语教学沃土:普及小学双语教学的师资问题调查报告》等。值得注意的是,在运用这种方式拟定题目时,一定要用副标题对报告的调查对象与问题进行及时说明。

5. 正副标题式

即由主标题和副标题共同构成调查报告的主题。主标题多以提问、结论式、抒情式、拟人式表达,而副本标题以陈述式表达,标明调查对象、范围和问题。这种标题方式是十分常见的一种标题形式。

(二) 扉页和目录

有的文化市场调查与分析报告需标题扉页来说明调研的时间、调查的委托方、调查项目组,如果有必要,还应在标题页上标注调查编号、机密等级等。有时候甚至还会有授权信、提交信、致谢词等。

为了方便读者阅读自己感兴趣的特定内容,一般的调查报告都应该编写目录。目录是关于报告中各项内容的完整一览表。提交调查报告时,如果内容、页数较多,应当使用目录形式列出报告所划分的主要章节和附录,并注明标题、有关章节号码及页码,一般来说,目录的编写可以采用一级或者二级目录,目录的篇幅不宜超过一页。例如:

目 录

一、调查缘起与概况 ·· 1
二、青年创业的总体态势 ·· 3
三、青年创业的群体差异 ·· 20
四、青年创业的特点与问题 ·· 65
五、促进青年创业的对策与建议 ···································· 69
六、附录 ·· 73

二、导言

导言也称引言或绪论,它是研究报告的第一部分。好的文化市场调查与分析报告应该有个好的开头,它应该能够引出报告的主题,固定报告的调子,吸引报告的阅读者,既要精彩又要注意核实,力求引人入胜。导言作为第一部分,它的主要任务是向读者简要地介绍整个文化市场调查的有关背景。其中,最主要的内容包括调查研究问题背景及意义、调查研究的方法和局限性。

(一) 调查研究的背景及意义

在这一部分里,文化市场调查与分析的报告撰写者应该做到以下几点。

1. 对所提问题进行描述

要清楚地陈述你所研究的文化问题是什么,以及你为什么要选择这一文化问题。同时,不管你研究的是简单的经验问题还是当前文化市场的理论问题,都必须要将这一问题放到一个较大的背景中,以便读者了解为什么这个问题十分重要,它为什么值得研究。例如,杨驰原在《我国新闻采编队伍现状调查报告》中这样写道:

一直以来,传统媒体都是党和人民的喉舌,在我国占据着舆论的主导权。在大众媒介时代,传统媒体是党和国家发布重要新闻最主要的渠道,在很长一段时间内,都拥有着极高的新闻首发权,其地位不可取代。同时,传统媒体也是宣传主阵地、思想主控室。传统媒体发出的声音具有权威性,在思想上有着极强的引领性。

新媒体技术的发展,重构了新闻业的格局。各种各样的新媒体形态如雨后春笋般涌现,颠覆了传统媒体的从业生态。2016 年 2 月 19 日,习近平总书记在党的新闻舆论工作座谈会上强调:"媒体竞争关键是人才竞争,媒体优势核心是人才优势。"采编队伍是媒体人才的主要组成部分,在很大程度上影响着媒体的发展,因此,了解和掌握当前我国传统媒体采编队伍的现状,有着重要的现实意义。2016 年年底,课题组对我国 144 家传统媒体单位(集团)的人才状态进行了深入调研,通过梳理、分析传统媒体采编的现状、问题,最终提出相应的对策建议。[①]

一般来讲在写导言背景时应该按照"沙漏"的形式来写,既先对所要研究问题的概念作一般性介绍,然后逐步缩小,最后集中到该报告所要写的特定问题上。如上面这篇导言在背景写作时先从一般意义上写传统媒体对我国新闻业的重要作用,然后再写新媒体技术的发展颠覆了传统媒体的从业生态,媒体之间的竞争异常激烈,最后集中到将要研究的主题,即

---

① 杨驰原. 我国新闻采编队伍现状调查报告[J]. 传媒,2017(12).

新闻采编队伍的重要性。而且在导言一开始即把新闻采编队伍放置在整个媒体竞争及市场价值实现的高度,从而彰显出该调查具有极为重要的现实意义。

2. 对相关文献进行梳理评论

在介绍调查研究的背景及意义这一部分还应对与研究问题密切相关的文献作一简单的评论。文献评论的撰写要进行精心的组织和安排,不能只是简单地将有关文章后的摘要重述一遍,更不能将别人的文章逐字逐句地写进文献评论中。正确的方法是,先仔细阅读每一篇有关的文章,寻找那些与自己的研究紧密相关的部分,然后依据这些材料做出评论。如第九届中国艺术节对区域文化建设作用研究课题组在《中国艺术节对区域文化建设作用的分析报告——以第九届中国艺术节为例》导言中对文献研究的评论写道:

目前,理论界对中国艺术节的研究成果散见于各种报刊,如杨素的《中国艺术节"曲高和众"》、张乐等的《中国艺术节面临市场检验》、潇潇的《艺术的盛会、人民的节日:第八届中国艺术节综述》、邢文君的《第八届中国艺术节的湖北形象比较分析》、蒋昌忠、傅才武的《中国艺术节的经验与模式:第一至第七届中国艺术节》、杜建国、傅才武的《中国艺术节的模式与案例:第八届中国艺术节》。此外,北京、甘肃、云南、江苏等各届艺术节组委会对相关资料进行了汇编,举办地文化部门整理刊印了一些资料汇编或演出(场馆)图录。但是,这些成果仅限于局部的、经验的归纳总结,缺乏宏观的、学理层面上的深入研究。①

文献评论既可以单独列出,也可以并入导言,作为其中一部分。

3. 介绍自己的研究

最后,应该简要介绍一下自己的研究。这一部分主要是介绍研究的基本框架,比如你所研究问题或准备检验的假设是什么,主要的自变量和因变量是什么。在有些情况下还可以描述你的研究模型,定义你的主要理论概念等。这一部分的另一个目的就是为转到方法部分提供一个非常自然和平滑的过渡。在前面所列举的《我国新闻采编队伍现状调查报告》中,采取的过渡性介绍是:

2016年年底,课题组对我国144家传统媒体单位(集团)的人才状态进行了深入调研,通过梳理、分析传统媒体采编的现状、问题,最终提出相应的对策建议。

(二)调查研究的方法

对研究方法和实施方式的描述是市场调查与分析报告中更为关键的部分。读者不光要看你的研究结果,同时也要了解研究是如何做的。只有知道了研究所采用的方法,明确了各种具体操作步骤,读者才能评价你的研究是否具有科学性,是否有价值。在方法部分的介绍主要包括有关研究方式和研究设计的介绍、有关研究对象的介绍、有关资料收集方法的介绍、有关资料分析方法的介绍等。

1. 有关研究方式、研究设计的介绍

针对导言部分提出的问题,本项调查是采取哪一种方式进行探讨的,研究的基本设计是什么,这是研究报告的方法部分首先应该说明的问题。研究采取的是实验研究的方式呢?还是采取的调查研究、实地研究或文献研究的方式?由于不同的研究方式常常由不同的资料收集方法和资料分析方法及特定的程序和技术所组成,同时它们还包含着不同的方法论,

---

① 第九届中国艺术节对区域文化建设作用研究课题组.中国艺术节对区域文化建设作用的分析报告:以第九届中国艺术节为例[J].福建论坛(人文社会科学版),2010(10).

因此,无论研究者采取哪种调查方法,都应该在调查报告的方法部分对此作一简单介绍。

2. 有关研究对象的介绍

在文化市场调查分析报告中,常常要对作为研究对象的人及其活动进行说明,要专门介绍调查对象的选取及其样本的构成情况。比如说,如果采用的是抽样,那么抽样的总体是什么?样本是如何从总体中抽取的?即具体抽样方式和过程。样本的规模多大,有效回收率如何等等都必须作详细的介绍。

3. 有关资料收集方法的介绍

在本书前面的一些章节中,我们介绍了各种各样的资料收集方法。但一般来说,那只是一种理论上的叙述。实际研究中由于客观条件的限制,人们对这些方法的具体应用常常是各不相同的。因此,在一份文化市场调查与分析报告的方法部分,还要详细介绍说明研究资料的收集方法、收集过程和所有的工具。如采用问卷调查法,还应该对问卷中用来测量这些变量的特定问题进行分析说明。另外,填写问卷时是采用自填式问卷还是派调查员访问等。

4. 有关资料分析方法的介绍

由于文化市场调查方式的不同、样本规模的不同、资料收集的方法不同等,每一项具体的研究所采取的分析方法也都完全不一样。有的以定性分析为主,有的以定量分析为主,有的进行了较深入的、复杂的相关分析、因果分析等。所以在方法部分,还要对研究者实际采用的分析方法作些说明。

> **案例 10-1**
>
> **我国新闻采编队伍现状调查报告(节选)**[①]
>
> 中国新闻出版研究院课题"我国新闻采编队伍现状调查研究"课题组(组长:杨驰原)
>
> 一、我国新闻采编人员队伍建设基本情况
>
> 当前,在媒体内外环境诸多因素的影响下,传统媒体人才加剧流失。这使得传统媒体人才匮乏问题更加突出,转型升级人力不足,融合发展缺乏后劲。为了深入了解传统媒体人才流失的状况,找出人才流失的规律、特点,梳理传媒集团人才培养选拔的经验做法,课题组采用多种方法进行调研:一是召开专题调研座谈会,听取有关领导、传媒机构领导及人力资源主管人员的意见建议;二是设计制作了《我国新闻采编队伍现状调查问卷》,在传统媒体单位广为发放,对回收的问卷进行整理、分析,并在网上搜集行业相关人员的意见建议;三是发放征求意见函,征集相关单位的意见建议,课题组以通过这些方法收集到的数据和材料为基础,最终梳理出我国传统媒体队伍的基本状况如下。
>
> (一)新闻采编队伍的总体状况
>
> 为了提高研究的针对性、全面性,此次调研分别在我国北部、中部、南部、东部和西部各选取了一个省份进行调研,具体是走访、调研了辽宁、北京、广西、上海、重庆五个省(自治区、直辖市)广播电台、电视台18家,报业集团28家,期刊单位98家,共计144家单位。在所调研的传统媒体中,采编人员数量共为21 102人,占媒体机构总体人数比例的55.1%。可见,采编队伍在媒体机构中所占比重之大。
>
> 新闻采编队伍是新闻媒体中的重要组成部分,决定着新闻采编的质量,影响着新闻传播的效果。新闻采编队伍的总体情况主要包括新闻采编队伍的人口结构特征、收入及劳动关

[①] 杨驰原.我国新闻采编队伍现状调查报告[J].传媒,2017(12).

系、流动性等方面。就媒体队伍的整体性情况来看,采编队伍人员数量较多,因媒体的性质不同,其类别和知识结构也有所差异。如报社和期刊的采编人员即为采写和编辑加工人员,而电台、电视台的采编人员包括采、编、播等人员,涉及不同的学科以及不同的专业。

该案例就在正文第一部分基本上把调查方法需要介绍的部分都介绍清楚了。值得注意的是,关于方法的介绍可以放在序言里介绍,也可以单独拿出来介绍,这就要撰写者根据篇幅的需要进行调整。

(三) 调查局限性介绍

在导言的最后也应该就本调查的调查程序、样本、资料等方面的质量进行评估。应该本着扎扎实实、一丝不苟的精神,毫无保留地向读者说明哪些地方存在着误差,哪些方面存在着缺陷,哪些方面存在着限制等。这种说明既可以避免其他研究者将该研究结论不适当地推广或运用到不恰当的地方,同时也可以启发其他研究者在该研究的基础上做进一步的研究来弥补其不足。

三、主体

文化市场调查与分析报告的主体部分是容纳大量材料和结果的部分,它是调查分析报告的中心部分,占据报告的绝大部分篇幅。主题、材料与结构是报告正文的三要素,在写作过程中要注意处理好主题与材料、主题与布局、主题与写作方法3方面的关系,对于一篇高水平的调查分析报告来说,深刻的主题、丰富翔实的材料、恰当匀称的结构,三位一体,缺一不可。而在这3方面中最重要的是结构,调查分析报告常采用的结构形式有以下几种。

(一) 常规三段式写法

在写文化市场调查与分析报告时最常规的写法是文化现象的现状、差异性分析、存在的问题及对策三段式结构。

1. 文化现象的现状分析

这是文化市场调查者在撰写完导言后,马上要撰写的第2部分。在这一部分,撰写者将会按照调查实施前对抽象、宏大的调查主题进行的操作化提纲对文化现象进行逐一描述。如在本章案例《我国新闻采编队伍现状调查报告》撰写中,作者将新闻采编队伍现状操作为人员数量、年龄结构、学历结构、职称结构、劳动关系、收入情况、招聘情况及人员流动等8个具体的小问题,然后利用文字、图表、数据等灵活多样化的形式进行具体描述,使读者对目前我国新闻采编队伍状况有一个具体的认识。

例:近5年采编队伍人员流动情况[①]

为了测定采编队伍人员流动情况,本调查组对2012～2016年的人员入职情况和离职情况进行了调查统计。统计结果显示,近些年,随着媒体行业变革及格局的改变,传统媒体采编人员流动性加剧。在所调查的传统媒体单位中,2012～2016年间采编人员离职人数为1 934人,且很少是单位辞退的,基本为主动辞职。其中,工作3年以下人员不稳定,离职人员较多,占总离职人数的37.1%左右(图10-1所示)。

---

① 杨驰原.我国新闻采编队伍现状调查报告[J].传媒,2017(12).

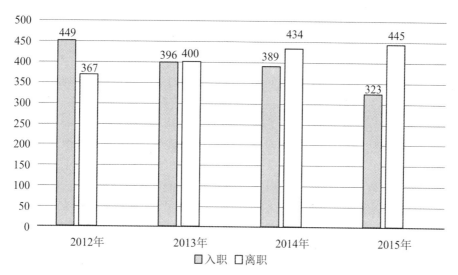

图 10-1 我国新闻采编队伍人员流动情况

2. 文化现象的差异性分析

在对文化现象进行现状分析之后紧接着要进行不同群体的差异性分析。在进行差异性分析时，一般采用相关分析、回归分析或更高级的分析，进行差异性分析的目的是通过对比，更加明确、清楚地定位文化现象存在的问题，并为后面提出更加具有针对性的决策提供依据。例如，在一次有关"武汉高知群体图书消费情况的调查研究"中分别以性别、收入、学历、职称、年龄、专业为差异根源来分析消费者在书店选择、购书数量、购买金额等方面存在的群体差异。例如：

图书消费与个人收入之间的关系

调查显示，购书数量与个人收入和职称成正相关关系。在此次调查中显示，讲师平均每次购一本书的有12人，2~5本的有98人，6~10本的有7人，10本以上的只有4人；副教授每次购1本的有11人，2~5本的有59人，6~10本的有30人，10本以上的有14人；教授平均每次购1本书的有5人，购2~5本的有15人，6~10本的有22人，10本以上的有28人。可以看出，教授在平均每次购书的数量上比其他人员要多。在个人收入与上一年度的购书金额之间，职称越高，收入就越高，越有可能在图书消费上增加投入。

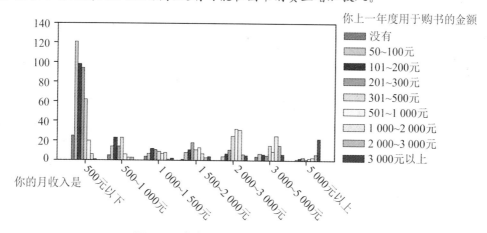

图 10-2 个人月收入与图书消费之间的关系

3. 文化现象存在的问题及对策

对于问题的分析和总结是在前面的现状分析和差异性分析基础上做出的,也就是说提出的问题必须要有前面的现状分析与差异性分析作基础,不能随意提出,不能凭空臆测,必须要有前面的分析事实作依据。提出问题之后就要针对问题进行适当的原因分析,并提出相应的对策和建议。一般说来,问题和对策建议应该具有一一对应的关系,即所提出的对策和建议应该与前面提出的问题具有相关性,不能凭空提出。同样,前面所有提出的问题都必须根据自己的调查与思考提出相应的对策建议。如在案例《我国新闻采编队伍现状调查报告》的撰写中,在前面对我国新闻采编队伍现状分析的基础上提出我国目前新闻采编队伍存在着以下问题:薪酬待遇偏低,行业吸引力下降;体制机制问题导致留不住高端人才;绩效考核方式不合理,缺乏有效的激励机制;人才招聘困难,人员流动性大;年轻人政治导向意识相对薄弱等问题。然后有针对性地提出加强顶层设计,提高行业吸引力;完善体制机制,加强对采编人才的培养;完善绩效考核制度和激励机制;拓展引进人才渠道,拓宽人才发展空间;加强采编人员的思想道德教育等对策和建议。

(二) 套用理论模型写法

除了常规三段式写法外,文化市场调查与分析报告也可以按照某种理论模型来进行写作。最常用的三种写文化市场调查与分析报告的理论结构为 SWTO 利弊分析法、哈佛学派 SCP 分析法和钻石模型分析法。

1. SWTO 利弊分析法

SWTO 分析法又称为态势分析法,它是一种能够较客观而准确地分析和研究一个文化单位现实情况的方法。SWTO 四个英文字母分别代表优势(Strength)、劣势(Weakness)、机会(Opportunity)和威胁(Threat)。SWTO 利弊分析法是一种非常成熟的理论分析工具,是文化企业进行战略、人力资源、市场营销及竞争对手等方面分析工作最基本的工具。所以,在写文化市场调查与分析报告时可以直接按照理论模型分为 4 个部分来写。

2. 哈佛学派 SCP 分析法

SCP 是乔·贝恩、爱德华·梅森提出的"结构-行为-绩效"产业经济分析框架,根据该框架的基本观点,市场结构决定企业的行为,同时企业的行为又决定市场绩效。市场结构可以操作化为卖者的数量和规模分布、买者的数量和规模分布、产品的差异化、市场进入条件 4 个方面;企业行为主要有合谋、定价策略和非价格策略行为等;绩效包括企业获得能力、企业的效率、动态效率等。下面是陈杰在《中国电视产业市场结构、行为与绩效的 SCP 范式研究》中的分析提纲:

案例 10-2

《中国电视产业市场结构、行为与绩效的 SCP 范式研究》提纲[①]
一、引言
二、我国电视产业市场结构分析
(一) 电视产业市场集中度;(二) 电视节目差异化程度;(三) 电视产业进入退出壁垒。
三、我国电视频道的市场行为分析

---

① 陈杰. 中国电视产业市场结构、行为与绩效的 SCP 范式研究[J]. 新闻大学,2015(1).

(一)以品牌战略构建竞争优势;(二)以节目创新拓展生存空间;(三)以广告价格调整获取良好经济绩效。

四、我国电视产业的市场绩效分析

(一)电视产业规模结构效率;(二)电视产业资源配置效率。

五、我国电视产业市场结构与市场绩效的相关性检验

六、简要结论

3. 钻石模型分析法

钻石模型是由美国哈佛商学院著名的战略管理学家迈克尔·波特提出的,他认为有4个因素决定某种产业在国际上有较强竞争力:生产要素,需求条件,相关产业和支持产业的表现,企业的战略、结构和同业竞争。波特认为,这4个要素具有双向作用,与政府和机会两个变数一起,形成钻石模型。近年来,国内部分学者开始引用钻石模型分析、评估文化产业或区域经济。同样,在撰写文化市场调查与分析报告时,也可以采用钻石模型理论来建构自己的报告,将其分为5部分来写。

案例 10-3

《基于钻石模型的内蒙古体育旅游产业探析》提纲[1][2]

一、引言

二、生产要素与内蒙古体育旅游产业发展

三、需求条件与内蒙古体育旅游产业发展

四、相关产业表现与内蒙古体育旅游产业发展

五、企业战略、结构和竞争与内蒙古体育旅游产业发展

六、机会与内蒙古体育旅游产业发展

七、结语

除此之外还有其他一些理论模型也可用来撰写文化市场调查与分析报告,但一定要注意理论模型要具有一定的权威性。

(三)自由式写法

除了常规三段式和按照某种理论模型来安排报告结构外,还有一些其他写法,统称为自由式结构,是作者根据自己的调查分析目的和逻辑思维自由安排的报告结构。自由式结构是最考验撰写人水平和逻辑思维能力的写法,并没有固定的格式和套路。

总之,报告的撰写应该不拘泥于特定的形式,而是应该根据报告的目的、主题等灵活选择。不过对于初学者来说,常规三段式是一个不错的选择。

课堂讨论 10-3

对于主体部分的写作是最能体现撰写人水平的,上面提到的几种写法是作者在长时间写作报告和阅读报告的基础上总结出来的,并不十分全面。你觉得还有哪些行之有效的写作方法?

---

[1] 彭迪,连洪业,张亚荣.基于钻石模型的内蒙古体育旅游产业探析[J].体育文化导刊,2017(8).

[2] 尽管这些案例更像是学术论文,但仍不妨碍我们借鉴他们谋篇布局的方法。

四、结尾

结尾部分是文化市场调查与分析报告的结束语。结尾通常同正文中的对策建议相结合,只是对于那些比较复杂的文化市场调查与分析,或者那些有着较为广泛或抽象的应用研究,才单独出来。但无论是哪种情况,结尾讨论都与导言部分密切相关。在导言部分出现的某些中心问题可能会在结尾讨论部分再次出现。同时,在结尾部分,我们应该讨论从调查分析结果中能够得出什么样的推论或者讨论进一步的市场调查与分析应该注重些什么等。需要说明的是,讨论作为结束语,不可过长,因为过长容易使人越发不信任本次调查分析结果,所以要适可而止。

五、附录

附录是指文化市场调查与分析正文包含不了或没有提及,但与正文有关必须附加说明的部分。任何一份具有技术性太强或太详细的材料都不应出现在正文部分,而应编入附录。它是对正文报告的补充或更详尽的说明。一般包括调查提纲、调查问卷和观察记录表、数据汇总表及原始资料背景材料和必要的工作技术报告等。

第四节 撰写文化市场调查与分析报告应注意的问题

前文主要介绍了文化市场调查与分析报告的基本结构,在撰写调查分析报告时,除了按照调查分析报告的内容采用合适的形式,按照结构要求谋篇布局外,还有以下问题需要注意。

一、行文要则

(1) 用正确、简单、平实的语言撰写。一篇好的文化市场调查与分析报告在撰写上最重要的标准是准确、清楚、客观、严密。与新闻报道和文学作品强调注重文学性、可读性不同,市场调研报告强调的是客观性、准确性、严密性、简洁性。所以,在行文时,应该尽量用平实的语言撰写,以简单明了、科学严谨为标准,清楚明确地表达研究结果。

(2) 行文分析观点时一定要注意权威性。在撰写文化市场调查与分析报告的过程中,有时需要对数据资料进行二次整理分析,如为了调查的方便,我们收集调查对象年龄资料时可能只是让调查对象填写数字,但在分析时具体的数字对我们没有意义,反而这个年龄是属于青年人、中年人或是老年人群体对我们更具有分析意义,所以就涉及再次分类,这时就应该采用社会权威的年龄群体分析法来进行划分,而不是根据自己的意志随意划分。再比如,我们收集到调查对象每年的平均文化消费金额,这个本身没有意义,只有将其与一定的标准进行对比才会有分析意义。此时,作为对比参照的这个标准就必须具有一定的权威性,可以是权威部门发布的全国平均文化消费金额,或某一地区平均文化消费金额,也可以是社会部门或是某一项研究公开发布的平均文化消费金额,总而言之,这个标准必须具有一定的权威性,而不是调查者自己随意来评价。

(3) 行文分析时应避免过分功利化,而忽略文化对象的文化功能。这是撰写文化市场调查与分析报告时应特别注意的地方。文化市场调查的对象——文化产品、文化服务、文化资源等不同于一般的物质对象,它是兼具经济性和文化性的。也就是说,文化产品、文化服务、文化资源等进入市场后,既要追求经济利益、商业价值,又不能丧失文学价值和社会导向功能。所以,在撰写文化市场调查与分析报告时就必须处理好这两者之间的关系,不能让读者感觉到撰写人内心在忽略文化的社会导向功能。

(4) 陈述事实力求客观,避免使用主观或感情色彩较浓的语句。叙述中最好使用第三人称或非人称代词,尽量不用第一人称。比如用"作者发现……""这一结果表明……",或者用"研究发现……",而不是用"我认为……""我们发现……"等。

(5) 行文时,应以一种向读者报告的口气撰写,更多地采用探讨性语气,而不要表现出力图说服读者同意某种观点或看法的倾向,更不能用指令性、命令性语气将自己的观点强加于某人。因为读者阅读你的报告时,所关心的主要是你调查分析得到的客观事实,是你的调查分析结果,而不是你个人的主观看法。

二、整体协调要则

1. 报告内容要完整

文化市场调查与分析报告是对文化市场调查与分析的完整总结,从调查分析的策划设计开始,包括资料数据的收集、资料数据的分析整理以及所得结构和提出对应的对策、建议等。文化市场调查与分析报告是文化市场调查与分析的具体体现,在报告中应该陈述调查的动机、目标、结果、结论和建议。

2. 报告篇幅适当,重点突出

报告内容要求完整并不是面面俱到,重点不清,而是要根据调查目的和调研报告内容的需要确定篇幅,在兼顾完整的同时,要简略得当,重点突出。在市场调查分析阶段积累的大量信息资料虽然弥足珍贵,但如果全部纳入调研报告中必定会使调查报告的内容冗长繁杂,阅读者难以领略重点而产生反感。但也不能太短,一方面可能会浪费很多辛苦收集来的资料,另一方面可能会让读者轻视该项市场调查与分析的结果。所以,调研报告篇幅的长短、内容的取舍、详略都应该根据需要确定。

3. 图表要灵活运用

前面讲到文化市场调查与分析报告并不特别讲究文学性和可读性,而是很注重科学性、客观性和逻辑性,这样如果报告过长难免会使读者感觉疲劳、枯燥。所以撰写报告时要灵活采用多种表达方式来使报告显得生动。在调查分析报告正文中穿插图表就是一种行之有效的方法。图表是一种较文字更直观地传递和表达信息的工具,在调查报告中可以穿插常用的图表,如柱状图、条形图、饼状图、曲线图、一般表格等。但是在使用时一定要灵活交替使用,不能一种图表连续重复很多次。同时一些细节性的问题,如使用柱状图和饼状图时,柱体之间的距离应小于柱体本身等也是必须注意的,另外在给图表上色时一定要素雅大方,且分配得当、变化适当,不能连续重复一种着色,更要尽量避免出现大红大绿等非常刺激人眼睛的颜色。

三、引用与注释要则

文化市场调查与分析有时需要援引别人的论述、结果、资料或数据,来支持、佐证或说明自己的某种观点或结论。凡是引用别人的资料,一定要注明来源,而不能将别人的工作和成果不加注明地在自己的报告中使用。

援引别人的论述、结果、资料和数据常有两种,一种是引用别人的原话、原文,要用引号括起来,另一种是引用别人的观点、结论,这时不用引号,只要在其后用注释注明。对于报告中引用的别人的资源,一定要加以注释。注释有3种形式:夹注、脚注和尾注。夹注是在直接引用资料后,用括号将来源和有关说明括起来;脚注是在所引用的文字后面加注释号,在此页的最下面,用小一号的字体说明引文的出处,或者做出解释;尾注是在所引用的文字后面加注释号,将所有的解释和引文出版在文章结尾处一并列出。

另外,对于某些不易理解的内容要加注释来说明,这样做一是为了指出所引用资料的来源,供读者参考查证;二是为了表示作者遵守学术道德,不把别人的成果据为己有;三是既可以帮读者解释报告中的疑难,又不使报告中断和过于冗长。

第五节 文化市场调查与分析结果的口头报告

除了书面报告,有时也要求文化市场调查与分析者对其结果采取口头报告的形式进行介绍,以方便委托方根据听取口头介绍所获得的信息做出判断和决策。同时,口头报告还能及时地对书面报告中的复杂问题和疑问进行解答,对书面报告形成一种有效的补充。有时候口头报告还具有书面报告不具有的功能,它能在进行口头汇报的时候提示并详细解释书面报告中存在的问题和疑点,与报告听取人形成一种良性的互动,及时沟通和调整报告内容,提示可能被读者忽略的重要内容。因此,必须对口头报告予以重视。

文化市场调查与分析的口头报告必须重视报告听取者,要把报告听取者放在首位。要根据听众的性质来决定传递什么信息,如根据听众的文化层次、知识结构、地位身份和管理职责等决定要传递哪一部分的信息。口头报告的听众不同对报告中感兴趣的信息也不尽相同。如文化企业中的高管人士对报告中那些涉及文化市场未来走向和相应的对策感兴趣,而对在市场调查与分析活动中发现的那些细节资料、调查设计和方法的关心程度可能会弱一些。对于中级管理人员来说,因为他们对文化市场调查与分析的环节比较熟悉,可能就比较关注调查与分析过程中发现的详细情况和资料的真实性等。市场调查与分析口头报告的汇报人就需要根据不同的听众来选择口头报告是大众性的还是技术性的。

听众人数的多少也在一定程度上影响着口头报告的形式和效果。文化市场调查与分析报告人员需要事先了解一下听众,看这些听众是不是已经看过书面报告,也需要根据听众人数的多少选取口头汇报的形式和场所,如果听众人数较少,可以考虑便于交流的座谈形式,这样的沟通方式灵活,便于及时处理和答疑解惑,并且这样的沟通方式也显得亲近。如果听众人数较多,就需要足够大的房间,这种报告形式相对正规严肃,信息以单向传递为主,问答因时间等限制相对较少,当然,报告人员也可以根据情况在报告结束后留出时间答疑和互动。

在口头汇报文化市场调查与分析结果时也需要一些设备、装置和辅助器材,如投影仪、幻灯机和随着信息技术的发展而使用越来越广泛的多媒体等,以便达到最好的汇报效果。所以报告人员需要事先了解报告所在地的设备情况,进行适当的选择和准备。

最后,对口头汇报人员的选取也是非常重要的。一份好的口头报告,需要一个好的报告人员来进行汇报,才能更好地发挥口头报告的作用。一位训练有素、具有演说家风度的报告人员,其报告效果就比一个吐字不清、思路不清的报告人员效果好,因此选择一位好的报告人员对于口头报告有重要影响。一般来讲,要选取大方得体、表达能力好的人员进行汇报。同时,为了达到预期的报告效果,还可以根据情况对选定的报告人员进行模拟训练,以便调整和控制报告过程。最好是选择参与文化市场调查与分析的人员,这样的人员熟悉整个文化市场调查与分析活动,在汇报中的灵活性和应变性强,能及时地进行答疑解惑,同时还可以提高报告的可信度。选取几位报告人员具体由市场调查与分析的规模等情况来决定。

本章小结

本章主要介绍了文化市场调查与分析报告的基本概念、作用、分类和特点;介绍了撰写文化市场调查与分析报告的基本步骤,包括确立主题,取舍材料,拟订提纲,撰写报告和修改报告等5个步骤;介绍了文化市场调查与分析报告的基本结构,包括标题(标题、扉页和目录)、导言、主体、结尾和附录5个部分。同时,细节决定成败,本章也介绍了在撰写文化市场调查与分析报告的过程中还必须注意行文要得体恰当、报告整体要协调美观,引用与注释要全面、规范,尽量不要出现遗漏。除了书面报告,本章也对文化市场调查与分析结果的口头报告作了简要的介绍,包括汇报内容的选择、汇报形式的选择、汇报辅助设备的选取以及汇报者的选择等。

文化市场调查与分析报告是对整个市场调研与分析项目最终的成果展示,其成败是评估整个调查与分析项目的关键依据。所以,文化市场调查与分析人员一定要仔细阅读本章,掌握市场调查与分析报告的写作要领,并且要经常锻炼,提高报告写作水平,不让整个文化市场调查与分析项目毁在最后一个步骤上。

◆ **关键词**

文化市场调查与分析报告　撰写　结构　口头报告

◆ **思考题**

1. 文化市场调查与分析报告可以按哪些标准进行分类?
2. 文化市场调查与分析报告有哪些特点?
3. 撰写文化市场调查与分析的基本步骤有哪些?
4. 文化市场调查与分析报告的基本结构包括哪些?
5. 在撰写文化市场调查与分析报告时应注意些什么问题?
6. 在进行文化市场调查与分析口头报告时应注意哪些问题?

思考案例

关于××市服装消费文化的调查报告[①]

××市政府"十二五"规划中明确提出了把××市建成西部地区的购物之都,其中服装消费不容忽视。目前,××市服装消费的现状、特征和影响因素等情况并不十分清楚,相关研究匮乏。为了实现目标,首先必须从消费者的角度把握××市服装消费文化的总体情况及其特征,全面分析呈现其影响因素,才能制定立足现状的××市服装产业发展对策。这就成为我们此次调查的基本出发点。

一、关于调查的基本情况

(一)调查工具及调查思路

此次调查主要采用问卷调查。首先明确,服装消费文化是指在一定的经济和社会条件下,人们在服装选择、购买和使用过程中表现出来的价值取向、消费态度、生活形态等的总和,并在历史发展中传播、分化、发展,反映着特定时代社会成员的普遍心理和民族精神实质。概括起来,可以分为服装消费观念、服装消费心理、服装消费行为和服装消费审美4个基本方面。其次,分别从这4个组成部分细化调查指标,如服装消费审美包括消费者关注的服装风格、款式、色彩、工艺、面料等。在此基础上,设计出了力求掌握××市服装消费文化总体情况的调查问卷,命名为《××市服装消费文化调查问卷》。

问卷由两个部分构成:一是服装消费者的基本情况调查,此部分包括服装消费者的性别、年龄段、受教育程度、月收入等情况,因为这些情况的调查具有唯一性,所以采用单选题的形式;二是服装消费的观念、行为习惯、心理和审美等情况的调查,采用表格形式,要求被调查者在合适的数字下方打"√",当然,每个数字代表消费者的不同态度,即"1"表示"完全不赞成","2"表示"不赞成","3"表示"一般","4"表示"比较赞成","5"表示"非常赞成"。

(二)调查对象

本次调查的对象是××市的服装消费者,被调查者的范围很广,具有随机性,但为了获取有效数据,通过观察被调查者的年龄、服装、行为特征等方面进行有意识的协调。本次调查对象中,女性占60.8%,男性占39.2%;18至25岁占47.1%,25至30岁占22.9%,31至40岁占13.7%,41岁及以上占17.3%;学历层次高中及以下占28.4%,专科占11.5%,本科占51%,研究生占9.1%。服装消费反映了服装的时代特征和人们的消费心理,是一种文化消费。根据本次××市服装消费文化调查所得数据,分析了××市民在服装消费观念、消费风格、购买原因、对服装某方面的关注程度、购买时间、购买场所及其选择原因等所传达的信息。其研究结果在一定程度上反映了××市服装消费文化的基本情况,这对我们立足现状、发展服装产业有较强的借鉴作用。

(三)调查方法

该调查以问卷调查法为主,在××市沙坪坝、解放碑、大渡口、南坪、江北等5个典型商圈发放问卷,采用小组协作调查的形式,分成10个调查组,每个商圈2组,随机选取调查对象,搜集××市民的服装消费信息。在调查过程中,要求调查者在选择被调查者时不能集中于某一性别、年龄段,而应有意识地协调其比例关系。

[①] 此案例是根据邹涛、朱锦秀:《重庆市服装消费文化调查报告》整理而得,《艺术与设计理论》2013年6月。

（四）问卷发放和回收情况

共发放问卷 700 份，回收 538 份，回收率为 76.9%。由于调查过程中，被调查者的素质高低有别，对待此调查的积极程度也有所不同，因此，调查问卷的完成度或真实度也可能存在参差不齐的现象。

二、调查结果及分析

本次调查所得数据繁多，采用 SPSS 软件系统能够更加科学高效地对原始数据进行统计、处理，并能在调查数据的统计结果基础上分析××市民服装消费的各种现象。

（一）服装观念状况及分析

随着文化生活水平的提高，服装在人们心目中的地位和作用也在悄然发生变化。调查结果表明不同年龄段的××市民对服装的态度是不同的，其中，小于 40 岁的比 41 岁以上的××市民更赞同服装是身份的象征和追求时尚的表现，25～40 岁的比 41 岁以上的更赞同服装是个人品味的象征。这表明中青年××市民希望通过服装显现个人品位，标明自己的身份地位，并且还讲究服装的时尚性；而中老年××市民可能因为自己在社会上的地位和形象已经比较稳定，因此对服装这些作用并不十分看重。关于不同收入××市民对服装的态度，调查数据显示，月收入 4 001 元以上的比 1 001 至 3 000 元的××市民更赞同服装是个人品位的象征，服装消费月开支在 1 501 元以上的比 1 500 元以下的××市民更赞同服装是保暖遮羞的实用生活品、个人经济实力的体现、个人品位的象征。可见，经济实力越强的××市民越注重服装的社会功能，相反，经济实力越弱的××市民越看重服装的实用功能。

（二）服装风格的消费状况及分析

人们选择服装首先会根据本人情况确定总体风格，因此，服装风格是服装消费过程中最重要的因素。通过调查可知，××市女性比男性更喜欢休闲活泼、高贵典雅和复古怀旧的服装风格，证明××市女性通过着装反映她们注重生活品质、敢于表现个性；从年龄看，××市民对服装风格的关注程度大体上呈现一个倒 U 形的关系，即 25～40 岁年龄段××市民关注程度较高，24 岁以下和 41 岁以上年龄段的市民关注程度较低。例外的是，24 岁以下年龄段青年对复古怀旧的服装喜好度最高，可见，大胆夸张的复古风服装很受××市青少年的喜爱。

从受教育程度看，调查数据表明，受教育程度高的××市民喜欢选择职业、时尚的服装，收入越高的越喜欢职业干练的服装。具体来看，收入 501 至 2 000 元和 3 001 至 4 000 元的××市市民更喜欢休闲活泼的服装，收入 1 001 至 2 000 元的××市民更喜欢前卫时尚的服装，收入 4 001 以上的××市民更喜欢高贵典雅的服装。通常情况下，受教育程度越高，个人收入也相应越高；同时，年龄的高低意味着经验的丰富程度与能力的强弱，因此，作为个人价值体现的收入也一定程度上受到年龄的制约，这就折射出××市民的服装风格与其收入、年龄紧密的相关性。

（三）服装购买原因的情况及其分析

与其他类别的消费相比，服装消费有自身特点，人们购买服装的原因各有不同。根据调查我们发现：××市民相对最普遍的是因为适应季节变化而购买服装，然后是因为旧衣服已不合适和社交需要而购买服装，其次是因随心情变化需要改变形象而购买服装，最后是因为追赶潮流而购买服装。从调查数据看，××市女性比男性更多情况是因为追赶潮流和因随心情变化需要改变形象而购买服装，这说明女性是感性的动物，潮流和心情足够令她们产生对服装的依赖，使其通过某种符合潮流的服装实现心理的调节和平衡。

调查数据也显示,40岁以下的比41岁以上的××市民会因为适应季节变化和因社交需要而购买服装,说明41岁以下的××市民在没有形成自己稳定的社交圈时需要用服装为社交服务,当然也不可能忽略季节变化的因素;而30岁以下的比31岁以上的××市民更多因随心情变化需要改变形象而购买服装,这说明30岁以下的××市民心理不够成熟,会借助服装进行心理调节。同时,在服装购买频率方面的调查数据表明,一个月购买3次及以上的比一个月购买一次或两次或不购买的××市民更多因为追赶潮流和因社交需要而购买服装,这印证服装具有为社交服务的价值。

(四)对服装某方面的关注情况及分析

服装的美由面料、色彩、结构、工艺、装饰图案等方面共同构成,人们在选择服装时对这些方面都会不同程度地加以考虑。本次调查结果显示,小于40岁的比41岁以上的××市民更关心服装的款式、舒适性和装饰图案,18至25岁的××市民更关心服装色彩。这说明中青年××市民要求服装既要美观也要舒适,而对正值花样年华的青年来说,服装的第一视觉符号——色彩最为重要。

调查数据也显示,月收入4 001元以上的比1 001~3 000元的××市民更关心服装面料,而更不在意服装的款式、装饰图案,月收入3 001~4 000元比3 000元以下的××市民更关心服装的舒适性。收入高的××市民最注重服装面料及其舒适性,收入高的市民通常也是年龄较大的市民,他们看重服装的实用品质是可以理解的。

(五)服装购买时间的状况及分析

服装随时尚和季节变化不断更新,但每个人购买服装的时间却因人而异,并不会是新款式上市或季节变化了就去购买。通过本次调查发现,××市民相对最喜欢在的确需要时和促销打折时购买服装,然后才是在正当流行时和在新品上市时购买服装。这说明××市的经济消费能力还不是很强,服装的价格在较大程度上左右着××市民的购买时间。

具体而言,××市女性比男性更喜欢在促销打折时购买服装,为购买更多数量和更好品质的服装,这种服装消费行为还是不错的选择;其次,41岁以上的比其他年龄段的××市民更不喜欢在新品上市时购买服装,这表明41岁以上的××市民在服装消费方面更为理性;再次,月收入3 001至4 000元及4 001元以上的比月收入500元以下的××市民更喜欢在新品上市时和正当流行时购买服装,这又证明了经济实力决定购买能力;最后,每月服装消费1 501~2 000元的比其他情况的××市民更喜欢在促销打折时购买服装,这个群体应该是刚工作或依赖父母的年轻人,他们购买衣服讲究款式丰富,而经济能力有限就只有在促销打折时购买服装。

(六)服装购买场所及其选择原因的状况及分析

随着服装营销模式的丰富化,人们购买服装的场所也逐渐增多。根据调查可知,女性更喜欢在网络上购买服装,男性更喜欢在商场或超市购买服装;31至40岁的比其他年龄段的××市民更喜欢在服装专卖店购买服装,18至30岁的比41岁及以上的××市民更喜欢在网络上购买服装。调查数据也表明,月收入3 001元及以上的比3 000元以下的××市民更喜欢服装专卖店购买服装,月收入501~1 000元比4 001~5 000元的××市民更喜欢在临街服装店购买服装。

关于选择原因,调查结果显示:××市女性比男性更多因为服务水平高或个人爱好到一些场所购买服装,这说明××市女性比男性更看重服装店的服务质量,或更受自己性情的影响;31至40岁的比25至30岁的××市民更多的是从众心理,证明社交范围较广的中青年

××市民受他人影响较为突出;18至30岁的比31岁以上××市民的选择原因更多的是个人爱好,说明年龄越小选择服装购买场所更随本人的性情;服装月开支1 000元以下的比1 001至1 500元的××市民的选择原因更多的是购物方便,而服装月开支1 501至2 000比1 001至1 500元的××市民的选择原因更多的是从众心理、服务水平高,这证明服装消费月开支较高的××市民注重购物的过程,相应喜欢购物方便、服务质量高的服装购买场所,而月开支较低的市民更关注购物的结果,只要是方便实惠的服装店就可以满足他们服装消费的需求。

结语

服装消费是服装相关文化信息的消费,传达了人们的着装心理需求,折射出时代的信息特征。根据本次调查所得数据,搜集并分析了××市民在服装消费观念、服装消费风格、服装购买原因、对服装某方面的关注程度、服装购买时间、服装购买场所及其选择原因等信息,掌握了××市的服装消费文化基本情况,这对我们立足现状,发展××市服装产业,进一步带动服装消费经济有较强的借鉴作用。

请思考:

结合本章所讲述的文化市场调查与分析报告撰写的有关要求,分析讨论该市场调查与分析报告存在哪些优点?还有哪些需要进一步完善的地方?

应用训练

如果你是以上案例的撰写人,该项目委托方××市相关政府部门人员要求你对此项调查分析作一个口头报告,请模拟一下口头汇报调查分析报告。

参 考 文 献

[1] 李康化. 文化市场营销学[M]. 太原:书海出版社,2006.
[2] 欧阳友权. 文化产业概论[M]. 长沙:湖南人民出版社,2007.
[3] 顾江. 文化产业规划案例精析[M]. 南京:东南大学出版社,2008.
[4] 庄贵军. 市场调查与预测[M]. 北京:北京大学出版社,2007.
[5] 陈启杰. 市场调研与预测[M]. 上海:上海财经大学出版社,2008.
[6] 简明,胡玉立. 市场预测与管理决策[M]. 3版. 北京:中国人民大学出版社,2003.
[7] 郭凤兰. 市场调查与预测[M]. 重庆:重庆大学出版社,2009.
[8] 刘登辉,韩千里. 市场调查与预测[M]. 北京:中国经济出版社,2008.
[9] 赵润泽,蒋昀契,许瑶. 文化市场营销学[M]. 广州:中山大学出版社,2010.
[10] 刘吉发,陈怀平. 文化产业学导论[M]. 北京:首都经济贸易大学出版社,2010.
[11] 李国强. 市场调查与市场分析[M]. 北京:中国人民大学出版社,2009.
[12] 徐飚. 市场调查学[M]. 北京:北京工业大学出版社,2012.
[13] 李少华,雷培莉. 市场调查与数据分析[M]. 北京:经济管理出版社,2001.
[14] 马连福. 现代市场调查与预测[M]. 北京:首都经济贸易大学出版社,2010.
[15] 范伟达. 市场调查教程[M]. 上海:复旦大学出版社,2006.
[16] 艾尔·巴比. 社会研究方法[M]. 北京:华夏出版社,2000.
[17] 袁方. 社会研究方法教程[M]. 北京:北京大学出版社,1997.
[18] 阿尔文·C. 伯恩斯,罗纳德·F. 布什. 营销调研[M]. 北京:中国人民大学出版社,2011.
[19] 郝大海. 社会调查研究方法[M]. 北京:中国人民大学出版社,2009.
[20] 李洁明,祁新娥. 统计学原理[M]. 上海:复旦大学出版社,2003.
[21] 风笑天. 社会学研究方法[M]. 北京:中国人民大学出版社,2018.
[22] 柯惠新,丁立宏. 市场调查[M]. 北京:高等教育出版社,2009.
[23] 许以洪,熊艳. 市场调查与预测[M]. 北京:机械工业出版社,2015.
[24] 孟雷. 市场调查与预测[M]. 北京:清华大学出版社,2012.
[25] 马丽亚·海默,曹诗弟,等. 在中国做田野调查[M]. 于忠江,赵晗,译. 重庆:重庆大学出版社,2012.
[26] 诺曼·邓津,依冯娜·林肯. 定性研究:经验资料收集预分析的方法[M]. 重庆:重庆大学出版社,2007.
[27] 陈向明. 质的研究方法与社会科学研究[M]. 北京:教育科学出版社,2000.
[28] A. 帕拉苏拉曼,德鲁弗·格留沃,R. 克里希南. 市场调研[M]. 2版. 王佳芥,应斌,译. 北京:中国市场出版社,2011.
[29] 科恩. 心理统计学[M]. 3版. 高定国,等译. 上海:华东师范大学出版社,2010.

[30] 麦克劳夫林.行为科学统计学入门[M].严文蕃,等译.南京:江苏教育出版社,2005.

[31] 威廉斯,安德森.商务统计[M].4版.孙允午,陆康强,译.北京:清华大学出版社,2008.

[32] 纽博尔德,卡尔森,索恩.商务与经济统计[M].庄新田,等译.北京:机械工业出版社,2008.

[33] 车宏生,王爱平,卞冉.心理与社会研究统计方法[M].北京:北京师范大学出版社,2006.

[34] 贾俊平.统计学[M].北京:清华大学出版社,2004.

[35] 杨国枢,等.社会及行为科学研究法(下)[M].重庆:重庆大学出版社,2006.

[36] 张文彤.世界优秀统计工具SPSS 11.0统计分析教程(基础篇)[M].北京:机械工业出版社,2002.

[37] 胡惠林,章建刚.2011年中国文化产业发展报告[M].北京:社会科学文献出版社,2011.

[38] 叶朗.2011中国文化产业年度发展报告[M].北京:北京大学出版社,2011.

[39] 张厚粲,徐建平.现代心理与教育统计学[M].北京:北京大学出版社,2004.

[40] 胡瑞卿,李远.当代市场调研理论与实务[M].武汉:华中师范大学出版社,2007.

[41] 徐百友.实用商务统计方法[M].北京:化学工业出版社,2011.

[42] 尹海洁,刘耳.社会统计软件简明教程[M].北京:社会科学文献出版社,2008.

[43] 陈启杰.市场调研与预测[M].上海:上海财经大学出版社,2008.

[44] 风笑天.社会调查原理与方法[M].北京:首都经济贸易大学出版社,2008.

[45] 李君轶.旅游市场调查与预测[M].北京:科学出版社,2012.

[46] 董海军.社会调查与统计[M].武汉:武汉大学出版社,2015.

[47] 范伟达.现代社会研究方法[M].上海:复旦大学出版社,2001.

[48] 韦克难.社会调查研究方法[M].成都:四川人民出版社,2002.

[49] 张宁.中国电视观众现状报告:2012年全国电视观众抽样调查与分析[M].北京:中国传媒大学出版社,2013.

[50] 顾佳峰.大数据时代的调查师[M].北京:人民邮电出版社,2018.

[51] 王卫东.网络调查与数据整合[M].武汉:武汉大学出版社,2018.

[52] 郑聪玲.市场调查:任务、案例与实战[M].北京:人民邮电出版社,2017.

[53] 丁迈,崔蕴芳.媒体市场调查与分析教程[M].北京:中国广播电视出版社,2010.

[54] 简明,等.市场调查方法与技术[M].4版.北京:中国人民大学出版社,2019.

[55] 徐映梅.市场调查理论与方法[M].北京:高等教育出版社,2019.

[56] 邓剑平,付强.市场调查与预测[M].北京:高等教育出版社,2018.

[57] 李国强,苗杰.市场调查与市场分析[M].3版.北京:中国人民大学出版社,2019.

[58] 马连福.市场调查与预测[M].北京:机械工业出版社,2020.

[59] 陶广华,等.市场调查与分析[M].北京:北京理工大学出版社,2017.

[60] 江畅,等.中国文化产业发展报告(2018)[M].北京:社会科学文献出版社,2018.

[61] 王亚南.中国文化产业供需协调检测报告(2018)[M].北京:社会科学文献出版社,2018.

[62] 司若.中国影视产业发展报告(2018)[M].北京:社会科学文献出版社,2018.

[63] 李君轶.旅游市场调查与预测[M].北京:科学出版社,2019.

[64] 董海军.社会调查与统计[M].武汉:武汉大学出版社,2015.
[65] 郭泽德,白洪谭.质化研究理论与方法:中国志化研究论文精选集[M].武汉:武汉大学出版社,2017.
[66] 邹涛,朱锦秀.重庆市服装消费文化调查报告[J].艺术与设计理论,2013(6):96-98.
[67] 第九届中国艺术节对区域文化建设作用研究课题组.中国艺术节对区域文化建设作用的分析报告:以第九届中国艺术节为例[J].福建论坛(人文社会科学版),2010(10):50-55.
[68] 丛姗姗,黄卫国.安徽动漫产业集聚的问题和发展策略[J].宜宾学院学报,2013(4):71-74,78.
[69] 斯燕.基于SCP范式下无锡动漫产业的问题与对策分析[J].商,2013(17):274-275.
[70] 陈杰.中国电视产业市场结构、行为与绩效的SCP范式研究[J].新闻大学,2015(1):106-111.
[71] 彭迪,连洪业,张亚荣.基于钻石模型的内蒙古体育旅游产业探析[J].体育文化导刊,2017(8):115-119.
[72] 陈宵,陈启新.大学生观看电视剧《人民的名义》情况调查报告[J].吉首大学学报(社会科学版),2017(12):74-78.
[73] 杨驰原.我国新闻采编队伍现状调查报告[J].传媒,2017(12):9-16.